알기 쉬운
통번역학

편저 도리카이 구미코(鳥飼玖美子)
역자 박은정, 우메무라 마유미

알기 쉬운 통변역학

발 행 일 | 2021년 03월 01일
편　　저 | 도리카이 구미코
역　　자 | 박은정, 우메무라 마유미
편　　집 | 곽승훈
디 자 인 | 조해민
펴 낸 이 | 최도욱
펴 낸 곳 | 소통
주　　소 | 서울시 구로구 공원로 47 두산베어스타워 604호
전　　화 | 070-8843-1172
팩　　스 | 0505-828-1177
이 메 일 | sotongpub@gmail.com
홈페이지 | http://www.sotongpub.com
가　　격 | 18,000원
I S B N | 979-11-86453-93-3 93700

이 도서의 국립중앙도서관 출판예정도서목록(CIP2020044552)은 서지정보유통지원시스템 홈페이지(http://seoji.nl.go.kr)와 국가자료공동목록시스템 (http://www.nl.go.kr/kolisnet) 에서 이용하실 수 있습니다.

이 책의 내용은 저작권법에 따라 보호받고 있습니다.

YOKU WAKARU HONYAKU TSUYAKUGAKU
Copyright © 2013 KUMIKO TORIKAI
Korean translation rights arranged with MINERVA SHOBO
through Japan UNI Agency, Inc., Tokyo

알기 쉬운
통번역학

소통

머리말

통역이라고 하면 어떤 것이 떠오를까? 일본으로 올림픽을 유치하기 위해서 영어로 하는 프레젠테이션을 일본어로 동시통역하는 것이나 각국 정상들의 옆에 서 있는 통역자의 모습 등이 떠오를지도 모른다.

그럼 번역은 어떤가? 인터넷으로 검색할 때 외국어 정보가 나오면 '이 페이지를 번역하기(Translation this page?)'를 클릭해서 기계 번역된 일본어를 읽는 경우도 있었을 것이다. 또한 해외의 소설을 일본어로 읽을 때 또는 서양 음악의 가사를 볼 때 번역이라는 것을 의식할지도 모른다. 즉, 번역과 통역은 우리 가까이에 있는 것이다. 그리고 영화나 애니메이션 번역을 하고 싶다거나 도쿄 올림픽에서 통역을 하고 싶다거나 번역자나 통역자를 꿈꾸고 있는 사람이 있을지도 모른다. 이 책은 통역과 번역에 대해서 알고 싶거나, 통역자 또는 번역자에 관심이 있는 사람에게 참고가 되도록 만들어졌다.

사람이 사람인 것은 '언어'를 가지고 있다는 점에 있다. 사람에게 사고(思考)의 근원이 되는 언어, 그 상이한 언어 간 커뮤니케이션에서 쓰이는 것이 통역이고 번역이라는 행위이다. 영어에서 번역과 통역을 합쳐서 'translation'이라고 하지만 양자를 구별하고 싶을 때는 글말(문자언어)을 다루는 번역을 가리켜 'translation'이라고 하고 말(음성언어나 수화언어)을 대상으로 하는 통역은 'interpreting'이라고 한다.

통역은 '지금, 여기'에서 옮기는 즉시성이 번역과 다르다. 그러나 '옮기는 행위'라는 점에서 번역도 통역과 마찬가지이다. '번역이나 통역을 통한 커뮤니케이션은 기원전부터 행해져 왔다고 하지만 학문으로서 연구 대상이 된 것은 그다지 오래된 일이 아니다.

서구에서는 'translation studies'로 1970년대부터 활발하게 진행되어 왔지만 일본에서는 1990년대에 이론 연구가 시작되어, 2000년에 들어 학회가 설립되었다. 초기에 일본에서는 통역 연구가 이루어지지 않았기 때문에 통역에만 초점을 맞추고 있었다. 한편 번역 연구는 문학 연구의 일부로 행해져 있었지만 번역의 이론 연구가 불충분함을 깨닫고 번역도 연구 대상으로 포함하게 되어, 통역·번역학이 일본에서 본격적으로 시작되었다.

'통역·번역학'을 한마디로 표현하면 '번역과 통역에 나타난 현상과 이론에 관한 연구'이다. 즉 '기점 언어와 목표 언어 사이에 발생하는 번역(통역)행위에 대해서 다각적이고 다층적으로 고찰하는 학문'이 통역·번역학이다. 주된 연구 대상으로서는 원저자/원발언자가 만들어 내는 텍스트/메시지와 번역자(통역자)가 만들어 내는 번역물의 관계, 그들을 둘러싼 사회문화적 콘텍스트(맥락)와의 관련성에 있다고 할 수 있다.

통역·번역학에서 다루는 주제는 학제적이고 다양하지만 본서는 대학교에서의 통역과 번역에 관련된 수업에서 사용하기가 가능하도록 구체적으로 알기 쉽게 설명함으로써 통역·번역학 전체를 이해할 수 있도록 연구할 것이다. 통역과 번역을 전문으로 하는 연구자가 협조하면서 폭넓은 통역·번역학 영역을 분담하여 집필하고 있으며, 최신 동향을 포함한 것이 특징이다.

본서를 통해서 번역과 통역에 대한 관심이 깊어지면 꼭 읽어보면 좋겠다고 생각한 관련 문헌을 책의 마지막에 '추천 논문'으로 소개하였다. 본서는 목차를 따라 읽어 체계적으로 학습할 수도 있고 또 관심이 있는 것을 골라서 읽는 것도 가능하므로 통역과 번역이란 매력적인 세계를 마음껏 즐기기를 바란다.

2013年 10月

편저 도리카이 구미코 編者 鳥飼玖美子

역자 서문

다양한 목적의 한국어 학습자가 증가하면서 한국어 교육 내에서 한국어 번역전공이 새로운 학문영역으로 떠오르고 있다. 최근 외국인 유학생들의 교양과목에서 통·번역 관련과목들이 개설되고 있고 한국어 번역전공 학습자들을 위한 학과가 개설되는 대학도 늘고 있는 추세이다. 이러한 현상은 한국어 학습자들의 요구에 부응하는 한국어 교육 내에서의 움직임에서 비롯되었다. 한국어 교육을 전공한 역자가 한국어 번역전공의 학습자들을 대상으로 통·번역 관련 과목을 강의한 것만 봐도 변화된 한국어 교육 내의 분위기를 알 수 있다.

통·번역 교과목을 강의하면서 알기 쉬운 통번역 입문서의 필요성을 절감할 때쯤 본서를 만나게 되었다. 본서는 통·번역을 공부한다면 꼭 알아야 할 여러 가지 지식이 기술되어 있지만 지나치게 어렵지 않고 대학 교재로 사용하기에 적당한 분량이다. 게다가 적절한 학문적 깊이는 통·번역 이론을 더 쉽게 설명할 수 있어 이 책을 교재로 사용하고 싶다는 생각이 들었다.

이 책은 2013년 일본의 미네르바 출판사에서 출판된 것으로 편저를 맡은 鳥飼玖美子는 일본 동시통역사의 선구자라고도 불리며 '아폴로 11호 달 착륙'이나 'Expo 70' 등 다양한 국제무대에서 활약하였다. 그 후 릿쿄(立教)대학 교수로 재직하며 일본에서의 통·번역연구를 이끌어 온 통번역 전문가이다. 통·번역자로 종사하면서 그 경험을 기반으로 통·번역학 연구, 통·번역 교육, 전문 통·번역사로 현재 활약하고 있는 전문가들이 집필진으로 함께 작업한 이 책의 특징은 다음과 같다.

1. 통번역의 개념, 역사, 인접학문까지 통번역학에 대한 넓은 지식을 포함하고 있어 입문서로서 훌륭한 길잡이 역할을 할 것이다.
2. 하나의 주제를 두 페이지로 간략하게 설명하고 있어 입문 과정의 통번역 전공자들에게 알기 쉽게 설명하는 교재이다.
3. 메모에 달린 한국어 문헌은 원문의 문헌이 한국에서 번역되었는지를 찾아서 추가로 넣은 것이다. 이 책으로 공부하는 학습자들이 한국어 문헌을 찾는 수고로움을 덜어 줄 수 있을 것이다.

4. 번역이 그러하듯이 문화적 배경을 알지 못하면 본서의 내용을 정확히 이해하기 어려운 경우가 있어 독자의 이해를 돕고자 역자주를 메모에 추가하였다.

통·번역 이론을 가르치는 사람으로, 또한 통·번역을 공부하는 사람 입장에서 위에 기술한 특징 1, 2에 특징 3, 4를 추가하면서 번역을 하였다. 번역 작업을 시작할 때부터 중간 중간에 힘들 때마다 남성우 명예교수님, 허용 교수님, 김형재 교수님의 격려와 조언을 받으며 드디어 출판을 하게 되었다. 이 모든 것에 감사를 드린다.

최선을 다하였으나 번역의 질이나 수준면에서 아직 미흡한 점이 있을 것이다. 이 책으로 강의를 하면서 수정해 나가고 더 보완할 계획이다. 이번 출판을 계기로 역자들은 통번역학 연구에 더욱 정진하겠다는 다짐을 한다.

마지막으로 본서를 통해 한국어 번역전공 학생들이 통·번역을 학습하는 데에 많은 도움을 받기를 바라며 한국어교육의 지평을 넓히는 데 본서가 작은 역할을 할 것으로 기대한다.

2021년 3월
역자들 씀

추천사

　이 책은 한국어 번역전공 학습자들을 위한 통번역학 입문서이다. 기존의 통·번역 이론서는 대개 특정의 통번역 이론이나 몇몇의 관련 학자들에 집중된 책을 번역한 것들이다. 그러한 책들은 통번역의 깊이를 더하는 데에는 도움이 되기는 하지만 입문서의 성격으로는 여러 가지로 아쉬움이 많은 것이 사실이다. 이 책을 번역하게 된 것도 이러한 사실에서 출발한 것으로 알고 있다. 이 책은 통번역의 개념, 역사, 통번역 교육, 인접 학문까지 포함하여 폭넓은 내용을 담고 있어 통번역학을 공부하는 사람들에게 적합한 책이라고 생각한다.

　공동 역자인 두 사람은 한국어교육을 전공한 후 박사과정을 번역 전공으로 들어온 제자들이다. 두 사람이 번역을 하는 과정에서 만나는 어려움이나 논의점을 박사 논문 워크숍에서 발표하면서 정교한 번역을 위해 노력하는 것을 곁에서 지켜보았다. 일본어로 된 내용을 한국어로 단순히 옮기는 작업이 아니라 정확한 한국어 문장으로 번역하기 위해 여러 가지 자료들을 찾는 모습을 보면서 번역을 하는 역자 자신들에게도 이 책으로 공부하게 될 번역전공 학생들에게도 많은 도움이 될 것이라는 것을 믿는다.

한국외국어대학교 사범대학 한국어교육과
한국외국어대학교 KFL 대학원 원장
교수 허용

번역·통역을 배우기 전에 알아야 할 기본적 용어

번역·통역학에서 필요한 기본적 용어를 소개하려고 한다. 번역과 통역에 대해 배우기 전에 여기에서 다루는 용어의 의미를 정확하게 이해해 두자.

1. 텍스트(text)

텍스트란 형식 혹은 의미상 연계가 있는 글의 집합을 말한다. 하나의 문장도, 구두 메시지도 텍스트가 될 수 있다.

2. 기점과 목표

번역과 통역은 항상 두 가지 텍스트·언어·문화와 밀접한 관계가 있다. A라는 언어에서 그와 다른 B라는 언어로 옮기는 것이 번역 또한 통역이기 때문이다. 이 두 언어와 텍스트, 그리고 문화를 말하는 방법이 번역학·통역학에서는 정해져 있어서 번역(통역)의 대상이 되는 것을 '기점'이라고 하고 번역(통역)해 내는 대상을 '목표'라고 부른다. 이것들은 영어의 'source'와 'target'을 옮긴 말(번역어)이다.

'기점'과 '목표'를 사용해서 번역(통역)의 대상이 되는 원문 언어를 '기점 언어', 번역을 하는 데 쓰이는 언어를 '목표 언어'라고 부른다. 이와 마찬가지로 번역(통역)의 대상이 되는 텍스트(일반적으로 '원문'으로 불리는 것)는 '기점 텍스트', 번역(통역)된 텍스트는 '목표 텍스트'라고 한다.

또한 '기점 문화', '목표 문화'라는 용어는 '번역(통역)의 대상이 되는 문화와 번역(통역)을 해내는 대상의 문화를 가리킨다. 번역과 통역 연구는 언어 사용자가 가지고 있는 문화에 대해 고찰하는 것을 포함하는 경우가 많아서 이 용어도 자주 사용된다.

번역학이나 통역학의 이론서와 논문 등에서 아래와 같이 생략된 표기를 사용하기도 한다. 「기점 텍스트」를 의미하는 경우 영어의 'source text'를 생략하고 'ST'라고 하고, '목표 텍스트'는 'target text'를 생략한 'TT'라고 한다. 또한 '기점언어'는 'SL'(source language), '목표언어'는 'TL'(target language), '기점문화'는 'SC'(source culture), '목표문화'는 'TC'(target culture)와 같이 나타낸다. 다만 본서에서는 기본적으로 용어를 생략하지 않고 '기점 텍스트', '목표 텍스트'로 표기하기로 한다.

3. 여러 가지 번역 방법

 옮긴다는 행위(번역)에 관심을 가진 사람이라면 '직역(直譯)'이나 '의역(意譯)'이라는 말을 들어본 적이 있을 것이다. 직역은 서투른 번역이라서 의역이 올바른 번역방법이라고 믿고 있는 사람도 있을지 모른다. 직역이나 의역은 번역법, 즉 옮기는 방법을 말한 것에 지나지 않는다.

 번역(통역) 결과물에 대한 정오를 판단하기 전에 각기 어떤 번역방법에 따른 것인지 제대로 파악해야 한다. 이러한 용어는 사용자에 의해서 의미하는 번역방법이 다를 수도 있기 때문이다.
 여기서는 기본적인 의미만을 제시했지만 모두 의미하는 범위가 넓은 용어라서 이론서 등에 나타난 경우는 연구자가 어떠한 의도를 가지고 사용하게 되었는지에 관심을 기울여 어떤 의미로 쓴 것인지 반드시 정의를 내린 후에 사용하도록 해야 한다.

<축어역>
 '축어역(word-for-word translation)'은 기점 텍스트에 나타난 단어를 한 단어씩 순서 그대로 번역하는 방법을 말한다. 단어를 단위로 해서 텍스트의 형식을 바꾸지 않으면서 목표 언어의 재현을 시도하는 번역방법이란 점에서 기점 텍스트의 어순과 형식을 중시한 방법이라고 할 수 있다. 따라서 목표 텍스트 독자에게는 이해하기 어려운 문체가 되기도 한다.
 다만, 축어역은 어순이 비슷한 두 언어 간의 번역은 가능하다. 또 기독교 성서번역에서는 행간번역이라고 하는, 기점 텍스트의 행과 행 사이에 각 단어를 번역해서 써 넣는 방법을 취하는 경우도 있다. 하느님의 말씀인 성서를 원전에 가능한 한 가까운 상태로 읽고 싶은 독자를 위한 번역이다.

<직역>
 '직역(literal translation)'도 기점 텍스트의 어순을 재현하려는 번역방법이지만 축어역과의 차이는 두 개 이상의 단어를 단위로 해서 단어 순서를 따라 번역하는 것도 포함된다는 점이다. 단어 하나씩 어순을 재현하려는 축어역보다 매끄러운 번역방법이라고 이해하면 좋을 것이다. 두 단어 이상을 단위로 삼는다는 것은 세 단어 이상으로 구성되는 구(句)나 절(節) 등의 덩어리를 번역하는 것도 포함된다.

어떤 번역방법을 직역으로 삼는지는 그때마다 판단하는 사람에 따라 다를 가능성이 있다. 직역은 축어역 만큼은 아니지만 직역도 부자연스러운 번역이 될 수 있기 때문에 의식적으로 피하려고 하는 경향도 있다. 하지만 예술적인 텍스트 등은 표현 양식이 중요하므로 오히려 그러한 어순의 재현에 중점을 둔 직역이 어울린다고 할 수 있다.

<의역>
'의역'이란 '의미 대응번역(sense-for-sense translation)'을 가리키며, 형식이 아니라 내용, 즉 텍스트에 표현된 의미가 기점·목표 텍스트 사이에서 대응하도록 번역하는 방법이다. 이 번역방법에서 중시되는 점은 내용이 대응되는 것이고, 기점 텍스트의 어순이나 표현방법을 재현하는 것이 아니기 때문에 목표 언어의 관습에서 벗어나는 읽기 어렵고 부자연스러운 텍스트는 산출되지 않는다. 읽기 쉬운 목표 텍스트를 우선시할 때는 이 번역방법을 선택하는 경우가 많다.

<자유역>
'자유역(free translation)'은 의미하는 범위가 더욱 넓은 용어이다. '자유'를 무엇에 대한 자유로 삼는지에 따라서 선택되는 번역방법은 크게 달라진다. 만약에 기점 텍스트의 어순을 유지하는 것에 대한 자유라고 생각하면 목표 텍스트에 기점 텍스트의 형식을 재현하지 않는 번역방법이 자유역이 된다.

또한 목표 언어·문화의 관습부터 벗어나는 것을 자유라고 하면 목표 텍스트는 일반적이지 않는 문체나 표현을 사용하는 것이 자유가 된다. 그러한 문체나 표현을 취하게 된 이유가 기점 텍스트의 어순을 그대로 재현한 것, 즉 기점 텍스트에 얽매어 있는 상황이라고 해도 자유역이라 불릴 수 있을 것이다.

- 일본어·중국어의 고유명사는 외래어 표기법(1986년 시행) 제4장 인명, 지명 표기의 원칙에 따른다.

- 중국 과거인과 현대인의 구분은 1911년 신해혁명(辛亥革命)을 분기점으로 한다. 다만 신해혁명에 맞물려 있는 인물의 경우, 중국식 표기를 원칙으로 사용한다.

목차

제1부 번역이란? 통역이란? — 17
1. 통번역과 이(異) 문화 커뮤니케이션 — 18
2. 세 종류의 '번역' — 20
3. 소리와 문자 — 22
4. 세계화와 번역 — 24
5. 세계화와 통역 — 26

제2부 번역과 통역의 역사 — 29

I 일본의 통번역사
1. 고대 일본의 통역 — 30
2. 나가사키 통사 — 32
3. 번역과 메이지 시대의 근대화①: 근대과학의 발전과 번역 — 35
4. 번역과 메이지 시대의 근대화②: 구문맥 — 38
5. 동경재판 — 40
6. 전후 외교와 동시통역 — 42
7. 아폴로우주중계와 동시통역 — 44
8. 일본의 다언어화와 커뮤니티 통역 — 46

II 세계의 통역사
1. 신대륙의 통역자 — 48
2. 중국의 통역 — 51
3. 회의통역의 탄생: 파리 강화 회의 — 53
4. 동시통역의 탄생: 뉘른베르크 재판 — 55

Ⅲ 세계의 번역사
1. 서구번역사와 성서번역 57
2. 중국번역사와 불전번역 60

제3부 사회에서의 번역과 통역 63

Ⅳ 번역/통역자의 역할
1. 번역자의 역할 64
2. 통역자의 역할 67
3. 번역자·통역자의 윤리 규정 69
4. 투명성, 중립성 72

Ⅴ 통역의 종류
1. 동시통역/순차 통역(위스퍼링콘사이트 트랜스레이션) 74
2. 대화 통역/수화 통역 76

Ⅵ 직업으로서의 통역
1. 회의 통역 78
2. 비즈니스 통역 81
3. 방송 통역 83
4. 사법 통역/법정 통역 85
5. 커뮤니티 통역(의료/교육) 87
6. 통역 안내사(통역가이드) 89

Ⅶ 번역과 과학기술/테크놀로지
1. 현지화 91
2. 번역 메모리 94
3. 기계 번역(프리&포스트에디트) 96

Ⅷ 직업으로서의 번역
1. 문학번역 98
2. 산업번역 100

  3. 법정/특허/의학/행정 번역 …………………………………… 102
  4. 커뮤니티 번역/클라우드 소싱 번역 ……………………… 104
  5. 시청각 번역 …………………………………………………… 106
  6. 번역자·통역자 단체 ………………………………………… 108

 IX 미디어와 번역·통역
  1. 저널리즘과 뉴스 번역 ……………………………………… 110
  2. 국제 분쟁과 번역 …………………………………………… 112
  3. 분쟁과 통역 …………………………………………………… 114
  4. 다큐멘터리 번역 ……………………………………………… 116

 X 교육
  1. 적성과 자격 …………………………………………………… 118
  2. 번역자 역량과 훈련 ………………………………………… 121
  3. 통역자 역량과 훈련 ………………………………………… 123
  4. 고등교육기관에서의 번역자 통역자 양성 ……………… 125
  5. 외국어교육에의 응용①: 문법역독과 번역 ……………… 127
  6. 외국어교육에의 응용②: 커뮤니케이션능력 육성과 통역 훈련 … 129
  7. 외국어교육에의 응용③: 섀도잉과 언어교육 …………… 131

제4부 통·번역 연구에 대한 접근 ……………………………… 133

 XI 번역학
  1. 번역학이란 무엇인가 ………………………………………… 134
  2. 서양에서의 고전적 번역 이론 ……………………………… 136
  3. 번역학 '도해' ………………………………………………… 139
  4. 언어의 의미와 번역의 불확정성 …………………………… 142
  5. 등가 ……………………………………………………………… 144
  6. 변이와 전략 …………………………………………………… 147
  7. 기능주의적 접근(스코포스 이론) ………………………… 149
  8. 번역의 텍스트 타입 ………………………………………… 151
  9. 번역적 행위 …………………………………………………… 153
  10. 다원 시스템 이론 …………………………………………… 156

11. 기술적 번역연구와 번역 규범 ········· 158
12. 보편적 특성 ········· 160
13. 독일의 번역론 ········· 162
14. 이질화와 수용화(번역사의 불가시성) ········· 164
15. 식민지 지배와 번역 ········· 166
16. 번역과 권력·이데올로기 ········· 168
17. 문화의 번역 ········· 170
18. 소수언어와 번역 ········· 172
19. 번역과 젠더 ········· 174
20. 중국의 번역론: 엔푸<嚴復>『신달아<信達雅>』········· 176
21. 일본: 메이지·다이쇼의 번역론 ········· 178
22. 일본: 쇼와·헤이세이의 번역론 ········· 180
23. 근래의 연구 동향 ········· 183

XII 통역학
1. 번역학이란 무엇인가 ········· 185
2. 의미의 이론 ········· 188
3. 노력 모델 ········· 190
4. 통역자 역할과 정체성 ········· 192

XIII 인접 분야
1. 언어인류학 ········· 194
2. 사회언어학 ········· 196
3. 어용론 ········· 198
4. 사회학/국제관계론 ········· 200
5. 인지과학①: 의미 해석과 번역 처리 ········· 202
6. 인지과학②: 기억·작동 기억 ········· 204

맺음말 ········· 208
추천문헌 ········· 210
찾아보기 ········· 218

제1부
번역이란? 통역이란?

도입

　번역과 통역은 우리 일상생활과 밀접한 관계가 있으나, 생활 속에서 의식적으로 번역과 통역에 신경 쓰는 일은 적을지도 모른다. 본서를 읽어가면서 우리 주위에 번역이나 통역과 관계 있는 '뭔가'가 있는지를 생각해 보는 것도 좋을 것이다.

　제1부의 시작은 원래 '번역'과 '통역'이 어떠한 행위인가 하는 것과 더불어 이(異) 문화 커뮤니케이션의 관점에서 파악한 번역과 통역에 관해서 설명하기로 한다. 문화를 달리하는 사람들은 사용하는 언어도 다른 경우가 많다. 번역학과 통역학은 다른 문화에 속하는 사람들 사이의 커뮤니케이션을 가능하게 하는 것으로, 번역과 통역이라는 행위에 대해 연구하는 학문 분야이다. 번역과 통역이 단지 언어를 옮기기만 하는 단순한 행위라고 한다면 논할만한 문제는 그렇게 많지 않을 것이다. 그러나 번역학 또는 통역학에서 고찰해야할 내용은 매우 다양하다. 번역과 통역은 이(異) 문화 커뮤니케이션(서로 다른 문화와의 소통)이기 때문에 문화, 그 문화에 속한 사람, 그 사람들이 가지고 있는 사상까지를 포함해야 한다. 따라서 본서에서도 그것과 관련되는 여러 가지 내용을 다룰 것이다.

　제1부에서 우선 번역·통역과 이(異) 문화 커뮤니케이션의 관계를 보여준 뒤에 일반적으로 '번역'이라는 것은 무엇을 의미하는지 하나의 정의 방법을 제시한다. 다음으로 번역이나 통역이라는 행위가 다루는 '언어'라고 하는 것을 소리와 문자라는 각도에서 파악하여 번역을 한다.

　마지막에는 글로벌화가 진행되는 현대 사회에서 점점 다양해져 가는 사람과 사람과의 교류에서 번역과 통역이 가지는 역할에 대해서 생각해 본다. 제1부에서는 먼저 번역과 통역에 얽힌 기본적인 내용을 이해하고, 번역학·통역학을 배우기 위한 준비를 하기로 한다.

1. 통번역과 이(異) 문화 커뮤니케이션

1) 번역이란 무엇인가

'번역'이라는 것은 일반적으로는 '어떤 언어 텍스트를 다른 언어로 옮겨 바꾸는 것'으로, 번역하는 행위나 과정을 가리키기도 있고 번역물이나 작품을 가리키는 경우도 있다. 영어로는 'translation'이 되는데 번역을 정의하는 것, 번역의 어려움에 대해 논하는 것은 어려운 일이다. '번역'이라고 하면 보통은 문자로 쓰여 있는 문장을 번역하는 것을 의미한다.

그러나 영어의 'translation'은 문어와 구어의 번역을 의미하기 때문에 '사고나 생각을 하나의 언어(기점)에서 다른(목표) 언어로 전환하는 것으로, 그 언어가 쓰인 것인지 말해진 것인지는 중요하지 않다'고 하는 의견도 있다. 결국 '번역'은 영어의 'translation'과 완전히 같은 의미('등가')는 아니기 때문에 이 부분에서 언어를 번역하는 것에 어려움이 있을 수 있다.

영어에서도 'translation'이 문어의 번역만을 가리키는 것도 있고, 그런 경우에는 '어떤 언어(기점언어)로 쓰인 텍스트를 번역자가[1] 다른 언어(목표언어) 텍스트로 변환하는 것'이기 때문에 한국어의 '번역'과 같은 의미가 된다. context(전후의 문맥)에 의해서 다른 의미로 사용되는 것도 있다고 하는 점도 번역을 복잡한 행위로 만드는 것이다.

2) 통역이란 무엇인가

구어(음성언어나 수화언어)의 번역을 문어(문자언어)의 번역과 구별하는 경우에는 '통역(interpreting)'이라는 용어를 사용한다. 영어의 interpreter(통역자)[2]는 라틴어의 interpres '다른 사람들이 이해할 수 없는 것을 설명하는 사람'에서 유래했다고 한다.

또 영어 동사 interpret에는 '해석하다'라는 의미가 있다는 것은 시사(示唆)하는 바가 있다. 통역이라는 작업은 말하여진 것을 앵무새처럼 다른 언어로 변환하는 것이 아니고, 통역자 자신이 메시지를 해석해서 그 언어를 다른 언어로 표현하는 것이기 때문이다.

구어를 번역하는 통역은 '즉시성'이 특징이다. 번역은 시간을 들여서 번역하고 번역한 것은 시간이 지나도 남지만 통역은 '지금, 여기'에서 일회성으로, 제시된 기점언어에서의 메시지를 즉시 번역하고 번역 결과가 남지 않는다.

---

[1] 일본에서는 번역자와 번역자/번역가를 구별하여 쓰지 않으나 정호정(2016)에서 번역자(飜譯者), 번역자(飜譯士), 번역가(飜譯家)를 구별하고 있다. 번역자는 번역을 직업적으로 하지 않아 번역자나 번역가보다 덜 전문적인 개념으로 쓰이는 경향이 있다고 한다. 그러나 본서의 번역자(飜譯者)는 한국에서 사용되는 번역자와 번역가 모두를 아우르는 용어로 봐도 무방하다고 본다. -역자주

[2] '통역'은 어디까지나 '통역을 하는 행위'를 지칭하므로 통역을 하는 사람을 통역자라고 부른다. 법정에서 선서하고 통역을 하는 경우는 '통역인'이 정식명칭이다.

3) 이(異) 문화 커뮤니케이션으로서의 번역과 통역

이렇게 번역과 통역에 차이는 있지만 공통적인 것은 둘 다 '옮긴다'라는 행위이다. '옮긴다' 라는 것은 '다른 언어와 문화에 있어서 이미 존재하는 메시지(텍스트)와 유사한 의미와 효과를 가지는 메시지를 산출하는 것'이라고 설명할 수 있다.

이런 정의에서 중요한 것은 '옮긴다'라고 하는 행위가 언어뿐만 아니라 다른 '문화' 사이에서도 행해진다는 점이다. '옮기는 것'을 좌우하는 'context'에는 '상황'과 '문화'의[3] 2종류가 있다. '상황 콘텍스트'라는 것은 커뮤니케이션이 행해지고 있는 장소, 참가자, 서로의 관계 등이 있는 상황이다. '문화 콘텍스트'는 전통과 신조 등 언어에 묻어 있는 문화적 요소를 가리킨다. 이런 복잡한 콘텍스트 안에서 행해지는 커뮤니케이션(회화뿐만 아니고 읽는 것도 쓰는 것도 커뮤니케이션)을 '옮기는 것'이 통역이고 번역인 것이다. 결국, 번역이든 통역이든 언어뿐만 아니라 그 언어를 받치고 있는 눈에 보이지 않는 '문화'도 '옮기는 것'이라고 할 수 있다.

그러면 '문화'라는 것은 무엇인가. 가장 오래된 정의에 의하면 문화라는 것은 '지식, 신앙, 예술, 도덕, 법률, 습관, 그 외, 사회 구성원으로서의 사람들에 의해 습득된 모든 능력이나 습관의 복합총체'이다. 그 외에도 '후천적·역사적으로 형성된 명시적 및 비명시적인 생활양식의 체계',[4] '사람이 스스로를 지키기 위하여 만들어서 주위의 자연환경과 인간과의 사이에 위치시킨 것이 문화이고, 지리적인 거리감과 역사적인 변화가 특정의 패턴을 가진 개별문화를 만들어낸다'는 등의 여러 가지 정의가 있다.

'이(異) 문화 커뮤니케이션'이라는 용어를 만든 홀(hall)은 '문화라는 것은 커뮤니케이션이며 커뮤니케이션은 문화다'라고 기술하고 있다(Hall.E.T. 1956). 바꾸어 말하면 '우리가 무엇을 이야기하고, 어떻게 이야기할까 하는 것은 우리가 살아온 문화에 의해서 대략 결정된다' 라는 의미가 된다. 문화는 빙산에 비유되어 설명되는 경우도 있다(Hall.E.T 1976). 해면으로부터 나와 있는 부분은 눈에 보이는 문화로 이 부분을 이해하는 것은 가능하나 복잡한 것은 수면 아래에 숨어 있는 문화(hidden culture)이다. 가치관, 신조, 규범 등 보이지 않는 부분은 자신도 깨닫지 못하는(out of awareness)것인데, 커뮤니케이션에는 그런 심층의 문화가 크게 영향을 끼친다. 그 때문에 번역자나 통역자는 숨겨져 있는 문화까지 고려하면서 다른 문화와 언어와의 중개 역할을 하는 것이 된다. 통역도 번역도 언어를 해석하고 있는 것처럼 보이면서 언어에 숨어 있는 문화도 '옮기는 것'이라는 어쩔 수 없는 대전제를 이해할 필요가 있다. 번역자도 통역자도 바로 이(異) 문화 커뮤니케이션의 최전선에 있는 존재이며 번역과 통역의 문제는 이(異) 문화 커뮤니케이션의 문제 그 자체인 것이다.

[3] 상황 콘텍스트, 문화 콘텍스트는 인류학자 Malinowsky가 만든 용어이다.
Malinowsky. B(1935) Coral gardens and their magic. Vol. 2. London: Allen and Unwin.

[4] 'a system of explicit and implicit designs of living' Kluckhohn. C.(1962). The concept of culture. In R. Kluckhohn (Ed). Culture and Behavior. New York. NY: The Free Press. pp. 19–73

2. 세 종류의 '번역'

1) '번역'의 정의

보통 번역된 텍스트(목표텍스트)와 번역을 하는 행위 등을 나타낼 때에 '번역'이라는 말을 사용하고 있다. 당연하게 사용하고 있는 이 '번역'이라는 말의 의미를 곰곰이 생각해 본 적이 있는가. 생각할 것도 없이 영어로 쓰인 문장을 한국어로 옮겨 바꾸는 등 서로 다른 언어 간의 언어의 변환이 '번역'이라고 정해져 있다고 인식하고 있는 경향이 많을 것이다. 확실히 이러한 행위는 '번역'이지만 '번역'이라는 것은 그것뿐일까. 언어학자인 야콥슨(Jakobson, R)은 번역에는 세 종류가 있다고 정의하고, 각각을 '언어 내 번역' '언어 간 번역' '기호 간 번역'이라고 부르고 있다.[5] 이 야콥슨에 의한 '번역'의 정의를 배우는 것에서부터 '번역'이라는 것은 도대체 무엇인지 새롭게 다시 생각해 보자.

[5] Jakobson, R.(1963). Essais de Linguisticque Générale 1. Paris: Éditions de Minuit. 권재일 옮김(1989). 『일반언어학 이론』. 민음사.

2) 언어 내 번역

야콥슨이 가리키는 첫 번째의 '번역'은 '언어 내 번역(intralingual translation)'이다. 언어 내의 번역이라는 것은 결국 어떤 언어로 쓰인 말이나 문장을 같은 언어 안에서 다른 표현을 사용해서 나타내는 것이다. 야콥슨은 이 행위는 '다른 말로 바꿔 말함, 환언'이라고 설명하고 있다. 전문 용어로 쓰인 논문을 일반 독자가 읽었을 때 알 수 있도록 쉬운 어휘를 사용하거나 설명을 더하거나 해서 바꿔 쓰는 것은 '언어 내 번역'의 한 예이다. 이러한 것을 우리들은 일상적으로 행하고 있다. 예를 들어, 읽고 있는 책에 '애로(隘路)'라는 단어를 보고 의미를 모르는 경우에 사전을 찾거나 누군가에게 물어보거나 해서 단어 옆에 '좁아서 걷기 힘든 길'이라고 써넣는 것도 '언어 내 번역'의 결과이다.

3) 언어 간 번역

두 번째의 '번역'은 '언어 간 번역(interlingual translation)'으로 불리는 것이다. 다른 언어와 언어 사이에서 널리 쓰이는 '번역'으로 일반적으로 '번역'이라고 하면 이런 종류의 것을 가리키는 경우가 많다. 지구상에는 여러 가지 언어가 있기 때문에 광대한 수의 언어와 언어 쌍을 만들 수 있다. 일본어로 쓰인 소설을 프랑스어로 저술하거나, 포르투칼어의 가사를 일본어로 표현하는 것 등 예를 들면 끝이 없다.

이렇게 우리들 주위에는 언어 간 번역이 넘쳐나고 우리 생활을 둘러싸고 있다. 또 언어 간 번역은 전문번역자에 의해 행해지는 것이 많지만 전문가가 아닌 학생이 외국어 학습을 할 때도 행해지고 있다. 예를 들면 외국어 문장을 읽고 일본어로 번역해 이해를 깊게 하는 경우도 있고, 일본어 시험을 치는 과정에서 외국어 문장을 일본어로 쓰는 문제를 접하는 경우도 있을 것이다.

기점 텍스트의 의미를 해석하고 목표 언어에서 적절한 번역어(譯語)를 선택하는 것은 단순하게 생각될지도 모르지만 실은 아주 어려운 작업이다. 각 언어들에서 언어의 의미가 항상 일대일의 대응을 하는 것은 아니기 때문에 기점 텍스트의 언어 의미를 적절하면서도 빠짐없이 다른 언어로 나타내는 것은 간단한 행위로는 되지 않는 것이다. 예를 들어 영어의 'rice'라는 단어를 어떻게 하면 한국어로 '언어 간 번역'이 가능할 수 있을까. 한국어에서 '쌀', '밥', 그리고 '벼'의 각 단어가 가리키는 것은 다른 것이지만 영어에서는 'rice'라고 하는 단어가 '쌀'도 '밥'도 '벼'도 의미할 수 있다.[6] 따라서 'rice'를 한국어로 번역할 때에는 '쌀'인지 '밥'인지 또는 '벼'인지 적어도 세 개의 선택지를 생각할 수 있다는 것이다.

따라서 언어 간 번역을 할 때에는 기계적으로 단어를 바꿀 수 없고 전후의 문맥을 포함해서 'rice' 등의 단어와 그 단어가 포함되는 메시지 전체를 허석하고 그것을 목표언어로 표현할 필요가 있다.

[6] 'a rice plant'(벼), 'a grain of rice'(쌀), 'boiled rice'(밥)처럼 'rice'를 다른 단어와 함께 사용하면 표현을 구분할 수 있다.

4) 기호 간 번역

세 번째 '번역'은 '기호 간 번역(intersemiotic translation)'이라고 불리는 종류이다. 다른 기호 간의 '바꾸어 옮김', 결국 언어체계를 다른 기호체계의 기호로 해석해서 표현하는 것이 이 세 번째의 '번역'이다. 언어라고 하는 것은 기호 체계의 일종으로 언어 이외에도 음악이나 영화, 그림과 같은 조형예술이나 춤 등의 기호 체계가 존재하고 있다. 예를 들어 '시'라고 하는 언어 기호에 의한 예술이 있다. 한 편의 시를 읽고 그 내용을 우화로 표현하는 것은 언어에서 그림으로의 기호 간 번역이 된다. 이외에도 소설을 읽고 그 내용을 피아노를 쳐서 표현하는 것도 일종의 기호 간 번역이다.

5) 번역학에서의 '번역'

세 종류의 번역 중에 전통적으로 번역 연구의 대상이 되어 온 것은 언어 간 번역이다. 다른 언어를 사용하는 사람들 사이의 의사소통을 성립시키기 위한 언어 간 번역은 역사를 통해 중요한 역할을 가지며 또한 여러 가지 문제도 동반하기 때문에 많은 연구가 행해지고 있다. 그러나 연구 대상은 언어 간 번역에 제한되어 있는 것은 아니다. 예를 들어 현지화에 있어서는 아메리카에서 쓰인 영어 문장을 피봇언어[pivot]로서의 영어 문장으로 언어 내 번역을 하고 그 뒤에 각 언어로 언어 간 번역을 해나간다. 이러한 번역 현상을 다룰 때에는 언어 내 번역도 고찰 대상이 되는 것이다.

3. 소리와 문자

1) '소리의 문화'와 '문자의 문화'

통역과 번역이 언어를 사이에 둔 실천(언어가 개입되는 실제적인 작업)인 이상 언어의 소리로서의 특징 또는 문자로서의 특징에 대해서 생각하는 관점은 불가결한 것이다. 옹(Ong, W. J)은 그의 저서 『구술 문화와 문자 문화』에서[7] 언어의 '소리'로서의 특징과 그러한 언어의 특징을 중심으로 해서 만들어진 문화를 '구술문화(orality, 소리의 문화/음성으로서의 어휘)', 한편 문자를 획득하고 그것을 구사하는 능력 그리고 그 능력을 기반으로 해서 발전한 문화를 문자문화'(literacy, 문자의 문화/문자를 읽고 쓰는 능력)'라는 용어로 표현하고 양자 간에는 커뮤니케이션의 방법뿐만 아니라 근본적인 사고의 바람직한 자세나 언어표현의 차이가 있음을 논했다.

옹은 문자를 가지지 않고, 쓰는 것과 전혀 관계가 없는 문화를 '일차적인(primary)' 구술의 문화라 하고 현대와 같이 텔레비전이나 라디오 등 전자미디어에 의해 받아들여진 새로운 문화를 '제2차적인' 구술 문화라고 불러 구별했다. 쓰기 기술 덕분에 일차적인 구술 문화에서 문자의 문화로의 발전이 가능했고, 더욱이 이렇게 쓰는 것에서부터 인쇄 기술이 생겨나면서 현재의 이차적인 구술 문화에 이르게 되어 인간의 문화와 사고를 크게 변화해왔다고 말한다.[8]

문자를 가지지 않는 구술 문화에서는 말하는 사람과 듣는 사람이 같은 시간과 공간(문맥)을 공유하고 있지만 그곳에서의 음성언어나 이야기를 문자로 기록해 남기는 것을 할 수 없다. 따라서 그러한 문화에서는 기억하기 쉽도록 음운이나 리듬을 맞추고 반복 표현이나 정형화된 표현을 되풀이하면서 반복적으로 공유하는 사고 형식이 발달했다.

한편, 우리들이 익숙해서 몸에 밴 것 같은 음성뿐만 아니라 문자까지 획득한 '문자 문화'에서는 문자로 기록하는 것이 가능하기 때문에 구술 문화와 같이 화자와 청자(혹은 쓰는 자와 읽는 자)가 같은 시간과 공간을 공유하고 있지 않아도 그 이야기를 전하는 기술이 있다. 그 결과 다른 말로 바꾸거나[환언] 언어를 구사할 때 스스로를 되돌아보는 분석적인 사고가 발달했다고 말한다.

2) 소리와 문자의 상호작용성

문자 문화에서 문자를 기록하기 위해서는 소리를 듣고 그것을 쓰고 다시 한 번 베껴 쓰는 작업이 필요하다. 서양에서 15세기의 활판 인쇄 기술이 보급되기 이전에 소리는 (知의 거점인) 수도원에서 필사되어, 사본(寫本)이라는 형태로 인간의 손으

---

[7] Ong, W. J.(1982). Orality and Literacy. London ; New York: Routledge/桜井直文·林正寬·糟谷啓介 訳(1991).『声の文化と文字の文化』.藤原書店.
이기우·임명진 옮김(1995). 『구술문화와 문자문화 :언어를 다루는 기술』. 文藝出版社.

[8] 이러한 '음성'에서 '문자'로의 역사적 이행을 단적으로 나타낸 것이 1970년대부터 1980년대에 걸쳐 인류학에서 제시된 '대분수령(the Great Divide 미국 로키산맥)'이라는 말이다.
大黒俊二(2010).『声と文字』. 岩波書店, pp.104-105. 참조

로 쓰고, 음독으로 읽었다. 이런 의미에서 문자와 소리는 서로 어울려서 하나로 나타나는 것이었다.

그 후, 활판 인쇄 기술에 의한 대량 복제가 가능해짐에 따라 쓰고 읽는 행위는 소리에서 서서히 분리되고 게다가 '적혀진 것(텍스트)'은 그 자체로 존재하고 있는 것으로 인식되어 갔다. 옹이 제기한 전자 미디어의 등장에 의한 2차 소리의 문화는 그런 의미에서 문자의 문화에서 분리되었던 소리 문화의 복원이라고 하는 것이다.[9] 언뜻 보기에 '문자의 문화'에서는 소리와 문자는 다른 것처럼 보일지도 모른다. 그러나 위에서 살펴본 것처럼 원래 이 둘은 결코 대립되는 것이 아니라 둘은 서로 깊이 관련되어 있는 것이다.[10]

통역은 기본적으로 '지금·여기'에서 발생한 소리를 기반으로 하고 있다. 따라서 그 곳에 있는 사람들은 소리를 둘러싼 환경을 공유하고 있다. 그에 반해 번역은 보통 '글자로 쓰인 것'을 대상으로 하며, 시간적·지리적 제약을 넘어선 행위이다. 그러나 여기서 잊어버리기 쉬운 것은 그러한 '적혀진 것'일지라도 언어는 기본적으로 '소리(음성)'를 기반으로 한다는 것이다. 그 텍스트를 '쓴다는 행위' 그리고 '읽는다는 행위'를 통해 '소리(음성)'와 연결되어 있다. 그것은 통역도 번역도 모두 언어를 통한 실천(적인 행위)이기 때문이다.

소리를 듣고 해석하고 그것을 다른 말로 발화하는 통역과 마찬가지로 '읽다, 말하다'라는 번역 또한 다른 언어와의 만남이자 해석인 것이다.

3) 번역·통역에서의 '소리와 문자'의 탐구

통역자는 '지금·여기'의 발화자의 소리(음성)에 귀를 기울인다. 그러나 문자에 익숙한 문화에서는 화자는 잘 쓰인 것을 말하는 것 같다. 예를 들면 뉴스나 회의에서의 발화나 발표 등은 보통 쓰인 원고가 있고, 청자는 그것을 듣는 것이다. 한편, 많은 번역가들은 번역이란 원서를 읽으면서 원저자의 소리에 귀를 기울이는 것이라고 말한다. 여기에서는 말하듯이 쓰인 것들도 많이 있다. 글을 쓰는 사람인 원저자와 읽는 사람인 번역자, 그리고 번역 텍스트의 글쓴이인 번역자와 읽는 사람인 독자 각각의 '지금·여기'는 다르다. 그렇다면, '번역한다, 읽는 행위'는 그 행위가 이루어지는 '지금·여기'에서 문자를 통해 그 문자가 기록되었을 시간과 장소에서 나온 소리와의 대화를 반복하는 과정에서 새로운 텍스트가 만들어지는 것이라고 할 수 있다.

음성과 문자는 확실히 통역과 번역을 특징짓는 것으로, 그러한 관점에서의 연구의 깊이도 기대된다. 그러나 동시에 소리와 문자는 서로 어울려 영향을 주는 것이며 그런 의미에서 통역도 번역도 양자의 특징을 합친다는 관점이 그 복잡한 실천을 고찰하는 데 필요하다고 말하지 않을 수 없다.

[9] 맥루언(McLuhan, M.)은 제2차 음성 문화가 도래함에 따라 다시 사람들이 공동으로 만들어 갈 지구 공동체(global village 지구촌)의 출현을 예언하였다. McLuhan, M.(1964). Understanding media :the extensions of man. New York : McGraw-Hill/ 김성기·이한우 옮김(2002). 『미디어의 이해: 인간의 확장』. 민음사.

[10] 구어가 속어이며 문어가 라틴어였던 중세 서구에서도 '문자가 음성을 표기한다'는 것은 상이한 두 가지 세계가 만나는 것이며, 서로의 침투와 교류'였다(大黒俊二 2010: 8-9).

4. 세계화와 번역

1) 세계화와 현대 사회

우리가 지금 살고 있는 시대와 사회를 나타내는 말로서 '세계화(globalization)'라는 말이 폭넓은 분야에서 사용되고 있다. 지금은 당연한 것처럼 사용되고 있는 단어이지만 사실 그것이 일상적으로 사용된 것은 비교적 최근으로 1990년대 이후의 일이다. 그럼, 세계화란 무엇을 의미하고 있는 걸까? 사회학자 기든즈(Giddens, A.)는 이 말을 '세계적으로 사회관계가 강해져 가는 것'이라고[11] 정의하고 있다. 즉, 국경을 넘어 떨어져 있는 지역 간에 사람, 물건, 정보, 서비스가 자유롭게 왕래하게 되어 전 세계가 정치, 경제, 금융 면에서의 관계가 긴밀해지는 동시에 사람들의 이동으로 다양한 지역에서 다문화 공생이나 다언어 사용이라는 직접적인 사회적 관계가 강화되고 있는 상황을 말한다. 실제로 매일 뉴스에서도 전해지듯이 세계 경제나 국제 금융정세가 국내 경제에 직접 영향을 미치거나 인터넷을 통해 대량의 정보가 오가거나 또 가까운 곳에서 이(異) 문화 교류의 기회가 증가하고 있는 것을 보더라도 세계화는 현대의 우리 생활과 떼어낼 수 없다.

[11] Giddens, A.(1990). The Consequences of Modernity. Stanford, Calif.: Stanford University Press 이윤희·이현희 옮김(1991). 『포스트 모더니티』, 민영사.

2) 번역의 확대·다양화

세계화의 진전은 서로 다른 언어나 문화 사이를 횡단하는 과정이기도 하고 그런 의미에서 번역의 역할도 확대, 다양화되고 있다. 그러나 세계화의 언어 문제 그리고 그것과 관련된 번역의 중요성에 대해서는 거의 생각해 보지 못했다. 외국 문학작품의 번역 외에도 일상적인 많은 활동에 번역이 관련되어 있다는 사실을 인식하지 못한다.

다른 문화를 접하고 다른 문화를 이해하는 데에 문학의 번역도 물론 중요하지만 사실 세계화를 지탱하게 하는 것은 오히려 과학이나 기술, 정치, 행정, 법률, 제도, 경제활동 등에 관련된 번역이다. 예를 들어 새로운 과학기술의 발견을 세계적으로 공유하려고 하는 경우, EU(유럽연합)에서 오가는 방대한 문서를 전 가맹국의 공용어로 번역하는 경우, 각국 간에 교환되는 외교 문서나 다국적 기업 간의 계약 문서를 작성하는 경우, 전 세계에 유통되는 다양한 제품의 매뉴얼을 현지인도 읽을 수 있도록 그 곳의 언어로 번역하는 경우, 또 기존의 텔레비전이나 신문과 같은 미디어뿐만 아니라 인터넷 등 새로운 미디어에 의해서 발신되는 정보를 다양한 언어로 읽을 수 있도록 하기 위해서도 번역이 필수적이다. 한편 한 국가 안에서도 외국에서 유학이나 방문 목적으로 외국인이 입국하는 현상이 증가해서 국가나 자치단체가 발신하는 정보, 기업에서의 비모국어 화자의 수용, 교육이나 의료 면에서의 지원 등의 이유로 외국어로의 번역이 필요하다고 여겨지고 있다. 한편으로 최근에는 번역 메모리나 기계 번역 기술의 발전으로 번역이라고 하는 실천(실제적 번역작업) 또는 번역자에게 요구되는 조건이나 역할도 변화해 오고 있다. 이와 같이 번역을 둘러싼 환경은 세계화 속에서 크게 변화하고 있다.

3) 다언어 공생과 번역의 중요성

여기서 우리가 생각해야 할 것은 현실의 글로벌 사회에서는 결코 어느 나라, 어느 문화, 어느 언어도 평등한 힘을 가지고 있지는 않다는 것이다. 즉 현재의 글로벌 사회에서는 정치적, 경제적으로 압도적으로 우위에 있는 서구 선진국들, 그 중에서도 미국 그리고 영어가 큰 힘과 영향력을 가지고 있다는 점이다. 모든 사람이 영어로 말할 수 있으면 서로 다른 문화의 장벽이 제거되고 사람들의 상호 이해가 쉬워진다고 생각하는 사람도 있을지 모른다. 그러나 영어의 압도적 우위성을 당연하게 받아들이는 것은 큰 문제를 안고 있는 것이다. 왜냐하면 영어를 모국어로 하는 사람들에게는 처음부터 우월한 지위나 이익이 주어지는 데 비해 비영어 모국어 화자는 불리한 상황에 놓여 영어를 말하지 못함으로써 차별이나 편견의 대상이 되거나 자신의 언어를 사용할 권리를 박탈당할 수 있기 때문이다. 언어와 문화가 깊게 결합되어 있는 이상 자신의 언어를 말하지 못하는 것은 문화의 상실을 초래할 위험성도 있다.[12]

한 국가나 지역, 예를 들어 일본 안으로 눈을 돌려봐도 일본 정부가 추진하는 '글로벌 인재 육성'이란 '영어가 가능한 인재' 육성임을 알 수 있듯이 영어지상주의가 활보하고 있다. 그러한 생각은 영어와 일본어 관계의 불균형성을 고정화할 뿐만 아니라 나아가 일본 내에서의 언어 간 불평등성을 조장하고 지역에 뿌리내린 사투리, 일본에 사는 외국인의 모국어, 또 청각장애인의 수화언어 등에 대한 무관용과도 연결된다. 다문화·다언어 공생을 지향한다면 언어 간 불균형 관계성을 다시 따져보는 시각이 필수적이다. 이렇게 생각해 보면 문화와 언어의 평등과 다양성 확보에 얼마나 번역이라는 실천이 중요한지 알 수 있을 것이다. 번역이라는 일은 사람들이 다른 문화나 다른 언어의 존재를 인식하고 다른 타자를 어떻게 이해하고 그들과 어떻게 '함께' 살아갈지를 스스로 생각해보는 기회가 되는 것이다. 그리고 번역자는 서로의 언어·문화를 알지 못하는 사람끼리의 중개자, 가교로서 큰 역할을 담당하는 것이다.

[12] 영어가 가진 권력성을 역사적 관점에서의 문제로 제기했던 것이 '영어제국주의론'이다. 상세한 것은 フィリプソン, R./平田雅博 他訳(2013)『言語帝国主義——英語支配と英語教育』三元社;大石俊一(1997)『英語帝国主義論——英語支配をどうするのか』近代文芸社;津田幸男(2003)『英語支配とは何か』明石書店, 참조

5. 세계화와 통역

1) 세계화와 통역 수요의 증가

세계화에서는 경제의 효율화, 이(異) 문화교류, 환경이나 빈곤 문제에 대한 국제적 대응 등이 추진되는 한편 자국의 산업이나 문화가 위협받아 거대한 다국적 기업에 이익이 집중되는 등의 비판도 있다. 국가나 지역의 경계를 넘는 활동에 있어서는 이(異) 언어 간에서의 커뮤니케이션이 일상적인 일이 되면서 번역·통역이 필요한 경우가 자주 발생한다. 여기에서는 세계화의 특징으로서 국제적인 조직의 역할이 증대된 것, 사람의 이동이나 이주가 활발하게 된 것에 초점을 두고 그러한 활동에서 빠질 수 없는 통역자의 역할에 대해 기술할 것이다.

2) 국제 조직의 다언어주의

세계화의 특징 중 하나는 세계무역기구(World Trade Organization)와 같은 국제조직과 유럽연합(European Union) 지역공동체가 하는 역할이 확대된 것이다. 이러한 조직은 국제적인 결정에 기초한 경제 활동을 촉진하거나 국제 금융, 보건, 환경, 분쟁 등 전 지구적인 문제에 관련되어 있다.

또, 엠네스티 인터내셔널(Amnesty International)과 같은 국제적인 비정부기구(Non-Governmental organization)의 활동도 활발해지고 있다. 세계화로 인해 영어가 실질적인 국제공용어로서의 지배적인 지위를 더욱 강하게 만들었다는 견해가 있다.

그러나 국제연합(유엔 기구)이나 그 외의 국제적 조직의 대부분은 다언어주의를 취하고 있으며 대화의 참가자가 다양한 언어로 발언하는 것을 인정하고 있다. 그곳에서는 이(異) 언어 간의 커뮤니케이션을 가능하게 하는 통역자의 역할이 매우 중요하게 된다. 예를 들어 EU에서는 가맹 27개국에서 사용되는 23개 언어를 공용어로 인정하고 있다. 회원국의 수보다 공용어의 수가 적은 것은 영어, 프랑스어, 독일어 등 복수의 국가에서 사용되는 언어가 있기 때문이다. EU의회에는 상주하는 통역자가 400명 이상 있으며 프리랜서를 포함해 1000명 가까운 통역자가 23개 언어를 동시통역 할 수 있어 통역 수요에 부응하고 있다. 언어나 문화는 국가의 정체성과 관련된 것이라는 생각 아래 EU는 언어 간 평등주의를 주창하고 있다.

발언자가 자국어나 모어로 말할 권리를 존중하고 언어의 다양성을 문화적 재산으로 지키려 하고 있는 것이다. 그러나 현재 EU는 통역자(특히 영어를 모국어로 하는 통역자나 신회원국의 언어를 담당하는 통역자)의 부족에 직면해 있다. EU의 운영 모체인 유럽위원회에서는 지역 내의 통역 대학원과의 연대를 깊게 함과 동시에 특히 신회원국에서의 회의통역자의 양성을 지원하고 있다.

3) 분쟁 해결과 전쟁 처리

내전이나 지역분쟁 해결을 위한 대처도 유엔 등의 국제기관과 비정부기구가 관련되는 분야이다. 그곳에서는 분쟁 지역의 당사자들과의 대화에서 통역자가 필요한 경우가 많고 통역자에게는 번역기술뿐만 아니라 그 지역의 역사, 문화, 정치, 분쟁의 경위 등에 대한 이해가 요구된다. 또 정전(停戰) 후의 처리에서도 통역자가 필요할 수 있다. 그 중에서 근래에 매우 많은 통역자가 관련된 사례로서 현재도 지속 중인 구(旧) 유고슬라비아 국제형사 재판을 들 수 있다. 유엔 안전 보장 이사회 결의에 따라 1993년에 설치된 이 법원은 옛 유고 슬라비아 현지 조사 단지에서부터 많은 통역자가 고용되어 왔다. 법정 내에서는 영어, 프랑스어, 보스니아어, 크로아티아어, 세르비아어 등의 동시통역이 상시적으로 이루어지고 알바니아어나 마케도니아어 통역이 포함되기도 했다. 통역자들은 유엔의 전문직 직원으로 또는 프리랜스로 일하고 있다.

4) 다언어·다문화 공생사회와 통역

세계화의 또 다른 큰 특징은 사람의 이동이 증대된 것이다. 이동은 해외출장이나 관광 등 비교적 짧게 체류하는 것과 이민이나 취업 등 반영구적 혹은 장기간 체류하는 것이 있다. 짧은 체류이든 긴 체류이든 이동한 곳에서 자신이 이해하지 못하는 언어가 사용된다면 그 언어를 습득하기 전까지는 통역자의 도움을 받아 의사소통을 하는 일이 있을 것이다. 일본에서도 외국인이 관광객으로 오거나 취업이나 유학목적으로 체류 혹은 정주하는 상황이 있다. 관광 분야에서는 종래부터 통역 안내사가 활약하고 있었지만 1990년대부터 외국인 입국자 수가 급증하자 교육, 의료, 공공 서비스의 현장에서 일본어를 이해하지 못하는 외국인을 위한 통역 수요도 확대했다.

이것은 지역사회 통역이라고 불리는 영역으로 전문적인 통역자뿐만 아니라 자원봉사 통역자도 활동하고 있다. 또한 난민 인정 신청이나 일본 거주 혹은 방일 외국인이 관련된 범죄가 발생하면 관계 부처, 경찰, 법원에서 통역자가 하는 역할에도 주의를 기울이게 되었다.

사법통역이나 지역사회 통역영역에서의 주된 대상 언어는 중국어, 필리피노어, 한국어, 포르투갈어, 베트남어, 스페인어, 영어 등 모두 수십여 개 국어로 알려져 있다. 그러므로 몇 개의 통역이 어느 지역에서 어떠한 분야에서 행해지고 있는지에 주목하면 세계화가 가져온 것이라고 생각되는 다언어·다문화 공생사회가 어떻게 형성되고 있는지, 또 그 속에서 통역자가 어떤 역할을 하고 있는지의 끝이 보일 것이다.

제2부
번역과 통역의 역사

도입

　제2부에서는 번역과 통역의 오랜 역사를 되새겨보기로 하는데 먼저 일본과 다른 나라를 분리해서 소개한다. 일본에서는 고대로부터 통역자가 존재했다는 것을 문헌에서 밝히고 있다. 그리고 나가사키 통사(長崎通詞)는 중국어를 전문으로 하는 당통사(唐通事), 포르투칼어의 남만통사(南蛮通詞), 네덜란드어의 오란다통사(阿蘭陀通詞)가 오랫동안 일본과 다른 나라의 중개를 담당해 왔다. 에도시대 난학의 발전으로 오란다통사가 반드시 필요하였고, 메이지 시대에는 일본이 서구 문명을 받아들일 때 각국어를 일본어로 번역한 것이 일본의 근대화 추진에 큰 역할을 하였다. 제2차 세계 대전 후 일본에서는 패전 직후 동경 재판에서의 통역을 시작으로 국제 사회에 복귀하면서부터는 외교에서 동시 통역자가 활약했으며 최근의 일본 사회에서는 커뮤니티 통역 역할이 주목 받고 있다.

　세계로 눈을 돌리면 통역도 번역도 오래전부터 인간과 깊은 관계를 가지고 있었음이 더욱 명확해진다. 불교의 보급에 불전의 번역, 기독교의 포교에 성서 번역은 빠지지 않았고 신대륙의 재패에도 통역자가 깊이 관여했다. 제1차 세계 대전 이후 파리 강화 회의에서 순차 통역, 제2차 세계 대전 후의 뉘른베르크(독일의 도시 Nurnberg) 재판에서 처음 도입된 동시통역 등 역사를 풀면 전쟁과 평화에 통역자의 존재가 필수적이었다는 것이 선명하게 떠오른다.

　자료로 남는 번역과 달리 통역의 경우에는 번역한 언어는 사라지게 된다. 그리고 번역과 통역 모두 통상적으로는 보이지 않는 곳에서의 일이며 그늘에 존재하며 흑의(黒衣)로서의* 존재이다. 그러나 보이지 않는 존재라고 해서 그 역할의 중요성을 부정하는 것은 아니다. 통역이나 번역의 역사를 되돌아보고 그 사회·문화사적 의의를 찾는 것은 앞으로의 이(異) 문화 교류나 국제관계를 고찰하는 것으로 이어질 것이다.

---

* 가부키에서 흑의를 입은 배우가 ('くろご') 주연 배우를 도와주는 역할을 하는 것처럼 번역이나 통역의 역할이 보이지 않는 곳에서 원저자의 의도를 이해시키는 것의 도움 역할을 한다는 의미로 비유적으로 표현한 말이다. -역자주

I 일본의 통번역사

1. 고대 일본의 통역

1) 7세기 초의 통역자(오사, 譯語)

고대 일본은 중국과 한반도의 여러 나라와의 교류를 통해 국외 정세를 알아내고 한자, 유교, 불교, 율령 제도 등의 선진적인 문화, 사상, 제도를 받아들였다. 당초, 이(異) 문화·이(異) 언어와 접촉하고 교류하는 상황에서 의사소통을 중개하는 통역자의 역할을 맡은 사람은 주로 도래인(渡來人)이라고 불린 사람들이었다.

도래인은 주로 4세기부터 7세기에 거쳐 기술자나 망명자로 중국 대륙이나 한반도에서 일본으로 이주한 사람들이다. 일본에서 중국 대륙이나 한반도로 이주한 뒤 일본으로 귀환한 사람들도 도래인에 포함되었다. 도래인은 뛰어난 기술과 문화를 일본으로 가져왔을 뿐만 아니라 그 이동에 따라 습득한 복수 언어와 이(異) 문화 이해 능력은 중국 대륙 및 한반도의 여러 나라와 교류할 때 중요한 역할을 맡았다. 도래인 친족 사이에서 언어가 전습됨으로써 통역 직무가 계승되었다고 한다.

일본에서 직업으로서의 통역이 역사서 등의 기록에 나오기 시작한 시기는 7세기 초다. 그 당시의 통역자는 '오사(譯語·通事)'라고 불렸다. 『일본서기(日本書紀)』[1]에는 607년 제2차 견당사(遣唐使)로 대당(大唐)에 오노노 이모코(小野妹子)가 파견되었을 때, 구라쓰쿠리노 후쿠리(鞍作福利)가 통사(通事)로 수행한 것이 기록되어 있다.

구라쓰쿠리노 후쿠리는 중국에서 건너온 도래인이다. 그 밖에도 도래인의 친족들이 세습 통역자로서 임무를 수행했었다. 예를 들어 신라(新羅, 삼국 시대 한반도 남동부에 있었던 한 나라) 출신의 통역자는 신라어뿐만 아니라 중국어도 능통한 데다가 한반도와 중국 대륙의 지리와 항로에도 밝아서 항해를 위한 길잡이 역할을 맡는 등 눈부시게 활동했다고 한다. 그 후에는 중국유학 경험자 등도 통역을 하게 되었다.

[1] 『일본서기(日本書紀)』는 720년에 완성된 일본 최초의 역사서이다. -역자주

2) 통역자의 양성

7세기부터 9세기에 거쳐 견수사(遣隋使)나 견당사로 파견된 사람 중에서 몇몇은 통역자의 도움이 없이는 중국에서 공부하거나 행정적인 것에 대해 대처할 수 없는 사람도 있었다. 중국어로 읽고 쓰기를 할 수 있다고 해도 회화 구사 능력은 높지 않은 고승이 있었던 것이 문헌에 기록되어 있다.

예를 들어 일본에 천태종(天台宗)을 전한 사이초(최징, 最澄)는 804년에 견당사로 중국에 단기 유학을 하였다. 그러나 중국어를 할 줄 몰랐던 사이초는 통역을 할 수 있는 제자인 기신(義真)을 데리고 도항하였다.

이러한 상황에서 중국어 통역자를 양성하는 필요성이 인지되게 도었다. 730년에 조정이 중국어 통역자 양성의 필요성을 인정하고 817년에는 다이가쿠료(大學寮, 관리 양성 최고 학부)에서 본격적인 통역자 양성을 실시하는 법령이 발표된 것이 『속일본기(続日本紀)』및 『일본기략(日本紀略)』에 기록되어 있다.

다이가쿠료는 원래 어학이나 수학을 배우는 장소이었지만, 그와 병행해서 중국어 회화 습득에 초점을 둔 통역자 양성을 시도하였다. 그러나 그렇게 훈련을 받은 통역자가 통역을 수행해도 회화력이 부족해서 필담 등으로 보충해야 하는 상황이며 별다른 성과를 거둘 수 없었던 것이다. 결과적으로 9세기 전반에는 이러한 통역자를 양성하려는 전략은 폐지되었다. 그 뒤에는 방문 외국인과 당(唐)에 장기 체재한 경험을 가진 관리 등이 필요에 따라 통역자로서 기용된 것이다.

한편, 외교와 문화 사절로 필요했던 중국어와 더불어 다른 언어의 통역자 양성도 실시되었다. 예를 들어 7세기 말, 신라에서 유학생을 일본으로 파견해서 일본어를 교육하는 시도가 있었다. 또 『속일본기』에 신라를 침공하기 위한 준비로서 소년들에게 신라어를 가르치고 통역자를 양성하기 위한 법령(761년)이 기록되어 있다.

3) 다양한 언어

헤이안(平安) 시대의 율령 시행 세칙을 집대성한 『연희식(延喜式)』에는 국가가 설치한 통역관에 대해서 역어(譯語)의 직무, 지위, 태생/혈통 등의 기록이 있다. 그에 따르면 일본에서 당, 발해(渤海),[2] 신라로의 사절단은 반드시 통역자가 수행하고 있었다고 한다.

통역자의 직위로서는 '대통사(大通事)'와 '소통사(小通事)' 등이 있었다. 견당사를 수행한 것은 중국어 통역자뿐 아니라 가는 길에서 어떤 곳을 거치거나 표류할지도 모르는 것을 고려해서 신라어나 아마미어(奄美語, 현재의 남서제도 언어)의 통역자도 있었다.

또한 다자이후(大宰府)에는 중국어나 신라어 통역자가 상주했고 9세기가 되면 지리적 중요성으로 인해 쓰시마(対馬)에도 신라어 통역자가 배치되었다. 게다가 『일본서기』에는 당시 에조어(蝦夷語, 현재의 동북지방 언어)나 하야토어(隼人語, 현재의 규슈 남부 언어)의 통역자가 있었던 기록이 남아 있다. 조정이 에조와 하야토에 대해서 군사적 압력을 가했을(정토했을) 때 통역에 종사했던 것으로 보인다.

[2] 7세기부터 10세기에 한반도 북부에서 중국 동북부에 걸쳐 존재했던 국명이다.

2. 나가사키 통사

1) '통사(通詞)'의 기원

과거의 일본에서 통역을 '통사(通事 또는 通詞)'라고 불렀다. 고대 중국의 문헌에 '통사(通事)'라는 동일한 명칭이 있어 원래는 중국에서 전래된 외래어로 보인다.[3]

16세기 전반에 일본 규슈 히라도(九州 平戸)에서는 중국이나 한반도 출신자, 포르투갈인, 네덜란드인 등이 주로 거주하고 중국어나 포르투갈어를 중심으로 의사소통을 도모하고 있었다. 그 당시의 통사는 상관(商館, 외국인 상인이 영업하는 상점)에 고용되는 사적 신분이었다. 1639년 도투가와(徳川) 막부가 쇄국령을 발포하고 1641년에는 나가사키(長崎)를 일본에서 유일하게 대외 접촉 가능한 곳으로 정해서 네덜란드 상관을 데지마(出島)로 옮겼다. 그때, 통사를 막부의 직접 관리 하에 두었기 때문에 공적인 통역자 집단으로 나가사키 통사가 탄생하는 계기에 이르렀다.

에도(江戸) 시대의 나가사키 통사는 네덜란드어를 다루는 '네덜란드어 통사(阿蘭陀通詞)'와 중국어를 다루는 '당 통사(唐通事)'[4]로 나누어서 각 언어의 번역과 통역, 네덜란드 선과 중국 선(당선 唐船)의 입항 관련 업무, 외교, 무역·통상 등에 종사하게 하였다. 그 밖에도 당 통사는 체류 중국인(당인 唐人)들을 관리, 감독하는 업무도 담당하고 있었다.

당 통사와 네덜란드어 통사는 그 출신에 큰 차이가 있다. 네덜란드어 통사의 경우는 일본인이 네덜란드어를 외국어로서 습득한 후에 통사가 되었다. 당 통사는 원래 당선 무역에 종사하던 중국 상인이나 중국 망명자 등이 일본으로 귀화한 후 관리로 고용된 정주 중국인(당나라 사람)의 자손이 대부분을 차지하고 있었다. 당 통사에게 중국어는 선조들의 언어이며 미지의 외국어가 아니었다고 할 수 있다.

2) 나가사키 통사의 특징

세계사적으로도 드물 정도로 체계화된 나가사키 통사는 몇 가지 특징이 있다. 첫 번째는 통사의 신분은 막부가 고용한 지역 관리이며 오늘날 말하는 현지에서 채용된 공무원으로서 종사하고 있었던 것을 들 수 있다. 사적으로 통역을 하고 있던 민간 집단도 있었지만 공적인 조직으로서의 나가사키 통사는 특별한 존재였다.

두 번째로 아버지에서 아들로 대를 잇는 세습제였던 것이 현대의 통역자와 가장 다른 점으로 들 수 있다. 통사에 종사하는 집은 십여 가문이 있었다고 하는데, 계승할 아들이 없는 경우는 양자를 들여서 가문을 잇게 했다.

세 번째 특징으로 통사의 업무가 확대되었다는 것이다. 통·번역 업무뿐만 아니라

---

[3] 두 가지 명칭 '通事'와 '通詞'의 유래는 중국어의 통역을 담당한 '唐通事'와 구분하기 해서 네덜란드어의 통역 담당자를 '阿蘭陀通詞'로 하기 때문이라는 학설이 있다.
본서는 중국어에 대해서는 '通事', 그 밖의 네덜란드어 등은 '通詞'라는 용어를 사용하기로 한다.

[4] 에도(江戸) 시대는 중국의 명(明) 및 청(清) 시대에 해당한다. 이 시기 일본은 시대에 상관없이 중국을 '가라(唐)'라고 부르고 있었기 때문에 '唐通事'라는 명칭이 붙여졌다. 또한 당시의 일본에서는 중국인을 '唐人', 중국선을 '唐船'이라고 칭하고 있었다.

나가사키 봉행(長崎奉行) 아래서 외교 교섭과 교역 교섭 등 다양한 업무를 다루고 있었다.

마지막으로 통사 제도의 조직으로서의 완성도이다. 수습생의 연습 통사부터 최상급인 대통사(大通詞)까지 단계별로 직위가 분류되어 상급으로 올라가기 위한 검정 시험 등의 체제는 물론 훈련과 연습도 정비되어 있었던 것이 큰 특징이다.

3) 지볼트 사건

지볼트 사건은 쇄국하의 에도 시대에 일어났다. 독일인 의사 지볼트(Siebold)는 네덜란드인으로 네덜란드선을 타고 나가사키에 내항한 후 데지마 네덜란드 상관의 의사로 체류했다. 곧 그는 나가사키 교외에 나루타키주쿠(鳴滝塾)를 열어 환자의 진료나 의학 강의 등을 하였다.

지볼트는 네덜란드 상관장이 에도(현재의 도쿄)를 방문했을 때 동행하고 막부 금제품이었던 일본 지도를 몰래 입수했다. 지볼트는 그것을 본국에 보냈는데 태풍으로 인해 난파된 배에서 화물이 유출되어 해변에 흘러들어가서 금제품의 국외 반출이 발각되었다. 이 사건에 의해서 지볼트는 국외 추방 처분을 받고 지볼트에게 세계 지도를 얻는 대신 일본 지도를 넘겨준 에도 막부 천문방(天文方)[5]는 사죄하게 되었다. 게다가 네덜란드어 통사가 금제품을 주고받을 때의 통역을 하기 위해 동석하였던 것이 중한 죄로 판정되어 귀양지에서 병사하는 비참한 결말로 이어졌다. 통사 업무를 완수한 것이 유죄가 된 지볼트 사건은 통역자의 역할을 생각하고도 남음이 있는 역사적 사건이었다고 할 수 있다.

[5] 에도 막부에서 설치한 천체운행 및 역법 연구기관을 가리킨다. -역사주

4) 나가사키 통사의 역할

나가사키 통사는 일본의 이(異) 문화교류사에 큰 발자취를 남겼다. 예를 들어 일본인이 네덜란드어의 문헌으로 서양문명을 배운 난학(蘭学)의 발전에는 네덜란드어 통사의 역할이 컸다. 스기타 겐바쿠(杉田玄白), 마에노 료타쿠(前野良沢)에 의한 『해체신서(解体新書)』(1774)는 일본 의학사(医学史)에서 잘 알려져 있는데, 원서인 네덜란드어 의학서 『타펠 아나토미아(Ontleedkundige Tafelen)』를 번역하는 데 있어 네덜란드어 통사인 요시오 코규(吉雄耕牛)의 협력이 필요불가피였다. 이처럼 네덜란드어 통사는 난학자이기도 했다고 할 수 있다.

에도 막부는 영국 군함이 갑자기 내항해서 일본 국내를 떠들썩하게 한 '페이튼(Phaeton) 호 사건'(1808)[6]을 계기로 영어습득을 네덜란드어 통사에 명한다. 영어 모어 화자가 없는 상황에서 어학의 전문집단인 나가사키 통사는 네덜란드 상관원 블

[6] 1808년 영국 군함 '페이튼 호'가 네덜란드 국기를 들고 나가사키항에 침입하고 네덜란드 상관원을 인질로 잡아 식량·생수를 요구한 사건이다. 나폴레옹 전쟁에서의 영국과 네덜란드 간의 대립에 의한 결과에 기인한 것이라고 하지만 그때 나가사키 봉행(奉行)이었던 마쓰다이라 야쓰히데(松平康英)는 책임을 지고 할복했다.

7 블롬호프에 의한 영어 지도가 시작된 지 2년 후의 1811년, 대통사(大通詞)이었던 本木庄左衛門正栄를 중심으로 통사는 일본 초의 영어입문서 『籍厄利亜興学小筌』 전 10권을 작성하여 나가사키 봉행소(奉行所)에 헌납하였다. 또 그 5년 후에 영일사전 『諳厄利亜語林大成』를 만들었다. 막부 말기인 1862년에는 堀達之助를 감수자로 한 『英和対訳袖珍辞書』가 간행되었다.

롬호프(Blomhoff)에게 지도를 의뢰해서 오랜 세월에 걸쳐 외국어 습득법을 사용해서 영어를 배우게 된다. 그 후, 네덜란드어 통사들은 호리 다쓰노스케(堀達之助)나 모리야마 에이노스케(森山栄之助) 등이 페리(Perry)가 이끄는 미국 해군 내항(1853) 시의 통역을 맡는 것 등 에도 막부 말기의 외교에서 눈부신 활약을 하였다. 네덜란드어부터 영어로 방향을 바꾼 나가사키 통사는 영어 사전을 편집[7]하는 등 영어·영문학 또는 영국에 관한 학문 연구의 선구자이기도 하였다.

3. 번역과 메이지 시대의 근대화①: 근대 과학의 발전과 번역

1) 우리 가까이에 있는 과학 용어

19세기, 에도 시대 후기부터 메이지(明治) 시대 초기에 걸쳐 일본에서는 팽대한 서양 문헌이 번역되어 일본의 근대화에 큰 역할을 완수하였다. 그것은 서양의 법률, 정치, 경제, 지리, 역사, 사상, 철학, 문학, 미술에서부터 과학기술, 의학, 물리학, 화학 등, 우리 학문을 지탱하는 모든 넓은 범위에 이르렀다.

근대 여러 과학의 분야 그 자체를 나타내는 용어를 비롯해 우리 신변에 있는 '권리', '책임', '자유', '사회', '근대', '개인', '존재', '주관', '객관' 등의 용어, 또한 의학용어로서의 '신경', '십이지장', 그리고 물리·천문학 용어로서의 '중력', '초점' 등 근대 여러 과학의 기초가 되는 어휘와 개념도 그 시대 번역을 하기 위해서 한어(漢語)에서 차용하거나 한자를 편성하거나 해서 만들어졌다.

2) 근대국가로의 길과 번역

이 시대에 정밀하고 활발하게 번역이 이루어진 이유는 무엇보다도 번역의 필요성이 강하고 그와 더불어 번역이 가능한 상황이 준비되어 있었기 때문이다. 17세기 중엽, 에도 막부가 발포한 쇄국령에 의해서 외국과의 접촉은 중국과 네덜란드에 한정되어, 나가사키 데지마(出島)를 통해서만 가능했다. 분명히 이 시대에는 일반 사람들이 직접 외국 문화나 외국인과 만나는 기회는 거의 없었다. 그러나 외국에 대한 정보가 반드시 부족했던 것은 아니었다.

에도 막부는 그 내용을 공개하지는 않았지만 나가사키의 네덜란드 상관을 통해서 해외 정보를 얻을 수 있었다. 또 아라이 하쿠세키(新井白石)의 『서양기문(西洋紀聞)』(1715)은 선교사 시도치(Giovanni Battista Sidotti)를 심문했었을 때 얻은 서양 사정을 기록한 것인데, 몰래 사본이 돌아다녀 19세기 초에는 그 내용이 널리 유포되었다. 18세기 전반에는 중국어로 번역된 서양 문헌이 수입되어, 18세기 후반에는 네덜란드어의 문헌 독해, 번역을 위한 난학이 일어나며 번역은 의학, 천문학, 항해술 등을 중심으로 발전하였다.

1858년 페리(Matthew C. Perry)가 이끈 함대 내항(흑선내항, 黒船来航)에 의해 서양 열강이 직접적인 위협으로 일본 눈앞에 나타난다. 19세기 서구 각국은 제국주의 시대에 해외로의 진출을 계속하고 있었다. 이러한 위협에 에도 막부는 서양에 대한 정보 입수를 우선으로 하고, 또한 메이지 유신(明治維新) 후, 메이지 정부는 무엇보다도 서양과 동등한 근대국가를 이룩하는 것을 목표로 삼아서 서양의 여러 제도를 본보기로 도입하기 위해 거국적으로 번역에 몰두하게 되었다.

3) 난학에서 양학으로

물론 필요성만으로는 당시 이루어진 것과 같은 방대하고 광범위한 번역은 불가능하였다. 당시의 난학은 번역을 위한 학문이라고 해서 그 번역의 어려움은 스기타 겐파쿠(杉田玄白)의 『난학사시(蘭学事始)』(1815)에 기록되어 있지만 난학을 통해서 메이지 시대 초기까지의 약 100년 동안에 의학을 중심으로 한 자연과학 전문용어가 증대하며 뿌리내려 갔다.[8] 그 뿐만 아니라 한어(漢語)의 조어력을 활용한 번역 기법이 에도 막부 말기부터 메이지 시대에 걸친 방대한 번역을 수행하기 위한 기반을 제공하게 되었다.

메이지 유신을 맞이하면서 서양 서책의 수입도 가능해져서 서서히 난학에서 영어, 프랑스어, 독일어 등을 개재한 양학이 널리 행하여졌다. 이러한 양학을 밑받침한 것이 이전의 난학자의 계통을 잇는 양학자들이며, 그들은 네덜란드어 습득방법을 따라 이들 언어를 배웠다. 이러한 양학자 안에 후쿠자와 유키치(福沢諭吉)도 있었다.

후쿠자와가 서구에 도항했을 때 듣고 본 것을 바탕으로 서구의 역사나 지리의 교본을 초역한 것이 『서양사정(西洋事情)』(1866-1870)이다. 그 제1편은 당시 베스트셀러가 되었다. 서양 문헌과의 만남은 서양 문명을 이해하는 데 필수적이고 또한 새로운 개념의 만남이었다. 자연과학계열의 용어에 그때까지 축적된 난학자의 번역어가 그대로 차용되었지만 인문사회과학계열의 새로운 개념의 번역은 더할 수 없이 곤란을 겪었다. 그러한 곤란을 극복하게 한 것은 무엇보다도 후쿠자와를 비롯한 당시의 양학자들이 가지는 열정, 사명감이었다고 할 수 있다. 단 번역의 목표가 '세계'를 이해하는 것이 아니라 오로지 '서양'을 이해하는 것에 있었다는 것, 아시아로 향한 시점이 결여되었던 것은 일본의 근대화와 번역에서 잊으면 안 되는 점이다.

4) 문명개화와 번역

후쿠자와는 번역의 목적을 서양 근대국가를 모범으로 삼아, 일본 국민을 하루라도 일찍 '문명개화를 위해 거쳐야 할 관문'으로 이끄는 것이라고 했다. 그것은 일본 국민을 계몽하는 것을 목표로 한 것이었다. 또 후쿠자와는 번역에서는 가능한 한 어려운 한문(漢文 일본화한 한문)이나 한자의 사용을 피하고, 평이한 문장이 되도록 마음을 쓰며 한 글자 한 구절에 집착하지 않고 원문의 의미를 전달하려고 했다

[8] 겐파쿠는 『蘭学事始』에서 번역방법에 대해서 '번역, 의역(義譯), 의역(意譯)' 3가지로 나눠 논하고 있다. 각각 현재 '직역, 음역(차용), 의역'이라고 불리는 방법에 대략 해당한다.
吉田忠 (2000)「『解体新書』から『西洋事情』へ ― 言葉をつくり, 国をつくった蘭学·英学期の翻訳」『翻訳と日本文化』, 山川出版社.

고 한다. 이것은 전문가 독자를 대상으로 한문으로 썼던 『해체신서』 등 난학의 많은 번역서와 대조적인 점이다.

  메이지 시대 초기에 문명개화를 목적으로 새로 번역하거나 새로 도입된 용어는 가끔 원래의 서양 개념과 현대의 우리가 지니는 일상적 감각과의 어긋남이 지적된다. 이러한 점은 더욱 검증할 필요가 있지만, 현재 우리가 받아들이고 있는 근대 과학의 기초는 에도 막부 말기부터 메이지 시대에 걸친 번역을 통한 서양문명의 이해과 국민을 계몽한다는 목적을 위해 끝이 없는 노력에 의해서 구축된 것이라고 할 수 있다.

4. 번역과 메이지 시대의 근대화②: 구문맥

1) 구문 훈독

메이지(明治) 시대는 일본 사회에 일어난 다양한 변화 중에서 언어 변혁이 일어난 시기이다. 번역을 통해서 영어 등의 서구어에서 영향을 받고 일본어가 변한 것이다. 일본에서는 오래 전부터 한문을 훈독하는 방법을 취하고 있었지만 이러한 훈독의 전통은 한문뿐만 아니라 포르투갈어 등의 구문(歐文)을 읽는 경우에도 사용되었다.

영어 학습이 활발해짐에 따라 영어 문장을 읽기 위해서도 훈독법(訓讀法)이 사용되어 어학서에 쓰인 영어를 훈독한 문체는 곧 번역작품이나 일반 창작문학에서 쓰이는 일본어 문체에 영향을 미치게 되었다.

우선 한문 훈독에 대해서 확인하고자 한다. 8세기 무렵부터 한문이나 한문 서적을 읽을 때는 중국어의 발음이나 일본어 한자 음독에 의한 음독을 하는 것이 아니라 훈독하는 방법을 선택했다. 각각 외국어 단어에 번역어를 달고 거기에 오코토텐(乎古止点)을 첨가해서 분절화한다. 또한 어순을 나타내기 위해서 가에리텐(返り点)을 붙여 가키쿠다시(書き下し)함으로서 직역된 문장을 만드는 것이 훈독이다.[9] 이 방법은 한문에 대해서만 사용된다고 생각할지도 모르지만 앞서 언급했듯이 과거에는 이 방법을 영문이나 다른 구문에 대해서도 사용하고 있었다.

구문 독해는 기독교 시대(1549년부터 1640년경)에 시작되었다. 그 시기에는 라틴어나 포르투갈어로 쓰인 종교서의 번역을 하기 위해서 훈독(또는 직독[10] 直讀)이 쓰이게 되었다. 또한 난학 시대에 들어오면 훈독은 네덜란드어 서책을 읽기 위해서 사용되어, 19세기 중엽에는 네덜란드어 문법을 훈독법으로 해석하는 문법서가 쓰였다.

그 후, 영어가 중심이 되는 시대가 시작되면서 영어를 학습하기 위한 어학책에 훈독법이 사용되어 단어마다 훈(訓)을 달거나 숫자로 가에리텐을 나타내는 방법이 많이 취해졌다.

2) 구문 직역체

단어마다 번역어를 달아 그것을 가에리텐의 순서대로 배열하는 읽기 방법은 단어 하나하나를 대응시키고 번역한 문체를 만든다. 따라서 영문 훈독의 가키쿠다시분(書き下し文)은 영어의 표현법이 이입된 일본어 문체가 된다. 『윌슨 씨 제1 리들독안내(ウィルソン氏第一リードル独案内)』에서 인용한 것 중에서 상단 부분의 예를 생각해 보자.

영어 문장 'has'에 대응하는 단어로 'モツ(가지다)'을 달았기 때문에 이 예문을 가키쿠다시분으로 고쳐 쓰면 'ヲヲジカニハ ツノガ アル(큰사슴에는 뿔이 있다)'와 같은

---

[9] 훈독법은 중국의 문장인 한문을 원문의 형태는 바꾸지 않고 일본어 어순에 맞게 번역하면서 읽는 방법이다. 오쿠리가나'와 '가에리텐'이라는 두 가지 방법을 사용한다.
오코토텐: 한문 훈독할 때 한자의 읽는 방식을 표시하기 위해서 한자의 전후좌우 모서리, 중앙 등에 적은 부호를 말한다.
카에리텐: 한문의 어순을 일본어 어순으로 바꾸기 위한 되돌려 읽기 부호이다.
가키구다시: 훈독한 내용을 문장으로 적어 두는 것, 즉 한문을 이해할 수 있게 한자와 가나(假名)로 고쳐 쓰는 것을 말한다. -역자주

[10] 원어의 음(音)를 차용해서 원문에 있는 단어의 배열을 바꾸지 않게 읽는 방법이다.

번역문이 되지 않고 'ヲヲジカハ ツノヲモツ(큰사슴은 뿔을 가지다)'처럼 영어 표현을 살린 문장을 만들어 낸다.

이와 같은 어학책을 시작으로 영어(또는 기타 구문)를 일본어로 번역하는 경우도 가키쿠다시분을 사용하게 되었다. 번역에 사용된 가키쿠다시분은 '구문직역체(歐文直譯體)라고 불린다. 구문직역체는 텍스트에 대해서 강한 축어성(逐語性)[12]을 지닌 번역 문체이며, 가능한 한 기점 텍스트의 형식과 유사한 번역이 이루어진다. 이 문체는 기점 텍스트의 내용뿐만 아니라 표현 방법이나 단어 사용 방법 등 형식적 측면까지 중요시하는 번역 작품에 사용되었다.

ゼ	エルク	ハス	ホルンス
The	elk	has	horns.
	ヲヽジカハ	モツ	ツノヲ
	一	三	二

イス	イット	ゼ	エッグ	オフ	ヱ	ヘン
Is	it	the	egg	of	a	hen?
アルカ	ソレハ		タマゴデ	ノ		メンドリ
五	一		四	三		二

<그림1> 어학책 영문 훈독 예[11]

또 그러한 번역서나 어학책을 읽은 작가들이 구문의 표현 형식과 발상법을 모방하는 것으로 자신의 일본어 작품 속에서 구문직역체와 같은 문체를 쓰는 것도 있었다. 이렇게 해서 일본어 문장 속에 '구미맥(歐美脈)'이 생긴 것이다.

3) 구문맥의 발생

'구문맥'이란 영어를 중심으로 한 서양 언어의 표현형식이나 문법으로 인해 영향을 받은 일본어 용법이나 문장법이고 일본어 관용표현과는 다르다. 일본어가 영어나 다른 구미어의 표현법을 받아들인 것이다.

구문맥 형식의 구체적인 예로 무생물 주어 표현이 있다. 영어는 무생물 주어가 동작주(動作主)[13]가 되는 표현이 많다. 예를 들어 'Her intelligence made her succeed.'라는 문장은 'her intelligence(그녀의 지성)', 즉 무생물 주어가 'made her succeed(그녀를 성공하게 만들었다)'라고 하는 행위를 행한 것으로 받아들이고 있다.

이 문장을 구문직역체을 사용해서 일본어로 번역하면 '*彼女の知性は彼女を成功させた*(그녀의 지성은 그녀를 성공하게 만들었다)'가 된다. 추상적인 '지성'이 무엇인가를 행하였다는 표현은 메이지 시대의 사람들에게 신선했기 때문에 새로운 표현법을 원하고 있었던 사람들은 그러한 표현을 사용했다. 현재도 이와 같은 표현은 문학적 정취를 가지면서 일본어에서 사용되고 있다.

이것은 단지 한 예에 지나지 않고 메이지 시대에는 번역을 통해서 일본어에 새로운 표현이 도입되었다. 한때의 유형이 아니라 일본어를 변하게 한 것은 현재 쓰이는 일본어에 상술한 것과 같은 구문맥이 존재하는 것을 보면 알 수 있다. 처음에는 이질성을 가진, 즉 일본어 관용 표현에서 벗어난 것이 일본어 표현으로 익숙해지면서 일본어의 일부분을 차지하고 있는 것이다.

11 사각으로 둘러싸인 한문 숫자는 각 단어 아래에 쓰인 번역어를 읽는 순서를 나타낸다.

12 기점 텍스트의 어순이나 통사구조가 목표 텍스트에 재현되어 있는 경우, 축어성이 높은 번역문체가 된다.

13 '무생물 주어'란 인간이나 동물이 아니라 의사를 가지지 않는 개체(물질명사나 추상명사 등)가 주어가 되는 경우이다. 또 '동작주'는 동작을 나타내는 능동형 동사의 주어, 즉 행위자를 말한다.

5. 동경재판

1) 동경재판에서 번역의 특징

동경재판(극동국제군사재판)은 제2차 세계 대전 중의 일본 정부·군부지도자를 전쟁범죄인으로 재판하는 국제재판으로서 1946년 5월에 개정되었고 1948년 11월에 폐정되었다. 그 재판에서는 여러 언어가 사용되어서 통역 없이는 진행이 불가능했다.

일본어 영어 간의 통역이 계속적으로 제공된 것 외에 필요에 따라서 프랑스어, 러시아어, 중국어, 네덜란드어, 몽골어 등의 통역자가 등장하며 영어와 러시아어를 축어로 하는 릴레이 통역도[14] 실시되었다.

동경재판 통역의 큰 특징은 일본인이 통역을 담당하고, 일본계 미국인이 모니터로서 통역을 확인하고, 백인 미군 사관이 언어 재정관 자격으로 통역·번역상의 쟁점에 대한 판단을 하는 3층 구조가 존재했다는 점이다. 그 재판을 실질적으로 운영한 것은 미국 점령군이지만 유능한 미국 국적의 통역자가 충분히 확보되지 않아 패전국인 일본 정부 관계자 및 민간인에게 통역을 의지하지 않을 수 없는 상황이었다.

<통역자 모니터 언어재정관의 채용>

모니터와 언어재정관은 전쟁 중에는 미 육군 정보부에서, 전쟁 후에는 GHQ(연합국총사령부)에서 통·번역 등에 종사한 사람들 중에서 선택하였다. 모니터 네 명은 군무원인[15] 일본계 2세로 미국에서 태어나 일본에서 교육받은 경험이 있는 사람이다.

태평양전쟁 시작 후 미국 정부에 의해 '적성(敵性) 외국인'으로 강제수용소로 보내졌다가 군사 정보 활동을 위해 동원된 사람들이다. 언어재정관은 백인 미 육군사관으로 반드시 일본어 실력이 높아야 하는 것은 아니었다. 통역자들은 주로 외교부 직원들이나 GHQ에서 번역을 하고 있었던 일본인 중에서 채용되었다. 모의재판에서의 통역시험에 합격하면 재판 절차의 간단한 설명만 받았을 뿐, 곧바로 법정으로 보내져 통역을 시작했다고 한다. 영어 통역자는 총 30명 가까이 채용되었지만 재판 기간 내내 통역을 한 사람은 다섯 명 정도였다.

<통역작업의 구조>

첫 달은 검찰석·변호인석 옆에서 통역이 이루어졌다가 이후 통역 부스가 설치 운영되어 뉘른베르크 재판에서 사용되었던 것과 같은 종류의 동시통역 장치가 설

---

[14] 예를 들어 중국어의 원 발언이 영어로 번역되고, 영어번역을 토대로 일본어로 번역되는 통역 방법이다.

[15] 군대에 소속되어 있으나 군인은 아닌 사람을 칭한다.

치되었다. 그러나 영·일 간 동시통역은 불가능하다고 판단되어 실제로는 순차적으로 통역이 이루어졌다. 발언자가 문서를 읽고, 미리 그 번역이 준비되어 있었을 경우만 그 번역의 「동시 읽기」 방식의 통역도 있었다.

순차 통역이 사용되었기 때문에 통역자 옆에 앉아 있는 모니터가 통역에 문제가 있다고 판단하는 경우 그 자리에서 정정을 할 수 있었던 것은 속기록에서 확인할 수 있다. 언어재정관은 주로 통번역의 문제에 대한 언어재정부가 내린 판단을 법정 내에서 발표하는 역할을 하였다.

2) 증거문서 및 판결문 번역

재판소 헌장에 따라 증거로서 제출된 문서는 모두 영어 혹은 일본어로 번역되었다. 총 230명의 번역자가 3만 페이지에 달하는 방대한 양의 문서를 번역했다. 미군이 파견한 일본계 2세 미국인의 번역자뿐만 아니라 많은 일본인이 번역팀에 참가하였으며, 판결문의 번역에서는 아홉 명의 미국인 2세와 26명의 일본인 번역자가 30만 단어(어절)의 문서를 3개월에 걸쳐 번역하였다.

3) 통역이 심리(審理)에 미친 영향

순차 통역이 사용되면서 통역을 둘러싼 논의로 재판이 매우 길어진 것, 또 통역자를 위해서 검사나 변호인이 질문을 짧게 잘라서 단순한 표현을 사용할 수밖에 없는 제약이 있는 것, 게다가 통역이 출석하는지 하지 않는지의 여부가 증인에 대한 판사단의 심증에 준 영향에 대해 언급한 문헌이 있다. 그러나 이는 명백히 의도적이거나 중대한 오역이 재판 결과에 직접적인 영향을 미쳤음을 시사하는 것은 아니라고 할 수 있다.

4) 일본 통역 역사에서의 의의

동경재판은 열 개국 이상의 대표나 증인이 참가하는 자리에서 정식 절차로서 통역이 계속적으로 이루어졌으며 또한 동시통역 장치나 통역 부스가 사용되었다는 점에서 일본에서의 회의통역의 선구적 사건이었다고 할 수 있다. 그러나 이 재판의 통역자들 대부분은 이후 외교관이나 저널리스트로서 활동했기 때문에 전문 통역자로서 실제로 회의 통역의 확립에 관여한 것은 아니었다.

6. 전후 외교와 동시통역

1) 일본생산성사절단

제2차 세계대전이 끝난 직후의 일본에는 연합국군이 주재하여 전쟁에 패하여 궤멸상태에 있던 일본을 재건하였다. 그러한 상황에서 연합국군총사령부(GHQ)에서 통신 기술 분야와 민간정부의 통번역 업무를 하다가 전쟁 후 일본의 외교를 뒷받침한 동시통역자가 생겨났다. 일본과 미국이 조직적으로 협력하여 동시통역자 양성을 실시했다는 의미에서 '쇼와의 견당사'라고 불렸던 일본생산성사절단의 통역자는 획기적인 것이었다.

1955년 가을 미 국무성은 일본생산성 본부와 공동으로 일본에서의 미국 시찰단 통역자 양성 계획에 착수한다. 일본생산성 본부에서 보내는 시찰단은 미국의 산업을 폭넓게 시찰해 전쟁 후 일본의 부흥에 유용하게 사용하는 것을 목적으로 하고 있어서 그 목적을 위해서는 동행통역자가 다수 필요했다. 그래서 일본의 젊은이들 중에서 우수한 인재를 선발하여 동시통역훈련을 실시한 것이다.

동행통역자는 공식적으로는 일본생산성 본부에 채용된 형태를 취했지만, 실제로는 미 국무성 국제 협력국의 일원으로서 2년 계약으로 근무했다. 업무 내용은 미국에 대한 일본 기술 원조의 일환으로서 생산성 본부로부터 파견되는 시찰단을 수행해 통역을 하는 것이었다.

6주간의 시찰을 1년에 6회 담당해서 거의 미국 전체를 도는 업무였다. 일급 8달러에 출장비 하루 12달러라는 대우는 당시 미국에서의 최저임금보다 낮아 빠듯하게 생활할 수 있을 정도의 수입이었다. 그러나 여행을 자유롭게 할 수 없는 시대에 미국에 갈 수 있고, 각계의 대표 시찰단과 동행한다는 이점이 있고, 통역이라는 새로운 전문 직업 기술을 익히는 것이므로 선발 시험에는 수천 명의 지원자가 몰렸다.

미 국무성은 초반에는 훈련 과정이 갖추어지지 않았기 때문에 통역 경험이 있는 인재를 모아 일본어 통역 훈련 과정을 시작했다. 유럽언어 훈련 과정은 준비되어 있는 것 같았으나, 일본어와 영어 동시통역의 경우 통역 부스는 완비되어 있었지만, 훈련 내용은 미완성이었기 때문에 2기생은 가르치면서 커리큘럼을 만들어 가는 상황이었다.

당시 스위스 제네바 대학교와 워싱턴 D.C. 조지타운 대학교에서는 대학원 회의 통역 과정이 개설되어 있었지만 일본어와 영어는 어순이 반대인 것 등 다른 점이 많기 때문에 동시통역은 불가능하다고 생각되었다. 그런데도 6주간의 현장 실습을 나갈 때 통역자는 휴대 동시통역기기를 지참했다. 우선 워싱턴 D.C에서 1주간의 사전 연수가 있고, 그 후 5주간의 현장 실습, 그리고 마지막에 워싱턴 D.C.로 돌아가

총괄 세션을 하는 것이 기본이었다. 현장 실습을 나가면 즉시 통역을 할 수 밖에 없기 때문에 어쩔 수 없이 현장에서 일을 하면서 동시 통역을 하게 되었다.

일본생산성본부 동시통역을 맡은 통역자들은 귀국하고 나서 국제회의 운영회사를 세워 동시 통역자의 육성과 전문직화에 공헌했다.

2) 미일 무역 경제 각료회의

일본이 패전에서 벗어나 명실상부한 독립국가로 국제사회에서 발돋움한 것은 강화조약이 발효되고 1956년에 국제 연합에 가입한 이후부터라고 말할 수 있다. 그리고 전쟁 후 일본외교의 동시통역 역사에서 중요한 것은 미일무역경제 각료회의였다.

이 회의는 '미·일 정치·경제 분야의 지도자가 정기적으로 협의하는 것보다 미·일 간의 경제통합을 추진한다'는 것을 목적으로 케네디 대통령과 이케다 하야토 총리의 합의에 의해 추진된 것이다. 제1회는 1961년 11월 하코네에서 열렸고 공식 회의에서 전쟁 후 최초의 외교 통역이 실시되었다.

주일미국대사관 근무자인 니시야마센은 원래 미국 측의 발언을 일본어로 번역하는 역할이었지만 외무성의 제안으로 일본 측의 발언을 영어로 번역하는 이례적인 역할을 담당했다. 일본계 미국인 2세로, 일본어와 영어 둘 다 능숙하다고 해서 결정되었다고 한다.

이 회의에서의 통역은 기본적으로는 조금씩 단락별 순차 통역으로 실시해서 원고가 준비되어 있는 것만 사전에 번역해 읽는「동시 낭독」방식을 취했다. 공식적인 외교 회의에서의 동시통역 등의 사례가 없었기 때문에 사전에 내용을 알지 못해 그 자리에서의 발언은 순서대로 통역을 실시했다. 일본어를 영어로 통역하는 것은 영어를 잘하는 사람이, 영어에서 일본어로의 통역은 일본어를 잘하는 통역자가 맡았다고 한다.

제2회 미·일 무역 경제 각료회의는 1962년 미국 워싱턴 D.C.에서 개최되었다. 일본 대표단은 오히라 마사요시 외상이 단장, 다나카 가쿠에이 재무상, 경제기획청 장관 미야자와 기이치로, 전원 나중에 수상이 되었다. 일본외무성은 당초 동시통역으로 해도 괜찮을까하고 반대였지만, 자신만만한 국무부 측이 문제없다고 강행하여 본격적인 일본어 영어 간의 동시통역이 도입되었다.

동시통역팀은 4명으로 구성되었는데 한 사람은 미국 측 통역자로서 위켈(James Wickel), 3명은 일본인으로 무라마츠 마스미, 쿠니히로 마사오와 오카모토 유타카였다. 미·일 무역 각료회의를 동시통역으로 한 것이 계기가 되어 이후 외교 회의에서의 동시통역은 극히 자연스러운 것으로 도입되었다.

7. 아폴로우주중계와 동시통역

1) 아폴로우주중계

　아폴로 계획(1961)은 케네디 대통령이 '달 표면에 유인 우주선을 착륙시킨다'고 선언하면서 시작되었다. 우주선 발사는 일본에서도 매번 위성 중계로 텔레비전에 방영되었지만, 전 세계가 주시한 것은 아폴로 11호에 의한 달 표면 착륙이었다. 암스트롱 선장과 올드린 비행사가 달착륙선 이-구루로「조용한 바다」에 착륙한 것은 1969년 7월 20일 오후 4시 18분(일본 시간으로는 7월 21일)이었다. 달 표면에 내린 암스트롱 선장이 발화한 것은 '한 인간에게는 작은 발걸음이나 인류에게는 큰 비약이다.'라는 말이다.

　암스트롱 선장이 2012년 8월 25일 82세를 일기로 사망했을 때, 서거 소식을 전한 보도는 모두 명언을 소개했지만 NASA와 로이터 등의 영어 기사에서는 "That's one small step for (a) man, one giant leap for mankind."라고 부정 관사를 괄호 안에 넣어 인용해서, 실제로는 말하지 않았음을 보여줬다. 암스트롱 선장이 a를 빼고 발언한 (것처럼 들린)것으로, 각국의 통역사는 모두 당황했다. 동시통역은 듣자마자 번역해 나가기 때문에 '이것은 작은 걸음입니다, 인간(인류)에게는'이라고 번역하기 시작하면, 다음에 giant leap [큰 비약]으로 이어지므로, [어?]라고 생각하면서 번역했는데, 마지막에 mankind(인간, 인류)가 등장했으므로, [왜?]가 되는 것이다.

　인류에게 있어서 작은 걸음이지만 인류에게 있어서 큰 비약이라는 것은 의미가 불명확하다. 이것이 번역이라면 끝까지 읽고 번역하기 때문에 틀릴 일은 없지만, 듣자마자 첫머리부터 통역해 나가는 동시통역에서는, 처음에 들린 man을 「인간」 「인류」라고 번역할 수 밖에 없다. 덧붙여서 암스트롱 선장은 'a를 말했다'고 주장했지만, 녹음 테이프를 듣고 '들리지 않는군요'라고 말했다고 한다. 2012년에 컴퓨터 프로그래머가 해석해 'a라고 말하는 파장이 있다'라고 발표했지만, 인간의 귀에는 들리지 않을 정도의 희미한 파장 같았다.

2) 모습을 보인 동시 통역자

　일본 방송사들은 달에 착륙할 때 특별 프로그램을 만들어 아폴로 11호 발사부터 달에서의 활동, 귀환까지를 위성 중계로 일본 전국에 생방송 했다. 달 표면에 머문 것은 21시간 36분으로, 각국 평균 총방송 시간은 22시간에 달했다. 텔레비전 스튜디오에는 전문가가 줄을 서서 인간에게 내리는 의미에 대해 설명했다. 그러나 프로그램의 주역은 우주 비행사와 우주 비행사의 발언을 일본어로 번역해 일반 가정에 보내는 동시 통역자들이었다.

　방송 통역은 텔레비전 방송국의 아나운서 부스에 통역자가 들어가 목소리만을 흘리는 것이 통상의 형태로 아폴로 우주 중계에서도 처음은 부스에서 모습을 감추고 동시통역을 했지만 달착륙의 특별 프로그램에서는 스튜디오 내에 동시 통역자가 앉아 텔레비전 카메라의 앞에서 헤드폰을 쓰고 동시통역을 하는 전무후무한 일이 각 국에서 시도되었다. 그래서 많은 시청자들이 처음으로 동시 통역자의 모습을 TV 화면으로 보게 되었다.

　동시 통역자가 카메라 앞에 모습을 보여 통역을 하게 된 이유에는 두 가지 설이 있다. 시청자로부터 「동시에 통역을 하고 있는 것은 기계입니까?」라고 하는 질문이 있어 인간이 통역을 하고 있는 것을 보이기 위해 스튜디오 안에 통역석을 마련했다고 하는 설이다. 다른 하나는 이미 당시의 영상기술로는 우주선 발사 시에 영상을 보내고 달에 착륙해 기기를 설치하고 영상을 보낼 때까지 즉 장시간에 걸친 지구에서 달까지의 여행 동안 영상을 지구로 보낼 수 없었기 때문이다. 화면에 동시 통역자를 내보내고, 들려오는 교신을 동시통역하는 모습을 카메라로 비춰 현장감을 낸다는 프로그램 연출상의 고육책이었다는 설이다.

3) 사회문화사적 영향

　이유가 어찌되었든, 그때까지 '보이지 않는' 주변적 존재였던 통역자가 아폴로 달 착륙의 위성 중계 때만은 정식 무대에 나와 '보이는 존재'가 된 것이다. 현재는 영상기술이 현격히 진보하여 우주선 안에서 영상을 보내는 것이 가능하게 되어 방송 통역사는 다시 아나운서 부스에 모습을 감추고 통역자는 보이지 않는 존재, 목소리만의 존재로 돌아왔다. 동시 통역자의 가시화는 아폴로 달 착륙시의 특이 현상으로 끝난 것이 되었다.

　그러나 동시 통역자가 전 국민 앞에 일하는 모습을 보인 것의 영향은 헤아릴 수 없다. 지금도 사람들은 동시가 아닌 보통의 통역에서도 「동시통역」이라고 하고, 통역사를 「동시통역」이라고 부른다. 그림자의 존재였던 통역자는 동경의 직업이 되었고, 통역자를 목표로 영어를 공부하는 젊은이는 급증하여 통역에 대한 관심은 크게 넓어졌다. 일본 전국에서 수십 개의 대학이 어떠한 형태로든 통역 과정을 개설해서 대학 수준에도 퍼지고 있는 것이 그 증거라고 말할 수 있을 것이다

8. 일본의 다언어화와 커뮤니티 통역

1) 다문화/다국어 사회가 된 일본

일본이 동질한 사회라고 믿고 있는 일본인이 많지만, 일본에 살고 있는 사람은 일본인만이 아니다. 제2차 세계대전 전부터 한국이나 중국에서 온 사람들이 많이 살고 있고, 1980년 이후에는 동남아시아, 중동, 남미 등에서 「뉴커머」라고 불리는 사람들이 일본을 방문해 일본에 거주하고 있다. 일본이 다국어 사회라고 하는 현실은 다양한 일상적 상황에서 통역사가 필요하게 된 것에서 나타나고 있다.

2) 일본에 사는 세계 각국의 사람들

2012년 7월 9일부터 시행된 새로운 체류관리제도에 따라, 일본의 중장기 외국인 수는 2012년 말 현재 165만 6514명, 같은 해 말 특별 영주자 수는 38만 1645명, 양쪽을 합한 일본의 체류 외국인 수는 203만 8159명으로 나타났다. 일본의 총인구 1억 2746만에서 체류외국인이 차지하는 비율은 1.60%다. 체류 외국인의 국적과 지역은 192개에 이르고, 그 중 중국이 65만 3004명으로 전체의 32퍼센트를 차지하며 그 다음은 한국, 필리핀, 브라질, 베트남, 페루가 뒤를 이었다.

일본 정부는 「유학생 30만명 계획」등의 정책을 실시해, 아시아를 시작으로 세계로부터의 유학생을 받아 들여 졸업 후에도 취직 지원 등에 의해 일본 사회에의 수용을 추진하고 있다. 또, 경제연합협정에 의해 인도네시아, 필리핀에서 일본을 방문한 외국인 간호복지사가 활약하고 있다. 세계 각국에서 일본을 방문하는 관광객뿐만이 아니라, 일본에서 생활하는 사람들이 증가하고 있는 것이 현실이다.

외국인은 영어로 이야기할 수 있다고 생각하는 일본인이 많지만, 실제로는 영어를 말할 수 있는 사람만 있는 것은 아니다. 대기업의 공장이 있는 지자체에서는 외국에서 일자리를 찾아 일본에 온 사람들이 가족과 함께 살고, 1990년대 중반부터 일본 각지의 공립 학교에서는 일본어가 부자유스러운 아이의 취학이 교육 문제로서 표면화되었다. 상당수는 남미 출신으로, 모국어는 스페인어나 포르투갈어이고 교육 통역에 의한 지원이나 일본어 교육 서비스 등이 필요하다.

세계가 글로벌화 되어 다양한 사람이 국경을 넘어 이동하는 현상은 각 지역이 다언어 사회가 되는 것을 의미하고 있다. 국제 공통어는 영어라고 되어 있지만, 해외로 이동하는 모든 사람들이 영어를 말하는 것은 아닌 것이 현실이다. 일본의 상황도 마찬가지이다.

2011년 3월 11일의 동일본 대지진에서는 그러한 다언어 사회의 문제가 표출되었다. 재해지에는 160개국이 넘는 나라의 외국 사람들이 생활하고 있었고, 긴급 상황에서는 모국어로 정보를 얻고 싶다고 생각하는 것은 당연하다. 그러나 다국어로의 통역 번역은 좀처럼 체제가 갖추어지지 않아, 통역 가능한 언어가 수십 개 언어도 되지 않는다. 다음 대책으로 요청받은 것이 「쉬운 일본어」로의 정보제공이다. 일본에 살고 있는 많은 외국 출신의 사람들에게 공통어는 일본어라는 것이 판명된 것이다.

2) 커뮤니티 통역의 필요성

문제는 이러한 재해 등의 긴급 시에만 해당하는 것이 아니다. 일본이 다국어사회라는 현실은 다국어로의 통·번역이 일상적으로 필요하게 된 것을 의미한다. 예를 들면 의료분야에서의 의료통역, 교육분야에서의 교육통역 등 커뮤니티 통역(community interpreting, public service interpreting), 사법이나 법정에서의 통역(judicia/court interpreting) 등의 중요성이 일본뿐만이 아니라 세계적으로 인식되고 있다.

모국어로 말하는 것은 기본적 인권의 하나이다. 각종 절차 등은 굴론 병에 걸려 진찰을 받을 때, 경찰로부터 조사를 받을 경우, 혹은 재판에서 증언할 때 등 모국어로 말할 권리를 확보하려면 통역 서비스의 제공이 필수적이다.

그렇지만, 일본의 현실은 아직도 불충분하다. 의료통역(medical interpreting healthcare interpreting) 체제가 갖추어진 병원은 예외적으로, 일본어를 이해하지 못하는 많은 사람들이, 친구나 아이에게 통역을 부탁하거나 자원봉사 통역에 의존하고 있다. 수십 개 언어의 법정통역인이 필요한데 인원수는 부족하고 통역기술 연수나 자격인정제도 등도 정비되지 않은 상태이다. 재판원 제도가 개시되고 나서 법정 통역인을 필요로 하는 재판이 몇 건이나 행해지고 있지만, 다른 언어와 다른 문화의 틈을 메우는 통역 행위에 대한 이해가 부족한 상태의 상황은 개선할 필요가 있다.

외국에서 일본을 방문하는 사람들은 다른 문화에 직면해 말이 통하지 않는 커뮤니케이션의 문제를 떠안는다. 언어의 벽을 넘어 필요한 정보를 입수할 수 있는 권리(액세스권), 모국어를 사용할 수 있는 권리(언어권)를 확보하기 위해서는 지역에서의 일상을 언어면에서 지원하는 통역이 불가결하다. 커뮤니티 통역의 대상은 지역의 거주자로, 통역의 장소에 역학관계가 개입하고, 언어의 종류나 레벨이 다방면에 걸쳐 있고, 문화적 요소가 크게 관련된다, 기본적 인권의 보호에 직결하는 등의 특징이 있다. 자원봉사에게만 의지하는 것은 한계가 있는 것은 분명하기 때문에 커뮤니티 통역자의 수를 늘리는 것, 연수 등을 통해 질의 확보를 도모하는 것은 매우 중요한 과제라고 할 수 있다.

II. 세계의 통역사

1. 신대륙의 통역자

1) 통역자의 역사

통역의 역사는 인간의 역사만큼 오래되었다고 하지만 어떤 사람이 통역을 했는지 고대의 상황은 잘 알지 못하고 있다. 다른 것과 달리 번역 관련 문서는 기록이 남아 있지 않다는 것, 통역을 한 사람이 노예와 여성 등 사회적 약자여서 역사에 남아 있지 않는 것 등이 그 이유이다.[16] 예외적으로 세계사에서 알려진 경우로 남미의 말린체와 북미의 사카자웨어가 있다. 그들은 여자 노예였기 때문에 자발적으로 통역 활동을 하는 지금의 통역자와 달랐지만 둘 다 신대륙 통역 역사에서 빼놓을 수 없는 존재이다.

2) 말린체

말린체는 도니야·마리나라고도 불리며 아스테카 왕국을 정복한 코르테스의 통역자로 유명하다. 나와토르족[17] 출신이었지만 부친의 사후 다른 부족에게 팔려 가서 마야어도 할 수 있었다. 마야족은 그녀를 코르테스에게 바쳤고 코르테스는 그녀를 부하에게 주었다. 그런데 1개월 후에 말린체의 다언어 능력을 발견한 코르테스는 말린체를 자신의 통역자로 아즈테카 왕 모쿠테스 마왕과의 협상에 동행시켰다. 말린체는 어학 재주를 타고 나서 스페인어도 습득한 것 같은데 스페인 사람인 아기라루가 스페인어를 마야어로 번역하고 말린체가 아스테카의 언어로 번역하는 릴레이 통역을 한 것 같다. 몬테수마 마왕[18]에 대해서도 겁 없이 통역을 했다고 전해진다. 1519년에 기독교의 세례를 받았고,[19] 1522년에 코르테스의 아들을 출산했지만 코르테스는 남미 대륙을 떠날 때 아들만 스페인으로 데리고 가서 말린체는 남미에 남게 되었다.

코르테스와 함께 있는 동안 말린체는 통역을 했을 뿐만 아니라 코르테스를 도와서 여러 가지 일을 했다. 지금도 멕시코에는 코르테스와 말린체의 마스크를 쓰고 공연을 하는 무용이 남아 있다. 말린체는 정복자에게 충성을 다함으로써 자신의 국가를 스페인으로 넘기는 결과가 되었고 자신의 아들은 인디오와 스페인 사람과의 혼혈(mestizo)의 시조가 되었다. '배신자'를 뜻하는 malinchista(스페인어로

---

[16] Defisie, I & Woodsworth J. (Ed) (1995). Translators through history. Amsterdam Philadelphia: John Benjamins: UNESCO Publishing.

[17] 한국어로는 나우아틀어라고 하며 유트아스테카어족에 속하는 여러 방언군들을 총칭하여 나타내는 명칭이다. 지금의 멕시코 중앙 고원에 거주하는 나우아족의 언어이며 중앙아메리카의 토착어로 2010년 기준으로 약 150만 명 정도가 사용한다. -역자주

[18] 고대 멕시코의 제9대 아스테카 황제(1466?~1520). 코르테스(Cortés, H.) 등이 침입했을 때, 그들을 신(神)의 자손이라고 생각하여 저항하지 않고 잡혀 살해되었다. 코르테스 등이 빼앗은 몬테수마의 재물은 배가 침몰하는 바람에 바다 밑으로 가라앉았다고 한다. 재위 기간은 1504~1520년이다.

[19] 세례명 'Mana'가 나우아틀어에서는 'Maina'로 발음이 되어, 거기에 스페인어 'Doña'에 해당하는 경칭 '-tzin'이 붙어서 '말린진(Malintzin)'이라고 불리다가 스페인어로 '말린체(Malinche)'로 발음하게 되었다.

'malinchista'는 '외국의 것을 좋아하는, 외국의 것에 호감(애착)을 보이는'의 뜻이다.)라는 단어가 남아 있다. 말린체가 어떤 생각으로 통역을 했는지 알 수가 없지만 주어진 환경 속에서 최선을 다한 일생이었다.

3) 사카자웨어

사카자웨어는 북미 쇼쇼니족 출신으로 1805년에 루이스와 클라크 탐험대를 안내한 것으로 알려져 있다. 당시 미국 대통령 제퍼슨은 프랑스에서 매입한 미개한 루이지애나 지방이 미국 영토임을 여러 나라에 보여주기 위해 루이스 육군 대위와 클라크 지휘관에게 현지 조사를 명령했다. 1년 5개월에 걸쳐 미주리강(미국 서북부)부터 로키 산맥을 넘어 태평양 기슭까지 왕복 8000km에 이른 탐험 조사에는 샤루포노라는 프랑스계 캐나다인의 통역이 동행하고 있었다. 그러나 현지를 안내하고 각 부족과의 절충을 통역한 것은 사카자웨어였다. 11세에 적군인 미네탈리족에 사로잡힌 사카자웨어를 노예로 사서 아내로 삼은 것은 샤루포노였다. 샤르포노가 탐험대 통역일을 얻었기 때문에 사카자웨어는 1805년, 아들을 출산하고 2개월도 안 돼서 아기를 업고 탐험대와 함께 나갔다. 탐험 도중 자신의 고향을 우연히 방문한 사카자웨어는 형제를 다시 만나 기뻤다. 하지만 더 이상 있을 곳이 없다고 판단해서 자기 부족에 남지 않고 탐험대와 행동을 함께 했다. 로키산맥을 넘는 가혹한 일정 동안에도 사카자웨어는 감정을 드러내지 않고 담담하게 길안내와 통역을 한 것 같다.

루이스와 클라크의 영어를 탐험대의 누군가가 프랑스어로 옮기고, 그것을 샤르포노가 미네타리어로 번역한 것을 사카자웨어가 쇼쇼니족의 언어로 통역하는 릴레이 통역이었다. 원주민 아메리칸 사람들 사이에서는 사카자웨어가 고향으로 돌아와 행복하게 오래 살았다고 믿어지고 있다. 미국에는 젖먹이를 등에 업은 사카자웨어의 동상이 남아 있다.

4) 현지 조달인가 자체 조달인가

말린체도 사카자웨어도 신대륙 사람이고 모국어는 자기 부족의 언어였는데 다른 부족의 언어와 종주국의 언어를 말할 수 있게 되면서 통역을 하게 도었다. 크로닌은 식민지에서의 통역자를 두 가지로 분류하고 있다. 하나는 '현지 조달형'의 통역자이고 또 하나는 자국에서 데려오는 '자기 조달형'의 통역자이다.[20] '자기 조달형'의 경우 필요한 언어를 습득한 사람을 동행하는 경우도 있고 청소년을 특별 훈련시켜서 통역자로 양성하는 경우도 있다.[21] '현지 조달형'은 현지어에 능통하고 현지에 대해 잘 알고 있다는 이점은 있지만 배신하지 않을까하는 불안감이 뒤따라 다닌다. 그런 점

[20] Cronin, M. (2002). The empire talks back : Orality, heteronomy and the cultural turn in inter preting studies. In M. Ty moczko and E. Gentzler (Eds.). Translation and power. Amherst and Bos ton : University of Massa chusetts Press.
크로닌(Cronin, M.)은 중개자 입장의 통역자가 가진 눈에 보이지 않는 권력이라는 관점에서 통역 체제를 설명하기 위해서 heteronomous(타율적=현지 조달)와 autonomous(자율적=자기 조달)라는 용어를 사용하였다.

[21] 예를 들어 프랑스는 프랑스인 젊은이를 모집하고 그들을 현지에서 생활시키면서 현지 언어를 익히게 하고, 1669년에는 프랑스 태생 아이들에 터키어, 아랍어, 페르시아어 등을 특별 훈련하여(enfants de langue라고 불렸다) 해외로 보낸 적이 있다. 식민지를 소유하는 종주국에서 외국어교육은 자기 부담의 통·번역자를 양성하는 것과 깊은 관계가 있었다고 할 수 있다.

에서 '자기 조달형' 통역자라면 자기와 같은 나라 같은 언어와 문화를 공유하고 있어 안심이 되고 신뢰할 수 있다는 생각이 있다. 말린체도 사카자웨어도 자신의 의사가 아닌 현지 조달되어 통역을 했지만 말린체는 코르테스를 위험한 상황에서 구하고, 남미 대륙 정복에 도움을 주었고 사카자웨어는 루이스와 클라크를 위해 온 힘을 다해 탐험을 성공적으로 이끌었고 둘 다 통역자로서 가이드로서 신뢰를 크게 받았던 것 같다.

2. 중국의 통역

1) 중국 통역의 역사

중국의 번역 역사는 불전 한역(漢訳)에서 시작되었지만 통역의 역사는 그보다 더 과거로 거슬러 올라간다. 고대 중국에서는 서로 다른 민족과의 교섭이 빈번했기 때문에 일찍부터 통역 행위가 행해졌다고 생각된다. 옛날에는 하나라(왕조)[22] 시대에 (기원전 21세기경~), 상나라(기원전 17-11세기경)때부터 주변 각국과 외교 활동을 했던 기원전의 문헌 『주례(周禮)』에는[23] '상서'라는 관명의 하급 관리의 직책에 '이국(異國) 사자(使者)의 메시지를 전한다' 라는 표기와 함께 '통역을 하고 사방에서 사신을 접대하는 직무를 맡았다'고 기록되어 있다. 『주례』가 편찬된 시대에는 이미 통역자가 존재해 외교통역을 한 것으로 밝혀지고 있다. 또, 당시의 통역자를 '설인(舌人)'이라고도 불렸던 것이 공자가 기록한 문헌 등에 기록되어 있다. 외교 통역은 그 후의 어떤 시대에나 귀중한 임무를 수행했다고 생각된다.

또 중국어서는 수나라(581-618), 당나라(618-907) 시대에는 이미 전쟁 관련 군사 통역이 존재했다. 중국에서도 전쟁·분쟁에 관련된 통역자는 일반인이 보지 않는 곳에서 직책을 다했다고 할 수 있다. 그 밖에 불전 등 경전의 구두 번역, 과학 기술, 문학 등 여러 영역에서 구두에 의한 번역은 후한 시대(25-220)부터 근대까지 이루어졌으며 그 시대의 국가 발전에 크게 기여해 온 것이 많은 문헌에서 드러나고 있다. 이와 같이 역사를 살펴보면 중국에서는 지금까지 교역, 외교만이 아닌 폭넓은 영역에서 통역자가 활약했음을 알 수 있다.

또 통역자 교육이라는 영역에서는 일찍 주나라(기원전 11세기경-기원전 256년) 시대부터 정치가들이 통역자 양성에 주목했다고 하며 각각의 시대에 나라의 통치자가 자국의 이익 확보 때문에 양성 기관인 학교를 설립하고 자국민의 통역 양성을 꾀한 것으로 문헌에서 드러나고 있다.

그러나 지금까지 통역자에 관한 연구가 공식적으로 언급되는 일은 많지 않았다. 이 이유 중 하나는 통역이 현장에서 일회성으로 이루어진다는 점에서 번역처럼 기록으로 남지 않는다는 숙명이 있다고 생각된다.

2) 중국에서의 통역 연구

중국에서 통역 연구가 주목받는 것은 문화 대혁명 후 개혁 개방 정책이 시작된 1978년부터라고 할 수 있다. 1949년 중화 인민 공화국이 탄생한 이후 중국 정부는 주나라의 주은래(周恩來)가 중심이 되면서 해외 국가에 유학하던 인재를 초청해서 외교 통역이나 통역 교육·연구의 직무를 맡겼다. 후에 중국의 통역 연구·교육 진전

[22] '하(夏)' 나라는 사기(史記)에 등장하는 중국에서 최초의 왕조이다.

[23] 유교가 중시하는 경서의 하나로 주나라 시대의 관제와 정치제도를 기술한 것이다. 편찬 시기에 대해서는 주(周), 춘추 전국(春秋戰國), 혹은 후한(後漢) 시대에 기록된 것이라는 여러 견해가 있다.

에 공헌한 강춘방(姜椿芳), 이월연(李越然), 제종화(劑宗華) 등의 통역자도 이때 귀국하여 국가 간부의 외교 교섭의 통역을 많이 맡아 그 통역 실천(경험)을 토대로 몇 가지 중요한 통역론을 남겼다. 여기서는 강춘방과 이월연의 이론을 다룰 것이다.

강춘방(1912-1987)은 1953년에 통역에 관한 여섯 개의 문제를 논한 논문을 발표하고 통역 번역의 일반적인 문제점, 통역 업무의 의의, 통역자가 갖추어야 할 조건, 통역의 종류, 어떻게 통역에 종사해야 하는지, 기타 주의해야 하는 관련 사항 여섯 가지 항목을 『통역자의 마음가짐』으로 발표하고 번역에 비해서 통역이 멸시되고 있는 상황을 거론하면서 통역의 중요성을 지적했다.

(1) 사전 준비를 확실히 한다.
(2) 말하는 사람과 사전에 협의한다.
(3) 화자의 말을 (논리적이지 않거나 혼란한 연설도 정리하고), 단락별로 나누어 논리적으로 번역한다.
(4) 통역은 편집도 겸한다.
(5) 요점을 파악한다. 숫자 등은 빠뜨리지 않는다(메모를 한다)
(6) 1인칭으로 번역, 화자의 어투, 정신, 감정과 표정, 자세 등도 적극적으로 번역한다.

이월연(1927-2003년)은 1945년부터 1965년까지 20년 동안 러시아어 통역자로 중국과 소련의 외교 통역에 종사한 통역자이다. 북경 제2외국어학원 부교장, 중국번역자협회 부회장 등을 역임했다. 1983년에 통역 연구에 관련된 논문을 발표하고 통역 행위는 음성을 통한 정보전달성, 즉시성이 통역의 특징이라는 것을 근거로 번역 규범에 편중되어 이용되어 온 '신달아(信達雅)'[24]를 대신하는 통역 규범으로서 '준순쾌(準順快)'의 3가지 점을 강조했다.

준: 화자의 발언 진의를 파악하여 정확하게 번역한다.
순: 자연스럽고 알기 쉬운 표현으로 듣는 사람에게 전달한다.
쾌: 민첩하게 반응하여 즉석에서 번역해내고, 화자의 발화 속도에 맞춘 번역을 실시하는 강(강춘방)의 논고는 통역 실천(경험)을 바탕으로 1950년대에 나온 통역론이며 당시 중국에서의 통역을 통한 커뮤니케이션 상황을 아는 데 귀중하다.

또 이월연의 논고는 '화자의 메시지를 정확하게, 또 순식간에 이해·해석해서 음성을 통해서 듣는 이에게 전한다'라는 통역의 바람직한 모습을 세 글자로 압축하고 표현한 것으로 오늘날 통역 교육 현장에서도 엔푸(嚴復)의 '신달아(信達雅)'론과 함께 인용되고 있다.

[24] 1898년에 嚴復가 제시한 번역론이다. '신(信)'은 내용에 충실한 것, '달(達)'은 말을 알기 쉽게 하는 것, '아(雅)'는 품위가 있고 우아한 문장으로 하는 것을 의미하고 있다. '신달아'는 근대 중국의 번역론으로 가장 알려져 있다.

3. 회의 통역의 탄생: 파리 강화 회의

1) 파리 강화 회의에서의 영어 사용

　회의 통역의 탄생은 제1차 세계 대전 당시의 연합국이 1919년에 열린 파리 강화 회의로 거슬러 올라간다. 이전까지 유럽에서는 외교현장에서 프랑스어가 사용되었고 프랑스어에 능통한 외교관과 고위 당국자들만이 국제회의에 참석했다.
　그러나 파리강화회의에서는 미국의 윌슨대통령과 영국의 로이드 뉴조지 수상이 프랑스어가 아닌 영어를 사용언어로 인정할 것을 주장했다. 그 결과 영어와 프랑스어 사이의 통역이 필요하게 되었다. 당시 런던대학에서 프랑스 역사를 가르쳤던 망토(Mantoux, p.)가 통역자로 맹활약했다고 한다. 이것이 발단이 되어 국제회의에서의 복수언어 사용 및 회의통역의 직업화가 진행되게 되었다.

2) 베르사유 체제하에서의 통역 수요

　파리 강화 회의 후의 국제질서체제(베르사유체제)[25] 아래 국제연맹, 국제노동기구(ILO), 상설국제사법재판소 등 새로운 국제기구가 탄생했다. 이러한 조직에서도 복수의 언어가 사용되어 통역 수요가 한꺼번에 증대되었다. 당초는 국제기구의 직원으로 두 가지 언어(혹은 그 이상의) 운용능력을 가진 사람이 통역을 담당하고 있었는데, 그 중에서 점차 전문직으로서의 통역자 집단이 형성되었다. 그 통역자 집단이 다루는 언어에는 영어와 프랑스어뿐만 아니라 독일어와 러시아어도 포함되었다. 국제무대에서 활약한 이들 회의통역자들은 일반적으로 고학력으로 매우 높은 교양을 가지고 있으며 대학에서 가르치는 사람도 있었다. 외교관이나 국제기구 직원과 동일한 대우를 받으며 그 탁월한 통역 능력에 놀라 탄식하는 사람들에게는 동경의 대상이었던 것 같다.

3) 순차 통역의 황금기

　회의 통역자가 특별한 기술을 가진 전문직으로 인식된 배경에는 당시 시작된 새로운 통역 방식이 있었다. 그 이전에는 발언을 한 두 문장씩 번역하는 짧은 순차 통역을 했으나 베르사유 체제의 국제 무대에서는 발언이 마무리 된 뒤에 통역을 하게 되었다. 원발언을 이해하는 청자에 대한 배려와 발언자에 대한 존중 등이 그 이유로 생각된다. 예를 들어 원발언이 프랑스어인 경우 프랑스어를 이해하는 청자는 발언이 짧게 구분되기보다는 모두 한 번에 혹은 어느 정도의 길이까지 원발언을 계

[25] 제1차 세계 대전의 전승국과 패전국 사이에 체결된 강화 조약으로 성립된 국제 정치 체제를 베르사유 체제라고 한다. 베르사유 조약은 1919년 6월, 연합국과 독일 사이에 체결된 조약으로 독일에 대한 국제 연맹 규약을 포함하고 있다. 이 조약에서 독일은 전 식민지와 해외의 모든 권리 포기, 알자스·로렌을 프랑스에 양도하는 등 일부 영토의 포기, 군비의 제한, 막대한 배상금의 지불 등의 요구를 받았다. 민족 자결주의 원칙은 패전국의 식민지에만 적용되어 독립국이 출현하였다. -역자주

속 듣고 싶다고 바라는 것이다. 또한 발언이 짧게 마무리되면 설득력 있는 연설을 할 수 없다는 생각이 화자에게도 듣는 사람에게도 있었다고 생각된다. 1회 번역 발언의 길이는 5~10분, 때로는 1시간 이상 되는 것도 있었던 것 같다. 통역자는 그동안 메모를 하고 그 메모와 기억을 바탕으로 통역을 해냈다.

게다가 발언자와 같은 단상에서 통역했기 때문에 통역자는 발언자와 마찬가지로 주목을 받는 존재이며 좋은 퍼플릭스피커[26]가 되는 것까지 요구되었다. '순차통역의 황금기'라고 불리던 시대에 긴 연설을 메모도 하지 않고 거침없이 번역하는 전설적인 통역자도 있었다.

[26] Public speaker에서 온 말로 공적인 상황에서 대중에게 자신의 의견이나 존재를 널리 알리거나, 사회구성원 사이의 원활한 커뮤니케이션을 하는 말하기 전략의 하나이다. - 역자주

4) 통역자 양성의 수요

선구자적인 회의 통역자들은 다언어 다문화 환경에서의 성장과정이나 학문적 지식, 또 천부적인 재능을 바탕으로 직접 현장에서 경험을 쌓으면서 노트테이킹(메모하기) 등의 통역 기술을 익힌 것 같다. 당시 통역시험도 응시자의 어학실력과 국제관계와 역사 등의 지식을 시험하는 것뿐이었다. 그러나 국제기관 등에서 증가하는 통역 요구를 계속적으로 만족시키기 위해서는 조직적인 통역자 양성이 필요하게 되었다. 그래서 국제노동기구 본부에서 가까운 제네바 대학에서 1920년대에 노트테이킹의 수업이 제공되었다.

1927년에 동시통역 장치가 고안되어 시험적으로 사용되기 시작하면서 이전과는 다른 기술을 필요로 하는 동시통역에 대응하기 위한 훈련도 필요하게 되었다. 그래서 1930년대부터 1940년대 초 독일의 만하임(나중에 하이델베르크로 이전), 제네바, 빈 등의 대학에서 통역자(및 번역자)양성 프로그램이 창설되었다. 대학에서 전문적인 회의통역자의 양성이 시작된 것은 국제 정치나 외교의 현장에서 활동하는 통역자에게는 외교관과 마찬가지로 고등교육기관에서의 전문 교육이 필요하다고 여겨졌기 때문이다.

4. 동시통역의 탄생: 뉘른베르크 재판

1) 초기의 동시통역장치와 동시통역의 시행

1919년 파리강화 회의 후에 탄생한 국제노동기구[27] 등 국제기구에서는 여러 개의 언어가 사용되어 통역 수요가 증가하였다. 그래서 통역의 효율성을 높이기 위해 1926년 보스턴의 사업가 에드워드 필리네(Edward Filene)와 IBM 엔지니어의 고든 핀 레이(Gordon-Finlay)가 동시통역 장치를 고안했다. 원발언과 거의 동시에 통역을 할 수 있도록 하는 장치이다. 이후 기술개량을 거쳐 1927년부터 1928년에 걸쳐 국제노동기구 총회에서 동시통역이 시범적으로 도입되어 성공을 거두었다. 소련에서도 1928년의 코민테른[28]에서 동시통역이 시작된 이래 1930년대에 걸쳐 그 사용이 확산되었다. 그러나 제2차 세계 대전으로 향하는 시대 배경 속에서 장치의 발전도 없고 동시통역을 사용하는 국제회의도 거의 없어졌다.

2) 뉘른베르크 재판에서의 통역

동시통역이 본격적으로 사용되어 세계의 주목을 받은 것은 제2차 세계대전 후 나치의 전쟁범죄를 재판하기 위해 행해진 뉘른베르크 재판(1945-46년)에서이다. 이 재판에서는 미국, 영국, 프랑스, 소련 대표가 판사와 검사를 맡았다. 피고인은 독일어를 모국어로 했고 판사와 검사는 영어, 프랑스어, 러시아어를 사용했기 때문에 네 개 국어 간의 통역이 상시 필요하게 되었다. 한 언어에서의 발언이 끝난 후에 다른 세 개 언어로 순서대로 번역하는 순차통역을 하다보니 매우 오랜 시간이 소요되었다. 그래서 시간단축을 위해 동시통역이 도입되었다. 그리하여 뉘른베르크 재판은 '다언어 간의 동시통역이 계속적으로 사용된 최초의 통역 현장'으로서도 역사에 이름을 남기게 되었다.

<통역의 구조>

법정 안쪽에 천장이 없는 유리 칸막이가 달린 네 개의 책상이 각각 영어, 독일어, 프랑스어, 러시아어 통역을 위해 할당되었다. 각 데스크에는 세 명의 통역자가 위치해 있으며, 동시에 총 12명의 통역자가 통역할 수 있다. 예를 들어, 영어 부스라면 독일어에서 영어로, 프랑스어에서 영어로, 러시아어에서 영어로 통역을 담당하는 각 통역자가 나란히 앉아 있다. 12명으로 편성된 통역팀이 세 팀이 있어 교대로 직무에 종사했다. 통역자석 가장자리에는 모니터 요원이 앉아서 오역이 없는지, 통역자가 피곤하지 않은지, 스피커의 음량은 적절한지, 통역 장치가 작동하고 있는지를 체크한다.

[27] 국제 노동 기구(International Labor Organization)는 노동 문제를 다루는 유엔의 전문기구로서 스위스 제네바에 본부를 두고 있다.

[28] 모스크바에서 창설된 공산주의 국제연합(공산당의 통일적인 국제조직)인 '코민테른(Comintern)'은 공산주의 인터내셔널(Communist International)의 약칭이며, 제3 인터내셔널, 국제 공산당이라고도 불린다.

[29] 원발언과 통역을 그대로 문자로 기록한 것이다.

그러나 모니터(요원)에 의해 오역이 정정된 적은 거의 없었고, 통역자 자신이 속기록[29]과 녹취록을 대조해 스스로 오역을 정정했다.

〈통역자 채용 과정〉

통역자의 채용 기준은 능력이나 광범위한 지식에 더해 국가 군사재판에서의 동시통역이라고 하는 큰 스트레스 상황에서도 평정을 유지할 수 있는 것까지 요구된다. 서구 각지에서 행해진 일차 시험의 합격자는 뉘른베르크로 가서 통역 시험을 보았다. 그러나 몇 백 명의 후보자 중에서 실제로 재판과정에서 통역 심의 업무를 계속할 수 있는 사람은 아주 소수의 사람들이었다. 그들은 개정 전 모의재판을 통해 동시통역 훈련을 받는데 그 중에는 훈련 없이 법정으로 보내진 통역자도 있었던 것 같다. 통역자 중에는 혁명이나 박해 등 이동을 피할 수 없게 된 상황에서 복수 언어를 습득한 배경을 가진 사람이 많았고 여성 통역자도 많았다. 재판 후에도 회의 통역자로서 국제연합기관 등에서 활약한 사람도 적지 않고, 그들의 뉘른베르크 체험은 '통역 역사에 있어서의 쾌거'로 구전되고 있다.

3) 동시통역 보급

뉘른베르크 재판으로 동시통역 운영이 성공하자 동시통역의 실행 가능성과 효율성에 대한 인식이 높아졌다. 그 재판에서 동시통역 시스템을 도입하여 통역자의 채용과 훈련의 책임자였던 도스터트(Dostert' L.)[30]는 유엔에도 동시통역을 도입하는 임무를 부여받았다.

순차 통역의 황금기에 활약했던 사람 중에는 '남의 눈에 띄지 않는 부스 안에서 앵무새처럼 통역을 한다'것에 대한 저항도 있었지만 다국어 사용 회의의 동시통역 보급이 진행되어 일상적으로 사용되게 되었다. 동시통역자 양성에도 박차를 가했고 1953년에는 국제회의협회(AIIC)가 결성되었다.

[30] 프랑스 출신이지만 미국 국적을 취득하고 육군 대령이 된 베테랑/전문 통역자이다.

Ⅲ 세계의 번역사

1. 서구번역 역사와 성서번역

1) 성서번역의 역사

기독교 성경 번역은 서유럽에서의 번역 역사를 고찰하는 데에 중요한 요소이다. 구약성서는 히브리어와 일부 아랍어로, 신약성경은 그리스어로 쓰여 있어서 다른 언어를 사용하는 신자나 포교를 위해서는 각각의 언어로 번역할 필요가 있었다. 하나님의 말씀이 적힌 성경을 번역한다는 것 때문에 각 시대의 번역자들은 각자의 방법과 태도를 가지고 열심히 임해 왔다. 긴 성경 번역 역사 중에서 여기에서는 세 명의 번역자를 거론하며 각각의 성경 번역에 대한 생각의 일부를 소개하기로 한다.

2) 루터에 의한 독일어 번역

독일의 종교 개혁자로서 저명한 루터(Luther·M.)는 신약 성서(1522)와 구약 성서(1534)를 독일어로 번역했다. 지금까지 독일의 성서번역 전통은 기점 텍스트와 목표 텍스트의 단어를 대응시키는 축어 번역을 목표로 하는 것이었지만 루터는 명료한 독일어로 번역하는 것을 중요시했다. 당시 독일어로의 번역은 라틴어 번역을 기점 텍스트로 하는 중역(重訳)에 의해 행해지고 있었다. 그러나 루터는 중역이 아니라 그리스어나 히브리어 원전에서 번역을 해서 성직자(천주교)가 중시하던 라틴어 번역 성서의 표현이나 어순에 영향을 받지 않는 독일어 번역을 하려고 했던 것이다.

루터의 번역은 신학자 같은 지식인을 위한 것이 아니라 일반 민중을 위한 것이었다. 만약 축어 번역을 하면 기점 언어에 영향을 받기 때문에 읽기 힘든 목표 텍스트가 되어 버린다. 루터는 기점 언어에 영향을 받은 부자연스러운 독일어가 아니라 동시대 대중들이 사용하고 있는 지역 사투리(초기 독일어)의 표현법을 우선시하여 알기 쉬운 말을 사용하도록 하였다. 독일의 일반 민중을 위해 사람들이 생활 속에서 사용하는 말로 성서를 읽을 수 있도록 하였다.[31] 루터가 번역한 성서는 많은 사람이 읽을 수 있었기 때문에 영향력을 가졌으며, 그 후 독일어의 기초 초석인 표준 독일어가 되었다.

[31] 다만 루터는 가독성만을 추구하는 것이 아니라 원전의 의미를 가능한 한 바꾸지 않게 전달하기 위해서 독일어로서는 알기 어려운 번역을 선택한 부분도 있다.
三つ木道夫(2011). 『翻訳の思想史―近現代ドイツの翻訳論研究』. 晃洋書房, pp.8-9.

3) 로젠바이크에 의한 독일어 번역

시간이 지나 20세기에 유대계 철학자 로젠바이크(Rosenzweig. F)와 부버(Buber. M)는 공동으로 구약성서를 독일어로 번역했다.[32] 로젠바이크와 부버는 루터 번역이 오래되고 충실함이 부족하기 때문에 새롭게 바꿀 필요가 있다고 생각했다. 두 사람이 번역한 성서는 독일에서의 성서 규범인 루터 번역과는 달리 생소한 언어를 사용함으로써 성서를 생동감 있게 느끼게 해 주었다. 성서가 술술 자연스럽게 읽혀지면 원전이 먼 옛날에, 먼 곳에서, 히브리어로 쓰인 것임을 읽는 사람이 의식하기 어렵지만 어색한 느낌이 있는 문장이면 원전의 이질성을 나타낼 수 있다고 생각하여 두 사람은 히브리어풍의 독일어 번역을 목표로 한 것이다. 예를 들어 기점 언어인 히브리어의 고유명사 소리를 유지하려고 인명을 음역하고[33] 색다른 철자는 원전의 분위기를 그대로 포착해 독일 독자에게 전달하는 것이었다. 원전의 언어를 충실히 재현하는 것을 목표로 하는 번역에서는 독일어·독일 문화의 관습에서 벗어나는 것도 마다하지 않았다.

4) 나이다에 의한 '형식적 등가'와 '역동적 등가'

언어학자이자 미국성서협회원으로 성서 번역에 종사한 나이다(Nida)는 현대의 번역 이론가로도 알려져 있다. 성서 번역을 통한 나이다는 두 종류의 '등가'에 대해서 생각하고 이론으로 발표했다. 기점 텍스트와 목표 텍스트 간의 대응 관계를 '형식적 등가(formal equivalence)'와 '역동적 등가(dynamic equivalence)'라는 용어로 나타내고 있다.[34] 형식적 등가는 기점 텍스트에 있는 메시지 자체에 주목한 사고방식으로 기점 텍스트의 구조를 중시한 대응관계를 의미한다. 예를 들어 기점 텍스트에서 사용되는 단어나 표현, 어순 등을 목표 텍스트에서 재현하면 형식적 등가의 번역이 된다.

한편 역동적 등가는 목표 텍스트 독자를 중요시하고 수용자의 기대에 맞춘 자연스러운 표현을 목표로 한 번역이 된다. 역동적 등가가 달성된 번역은 기점 텍스트와 기점 텍스트 독자 사이의 관계, 목표 텍스트와 목표 텍스트 독자 사이의 관계를 같게 한다. 즉, 기점 텍스트 독자가 이해하고 느끼고 이미지화 한 것과 같이 목표 텍스트 독자도 이해하고 느끼고 이미지화 할 수 있는 번역이다. 그러기 위해서는 목표 텍스트는 자연스럽게 읽혀야 한다. 예를 들어 감정이나 성격의 중심적 요소를 나타낼 때 영어에서는 'heart'(심, 심장)가 사용되더라도 비(非)서구 언어로 번역할 때에는 각 언어에서의 감정이나 성격의 중심을 의미하는 'liver'(간), 'abdomen'(배) 'gall'(담낭)에 해당하는 말을 사용한다고 한다.[35] 나이다의 개념을 이용해 상술한 두

---

[32] 두 사람이 번역한 성서는 1929년 로젠츠웨이크가 타계한 후에 부버가 완성시켜, 1962년에 출판되었다.

[33] '음역(音譯 transliterate)'이란 어떤 언어의 음(소리)을 빌려서 다른 언어체계의 문자로 나타내는 것이다. 일반적으로 음역은 한자를 가지고 외국어의 음을 나타내는 방법으로 이루어지는데 한자의 음만을 취하기 때문에 의미는 대부분 무시된다.

[34] Nida, E. A.(1964). Toward a Science of Translating: With Special Reference to Principles and Procedures Involved in Bible Translating. Leiden: E. J. Brill.

[35] Nida(1964), Toward a science of translating

쌍의 성서 번역에 대해 논하자면 루터의 번역은 역동적 등가를 목표로 하고 로젠바이크와 부버의 번역은 형식적 등가를 목표로 하는 것이라고 할 수 있다. 나이다 자신은 역동적 등가를 중시하고 있었다. 종교인인 나이다는 포교를 위해서는 각 지역에서 번역한 성서가 자연스럽게 읽혀지고 이해되고 받아들일 수 있는 것이 필요하다고 생각한 것이다.

2. 중국 번역 역사와 불전 번역

1) 중국의 번역사(史)

중국에서의 번역 역사는 불전의 한역에서부터 시작된다. 중국에서는 지금까지 네 차례에 걸쳐 번역 절정기가 있었다. 그것은 ⑴ 후한부터 송나라 시대에 행해진 불전 번역 ⑵ 명나라 말기부터 청나라 초기의 과학 기술 번역 ⑶ 아편 전쟁 이후 5·4 운동까지의 서양학의 번역 ⑷ 1978년 이후부터 현재에 이르는 중국 개혁 개방 시대 이후의 번역을 말한다.

중국의 문학 작가이자 번역자인 전종서[36]는 '불전의 한어 번역이 시작됨에 따라 중국에 번역이론이 탄생했고 수 천 년 후에 서양 번역자가 직면하게 된 문제를 그 당시부터 제기했다'고 지적했다. 이와 같이 불전 한역이 행해진 당시부터 고대 중국에서는 의역과 직역의 문제나 수용화(受容化)와 이질화(異質化)[37]에 해당하는 문제 등이 논의되고 있었다.

2) 불전 번역

'불전'이란 인도에서 탄생한 석가들이 설파한 가르침을 말한다. 석가가 살아있을 무렵 그 가르침은 구전, 이른바 구술로 전달되어 제자가 암기하여 마음에 새기는 것으로 되어 있었다. 현존하는 불전은 제자가 구술로 암기하던 것을 석가 사후부터 문자로 쓴 기록이다.

서기 148년 후한 말기 시절 안세고(安世高)에 의한 범어(梵語) 불전이 처음 한어로 번역된 것이 불전 한역의 시초라고 불린다. 불전 한역은 그 중심적 존재의 역경승려[38]가 누구인지, 번역의 경향성, 사회적 콘텍스트 등에서 초창기(148-316), 발전기(317-617), 전성기(618-906), 종결기(954-1111)의 네 시기로 나누어진다.

초창기에는 외국인 승려에 의해 한역이 이루어짐에 따라 기점언어인 산스크리트어나 바리어의 구전 표현이 내용 중시, 질실(質實;질박하고 꾸밈이 없는)한 문체로 한역되었다. 이러한 문체로의 번역을 '질역'이라고 중국에서는 부른다.[39] 불전 번역 초창기의 중국에서 정치가는 이국으로부터 전해진 불교를 그다지 환영하지는 않았다. 불교나 그것을 전파하는 승려의 존재가 민중에게 받아들여짐으로써 새로운 세력이 생겨나 결과적으로 정치가의 지위가 위태로워질 것을 염려한 것으로 보인다. 그 때문에 당시 사회에서 이미 받아들여졌던 도교나 유교의 개념, 혹은 모국어인 한어를 응용하여 번역을 시행했다고 한다. 그 후의 발전기는 불교 사회로 서서히 받아들여지고 통치자의 비호도 받던 시대였다. 통치자가 번역의 장을 마련하고

---

[36] 중화민국 시대의 중국에서 제1차 세계대전 후의 1919년에 개최된 강화회의에서 체결된 조약(베르사유 조약)의 내용에 불만을 품은 학생들을 중심으로 일어난 반일(反日), 반제국주의(反帝國主義) 혁명 운동이다.

[37] 수용화와 이질화는 흔히 언급되는 자국화와 이국화의 개념으로 볼 수 있다. -역자주

[38] 역경중은 불전의 번역에 종사하는 승려를 가리키는 것으로 역중이라고도 불린다.

[39] 바리어: '팔리어[Pali language]'라고도 하고 소승불교 경전에 쓰인 종교 언어로 인도 북부에 기원을 둔 중세 인도아리아어이다.
질역: 불교경전의 의미를 아름답게 꾸미지 않고 충실하게 번역하는 것을 가리킨다. -역자주

번역활동에 참여할 승려를 모집하고 선발하여 불전번역에 종사하게 했다.

발전기의 중심적 역경 승려로서는 도안(道安)(314-385), 그리고 쿠마라지바(344-413)를 들 수 있다. 도안은 불전의 한역을 행하는 데 있어서 규범이 되는 '오실본(五失本), 삼불역(三不易)'을 주장했다. 오실본이란 범어의 불전을 한역할 때 원문의 형태를 잃게 되는 다섯 가지 사례, 삼불역이란 원문의 뜻을 전하기 위해 바꾸지 말아야 할 세 가지 요소를 말한다.[40]

이는 후에 도안의 초청으로 장안에 입성한 쿠마라지바의 불전 한역에 영향을 미쳤다고 한다. 쿠마라지바는 전성기에 활약한 현장(玄奘)(600-664)과 더불어 2대 역경승려로서 공을 세운 인물이지만 쿠마라지바는 위에서 기술한 질역과는 반대로, 목표 언어의 전아함(문아)을 중시하며, 일반인에게 알기 쉽고 받아들이기 쉬운 한역을 실시했다. 그 후, 전성기에 접어들면서 불전 번역은 당시의 통치자의 극진한 비호를 받으며 더욱 성행해갔다. 이 시대에 활약한 역승의 대표로서 언종(557-610)과 현장을 들 수 있다. 현장은 삼장법사로 불리며 불교 원전을 구하러 서역에[41] 가서 대량의 원전을 가지고 돌아와서 19년의 세월에 걸쳐 번역한 역경 승려이다. 현장은 신비한 것이나 개념 자체가 존재하지 않는 것, 특히 중요한 불교 용어 등의 범어는 무리하게 한역하지 말고 음역해야 한다고 주장하면서 그때까지 유고·도교 등의 용어를 사용해 한역 되던 불교 용어를 시정했다.

3) 불전 번역에서 보는 중국 번역의 경향

당시 역경승려의 번역은 서민에게 불교가 뿌리 내릴 토대가 없는 시대에 주로 직역법으로 번역이 되었고 그 후 번역문이 난해하여 백성들이 받아들이기 어렵다는 것을 알게 되자 받아들여지기 쉬운 한어의 언어습관에 기댄 의역법이 시행되었다. 이와 같이 번역의 원칙은 그 시대의 필요성과 번역된 불전 수용자의 반응에 좌우되는 형태로 여러 가지 논란이 생겨났고, 때로는 질파(원문·내용 중시) 그리고 어떨 때는 문파(역문·문체중시)로 변화를 계속해 나갔다. 이를 통해 현대의 번역을 둘러싼 직역과 의역 문제, 기점언어 중시냐 목표언어 중시냐 하는 논의는 서양과 마찬가지로 고대 중국에서 이미 이루어졌음을 알 수 있다.

그 후 중국의 불전 번역은 석가의 뜻을 얼마나 올바르게 전달하는가를 강조하면서 백성들에게 보다 알기 쉽게 전달하는 데 중점을 두게 되었고 최종적으로 '문아한 문체'로 하면서 가르침을 실수 없이 전달하는 번역이라는 이상을 지향하게 되었다.

[40] 삼불역(三不易)에는 몇 가지 해석 견해가 존재한다. 王(2006)와 橫超(1983), 北村(2008)는 세 가지의 '바꾸면 안되는 것'으로 해석하지만, 馬(2006)는 '번역 작업이 쉽지 않은 것'이라는 해석에 기초한 이론을 전개하고 있다.

[41] 중국의 서쪽에 있던 여러 나라를 통틀어 이르는 말. 넓게는 중앙아시아, 서부아시아, 인도를 포함하는 영역을 지칭하고, 좁게는 동투르키스탄의 타림 분지 영역을 지칭하지만, 현재는 주로 중앙아시아를 지칭한다.

제3부
사회에서의 번역과 통역

도입

통·번역에 관한 것들을 연구할 때 직업으로서의 번역과 통역, 또한 번역이나 통역을 실천하고 있는 사람들의 상황에 관심을 기울이는 것은 중요하다. 통·번역이라는 일을 관찰하고, 왜 통·번역이 필요한지, 누가 어떻게 통·번역을 실행하고 있는지를 생각하면 현대 사회의 다양한 측면이 떠오른다.

번역에는 문학이나 논픽션 등의 이른바 출판 번역뿐만 아니라 기술 번역, 뉴스 번역, 자막 번역 등 다양한 영역이 있다. 어떤 분야에서 번역이 필요하다고 여겨지는지, 어느 언어에서 한국어로, 또 한국어에서 어느 언어로 번역되는 경우가 많은지, 누가 번역을 의뢰하고 누가 번역을 하는지, 기계 번역은 얼마나 이용되고 있는지, 인터넷상의 자원봉사 번역은 누가, 왜, 어떻게 하고 있는지 등에 주목하면 거기에는 세계화의 현황, 테크놀로지의 진전, 인터넷 문화를 이해하기 위한 힌트나 정보가 넘쳐나고 있다. 또 통역에 있어서도 국제회의나 비즈니스 교섭뿐만이 아니라 경찰서나 법정에서의 통역, 의료나 복지 서비스에서의 통역 등 다양한 통역 현장이 있다. 그러한 상황을 조사해 보면 세계 경제, 외교, 분쟁, 사람의 이동, 다문화 다언어가 공생하는 지역사회 등을 새로운 시각에서 재조망하는 계기가 될지도 모른다.

제3부에서는 통·번역의 다양한 영역과 실천, 직업으로서의 통·번역, 또 번역자·통역자의 역할, 능력, 양성 등에 초점을 맞추고 사회에서의 통·번역이라는 직업과 번역자·통역자의 실제 상황에 대해서 소개하기로 한다.

Ⅳ. 번역/통역자의 역할

1. 번역자의 역할

1) 번역자의 역할

번역자의 역할은 기점 언어에서 목표 언어의 텍스트로 변환하는 것이다. 이것은 통역과 동일하지만 번역의 경우는 문자 언어로 쓰인 말을 바꾸는 것이다. 문자 언어는 통역을 대상으로 하는 말과 달리, 바로 사라지지 않고 기점 언어도 목표 언어도 기록으로 남는다. 번역자에게 부과되는 역할에서 통역자와 근본적으로 다른 점은 독자가 목표 텍스트를 몇 번이나 반복해서 읽는 듯한 상황을 가정하고 번역을 한다는 점일 것이다.

기점 언어에서 목표 언어로 텍스트를 변환하는 행위를 좀 더 생각해 보기로 한다. 번역자의 역할은 기점 언어로 쓰인 '내용'을 독자들에게 목표 언어로 전달하는 것으로 알려져 있다. 하지만 '내용을 독자에게 전달한다'고 해도 보통 수단으로는 되지 않는다. 번역은 단순한 언어적 치환만이 아니라 기점과 목표의 두 언어에 관련된 문화적 요소, 텍스트의 종류, 번역의 목적 등 다양한 요소를 고려할 필요가 있다. 구체적인 예를 생각해 보기로 하자.

2) 내용을 독자들에게 전달하는 것의 복잡함

'resolutionary'라는 단어를 사용하고 있는 광고 문구가 있다. 이것은 'resolution'(화면의 해상도)과 'revolutionary'(혁명적)를 조합한 조어이다. 신형 태블릿 단말기가 '해상도가 선명하고 화면이 아름답게 보이게 하는 혁명적인 기술 진화에 있다'는 의미인데, 광고이기 때문에 조어를 사용해서 혁명적인 기술 진화의 이미지를 독자에게 전하고 싶은 것이다. 여기에서 번역자의 역할이 요구된다. 어떻게 번역해야 하는가 하는 판단은 무엇을 위해 번역할 것인가 하는 목적, 어떤 분야의 번역인가, 텍스트의 종류, 번역 규범과 같은 많은 요소를 바탕으로 결정된다. 위의 예가 문학분야에서 소설이라면 역문에 주석을 붙여 설명하는 것이 가능할 것이다. 기술번역 분야라면 영어 그대로 할 수도 있다. 하지만 광고 분야 문구의 번역이라면 주석을 달거나 영어 그대로 할 수는 없.

독자에게 호소할 수 있는 알기 쉬운 일본어로 번역할 필요가 있다. 이 사례는 최종적으로 '눈에 띄게 혁명적'이라고 번역되었다. 광고임을 생각하면 사람들의 이목을 끌기 쉬운 문구라는 번역의 목적은 달성되었다고 할 수 있다. 이렇게 '내용을 독자에게 전달하기' 위해서 여러 가지 조건을 감안해서 번역 과제를 해결하는 것이 바로 번역자의 중심 역할이다.

3) 산업 번역자의 역할

번역자의 역할을 생각할 때 피할 수 없는 것은 분야의 차이다. 문학의 번역과 산업/기술 번역에서는 번역자의 역할이 상당히 다르다. 정보기술 분야에서는 용어집이나 매뉴얼(안내서)이 번역자에게 지급되는 일도 드물지 않다. 'FAX'의 번역어는 'ファクス(팍스)'가 옳고 'ファックス(팍쿠스)'라는 기재는 잘못이라고 쓰여 있다. 이런 조건 하에서는 독창적인 번역이 받아들여지는 것이 아니라 가능한 한 규칙에 따른 번역을 하는 것이 번역자를 평가하는 데까지 이어진다. 또한 번역료, 납기일 등의 요소도 번역자가 고려해야 할 역할의 일부이다. 영일 번역자는 하루에 2000단어를 번역할 수 있다고 하지만 4500단어를 번역하는 번역자도 있다. 급한 고객에게는 속도가 빠른 번역자에 대한 만족도가 높아진다. 이상과 같은 상황을 포괄적으로 이해하고 항상 고객의 요구에 맞는 번역을 제공하는 것이 산업 번역자의 역할이 된다.

4) 변화되는 언어, 이질화

번역(번역자)에는 목표 문화·언어에 새로운 개념이나 변화를 주는 역할도 있다. 메이지 시대에는 번역을 통해 새로운 개념이 소개되고 일본어도 그 영향을 받았다. 그 예로 인물을 나타내는 '그녀', '그'라는 대명사는 당시 일본어의 언어적 관습에서는 위화감이 있었다. 그러나 문학작품의 번역에 사용되면서 일본어로 받아들여지게 되어, 결과적으로는 번역의 문체가 일본어 자체를 변화시키는 계기가 되었다고 생각된다.

문화 차이에 대한 인식을 높이기 위해 원문의 이질성을 일부러 전면에 내세우는 번역전략도 있다. '이질화'는 '가독성'을 희생해서라도 원문의 이질성을 남기고 번역하는 것으로 생각된다.[1] 목표 언어의 사회에 변화나 깨달음을 촉진하고자 하는 것도 번역자의 역할 중 하나로 여겨진다.

[1] Venuti, L.(1995). The Translator's Invisibility: A History of Translation. London : Routledge, pp.4, 20.
슐라이어마허(Schleiermacher, F.)의 번역이론을 기반으로 발전한 개념이다.

5) 앞으로의 번역자 역할

이러한 번역자의 역할도 산업 번역 분야에서는 기계 번역의 대두로 변화하고 있다. 기계 번역의 성능이 비약적으로 향상되면서 번역자는 기계 번역을 수정하는 포스트 에디터로 역할이 옮겨가고 있다. 번역자가 처음부터 번역하는 것이 아니라 기계로 번역한 것을 다시 보는 '교정자' 같은 역할로 바뀌고 있는 것이다. 이는 번역이 편해진다는 기술적 이점이 있지만 원래 '번역자'의 역할이란 무엇인가, 편집자나 교정자와의 차이점은 무엇인가 하는 물음이 생기기도 한다.

2. 통역자의 역할

1) 통역자의 역할이란

번역자 역할에 이어 이제 통역자 역할에 대해 생각해 보기로 하자. 통역 연구자인 세레스코비치 시절에는 '통역자'와 '번역자'의 차이는 '번역은 쓰인 문장을 써서 번역하는 것이며 통역은 다른 사람이 말하는 것을 구두의 메시지로 바꾸는 것'이었다. 요즘은 '통역'에 '음성통역'뿐만 아니라 '수화통역'도 넣기 때문에 통역이란, '음성이든 수화든, 다른 사람이 말하는 것을 구어의 메시지로 번역하는 것'이다'가 된다.[2] 화자의 메시지를 듣고 그 의미를 순간적으로 이해하고 내용을 분석·해석하고 말하는 사람의 의도를 즉석에서 다른 언어인 목표언어로 재생산해서 듣는 사람에게 전달하는 것이 통역자의 역할이다. 그러나 언어의 배경에는 반드시 문화가 있다. 그렇기 때문에 언어적인 차이나 문화적 차이 그리고 메시지가 언급된 상황(콘텍스트)도 고려해서 정확하게 번역해 전달하는 것이 이(異)문화 커뮤니케이션에서 통역자가 본래 완수해야 할 역할이라고 할 수 있다.

세계화에 의해 국제 교류화가 진전되는 오늘날 통역자가 활약하는 분야는 점차 확대되고 있다. 최근에는 국제회의, 방송을 시작으로 다양한 장소에서 영어 이외의 언어 수요도 증가하고 있으며 다양한 업종의 비즈니스 통역이나 사내 통역, 관공서 각 기관에서의 통역, 사법·법정 통역, 의료 분야 등의 커뮤니티 통역, 통역 가이드라고 불리는 통역 안내사 등, 통역자가 활약하는 장소나 형태도 다방면에 걸치고 있다. 그러나 실제로 통역자를 필요로 하는 사람들 중에는 통역자의 역할에 대해 '언어를 전환하는 것이 통역이기 때문에 두 가지 언어가 가능하면 누구라도 통역할 수 있다'라는 잘못된 인식을 갖고 있는 경우가 적지 않다. '통역자의 역할'이라고 하는 주제는 커뮤니티 통역의 대두와 함께 통역 연구에 대해 주요한 주제 중 하나가 되고 있다.[3] 의료 등에 관련되는 커뮤니티 통역자는 '아무것도 빼지 않고, 아무것도 더하지 않는다'가 원칙이라고 인식되고 있지만 실제 현장에서는 통역자가 문화적 중개자로서의 역할을 맡게 되는 상황을 많이 볼 수 있다. 또한 교섭이나 회의 등의 통역 현장에서도 통역자는 언어 안에 존재하는 문화적 차이를 고려해 때로는 중개자 혹은 적극적 개입자로서의 역할을 완수하는 것이 최근의 연구에서 보고되고 있다.

이는 통역자가 자신의 위치와 통역의 목적, 그 자리의 상황 등을 고려하면서 번역에 임하고 있음을 보여준다. 통역이란 단순히 언어의 전환이 아니다. 언어만 고려한다면 적절한 번역을 할 수 없다. 하지만 통역자는 자신의 판단으로 문화적 차이를 번역에 반영하는 경우는 있어도 화자의 의도를 뒤집을 만큼의 번역을 할 재량은 주어지지 않는다. 통역자는 어디까지나 발언자와 혼연일체가 되어야 하는 사명이 있

[2] Seleskovitch, D. (1968). L'interprèete dans les confèrences internationales: problèmes de langage et de communication. Paris: Lettres modernes/ベルジュロ伊藤宏美 訳 (2009). 『会議通訳者 国際会議における通訳』. 研究社, pp.4
정호정 옮김(2002). 『국제회의 통역에의 초대』. 한국문화사.

[3] Pochhacke, F.(2004). Introducing Interpreting Studies. London; New York: Routledge.
鳥飼玖美子 監訳(2008). 『通訳学入門』. みすず書房, pp.177.
이연향·한미선·오미형 옮김(2009). 『통역학 입문』. 이화여자대학교 출판부.

으므로 통역을 하고 있을 때에는 반드시 일인칭 '나'를 사용한다.[4] 그것은 통역자 자신이 아니라 발언자를 가리키는 것이다.

[4] 통역을 할 때 통역자가 발언자를 가리키는 '나'는 영어로는, the alien I'라고 부른다. 자기 자신은 아니지만 '나'라고 말하는 것이다.

2) 통역자의 역할과 규범

발언자와 혼연일체가 되는 통역자의 역할을 나타내는 비유로서 '흑의'나 '눈에 보이지 않는 투명 인간' 등이 사용되어 왔다. 그런데 현실에서는 발화의 '해석', '전환', '재현'이라는 통역 행위는 통역자 자신이 자신의 가치 판단을 통해 행하는 행위이다. 통역자가 완전히 자아를 버리는 일은 없다.

동시에 통역자는 '이 경우의 통역은 이래야 한다', '이렇게 번역해서는 안 된다'는 규범을 가지고 있다. 이것이 '통역 규범'이라 불리는 것이다. 오럴 히스토리(oral history)접근으로[5] 통역자의 역할을 분석한 연구에서는 통역자는 흑의여야 한다는 규범을 가지면서도 '통역 현장에서는 이(異)문화 커뮤니케이션에 없어서는 안 되는 존재로서 각각 자주적인 판단으로 역할을 결정하고 있다'고 한다. 즉, 통역자 자신이 주체적으로 판단해 그 자리에서의 역할을 담당하고 있는 것으로 밝혀졌다. 그러한 '역할'을 결정하는 자주적인 판단 기준이 '규범'이며, 규범이 있기 때문에 그 자리에서의 역할을 완수하는 것이 가능하게 된다고 말할 수 있다. 이와 같이 통역자의 역할과 규범은 밀접하게 관련되어 있는 것이다.

[5] 구술 역사 또는 구술사는 음성 녹음, 비디오 촬영, 일정한 형식으로 진행되는 인터뷰의 수단을 통해 개인, 가족, 중요한 사건, 혹은 일상에 대한 역사적 사실을 수집하고 연구하는 학문이다. -역자주

이러한 규범은 통역 방식, 대상이 되는 업종, 통역하는 내용이나 장면에 따라서도 다르다. 문화적 요소가 유입될 여지가 넓은 커뮤니티 통역의 분야에서는 통역자가 주체성을 발휘해 대화를 잇는 역할을 할 것이라고 기대하고 있고 통역자도 그 기대에 응하고자 한다. 이것은 커뮤니티 통역의 경우 통역을 필요로 하는 사람이 사회적으로 약한 입장에 놓여 있는 경우가 많기 때문이다.

한편, 회의 통역 등 참가자에게 권력 격차가 없고 일정한 공통 인식이 있는 자리는 어떨까? 앞에서 기술한 역할 연구에서는 '통역자는 흑의로서의 역할을 완수하는 가운데 공감과 정열 그리고 강한 의지와 통찰에 의지해 자신의 판단으로 자립적 창조성이 풍부한 결정을 내리고 있다'라고 결론짓고 있다. 회의 통역자도 모든 통역 현장에서 자신에게 향하는 기대를 이해해서 그 자리에 어울리는 통역의 역할을 완수하기 위해서 규범에 준거한 번역 행위에 임하고 있다. 사회에서 통역 행위의 이해를 깊게 하기 위해서도 통역에 종사하는 통역자의 역할 연구가 향후 한층 더 진전을 이룰 것을 기대해 마지 않는다.

3. 번역자, 통역자의 윤리 규정

1) 직무 윤리 규정

직무 윤리 규정이란 직무에 있어서 적절한 행동을 하기 위한 지침이다. 전문직의 직능단체가 윤리 규정을 만들어 따를 것을 구성원들에게 요구하는 것은 직무의 질을 유지하고 사회적인 신용을 얻으며 전문직으로서의 지위를 지키기 위한 것이다.

전 세계 번역자·통역자 단체도 윤리 규정을 정하고 있으며 구성원이 규정을 지키도록 연수 및 계몽 활동을 실시하고 있다. 또 미국의 사법 통역 제도에서는 필기 및 통역 기능의 시험에 합격한 후 연방정부나 주(州)에서 실시하는 사법 통역 윤리 규정의 연수를 마쳐야 자격을 인정해주기도 한다. 번역자·통역자의 윤리 규정은 다양하며 지역이나 분야에 따라 포함되는 항목이 다르고 같은 항목이라도 다른 지침이 제시될 수 있다. '정확성'이나 '중립성'이 그 예이다. 한편 '비밀 보호 의무'는 거의 모든 번역자·통역자 윤리 규정에 공통되는 항목이다.

2) 비밀 보호 의무

번역자, 통역자를 대상으로 한 윤리 규정으로 구두·수화·문서 또 회의·사법·의료를 불문하고 반드시 포함되는 것이 비밀 보호 의무이다. 이는 통·번역자가 직무상 알게 된 정보를 다른 사람에게 누설해서는 안 된다는 것이다. 하지만 고객이 동의하거나 법적으로 정보 제출을 요구하는 경우는 예외로 취급한다는 규정과 의료 통역에서 필요할 경우 의사나 간호사 등 의료종사자 팀에 대해서만은 환자의 정보를 전달해도 된다는 규정을 가지고 있다.

3) 정확성

번역의 '정확성'은 번역자·통역자의 윤리 규정에 당연히 포함되어야 한다고 생각하는 사람이 있을지도 모른다. 실제로 많은 윤리 규정에는 '정확성'이 포함되어 있다. 특히 사법 통역자의 윤리 규정에는 '정확성'이 명기되어 있어 그것이 의미하는 것의 설명도 일반적이다.

예를 들어 미국 사법 통역자 협회의 윤리 규정에 따르면 사법 통역자들은 목표 언어의 구문과 언어 사용의 관습을 존중하면서도 원 발언의 모든 요소를 유지함으로써 원 발언을 충실히 번역해야 한다고 되어 있다. 그리고 생략, 설명, 부가, 요약은 허용되지 않으며 원발언의 웅얼거림이나 반복 또 스타일이나 톤도 유지해야 한다는 것이다. '통역자의 번역이 그대로 기록되어, 그것이 증거로 채택될 가능성이 있는 사법 현장에서는 엄밀한 '정확성'이 필요하다고 생각하는 것이다.

한편 국제 회의 통역자 협회(AIIC)의 윤리 규정은 '정확성'을 건드리고 있지 않다. 즉시성 등 다양한 제약이 있는 동시통역에서는 '단어 하나 하나'의 번역이 어렵다. 일반적으로 '듣기 쉬움', '주요 메시지 전달', '이야기의 논리적인 흐름'이 중요시되어 '편집'이 허락된다. 또한 AIIC 회원은 세계의 다양한 현장에서 일을 하고 있다. 그러므로 사법 통역에서 요구되는 '정확성'의 달성을 회원에게 의무화 할 수 없다고 판단하는 것일지도 모른다.

4) 공평성, 중립성, 이익 상충의 회피

직무상 관계되는 커뮤니케이션의 참가자에 대해서 공평·중립할 것, 또 참가자의 누구와도 이익의 충돌이 없을 것, 등 번역자·통역자에게 요구하는 윤리 규정이 많다. 이것들은 특히 사법 통역, 일부의 의료 통역의 단체에서 강조되고 있는 점이다. 그러나 앞서 말한 AIIC의 윤리 규정에서는 이 항목들을 언급하고 있지 않다. 부스 내에서 동시통역을 하는 일이 많은 회의 통역자는 사법 통역이나 의료 통역의 현장과 달리 당사자와 대면해서 주고받는 통역이 적어서 공평성이나 중립성이 주요한 과제가 되는 것은 적다고 생각하고 있는지도 모른다.

한편 수화통역자, 의료통역자의 단체 중에는 청각장애인이나 환자의 권리를 옹호하는 역할을 통역자에게 요구하는 윤리 규정을 마련하고 있는 곳이 있다. 통역자가 번역으로 일관하는 것이 아니라, 청각장애인이나 환자를 대신하여 설명이나 의견·요구를 말하는 것의 옳고 그름에 대해서는 의견이 분분하다.

5) 일본에서의 번역자 및 통역자 윤리 규정

일본의 번역자·통역자 단체에서 윤리 규정을 내세우는 곳은 많지 않다. 통번역 회사가 그러한 단체의 참여자인 경우, 기업 측과 번역자·통역자와의 이익이 완전히 일치한다고는 할 수 없기 때문에 양자가 공동으로 윤리 규정을 작성하기가 어려울 수도 있다. 현재 윤리 규정이 설정되어 있는 것은 전문직으로서의 사명감이 강하고 사회적 인지를 적극적으로 요구하고 있는 단체나 환자와 의사, 청각장애인과 비장애인 등, 불균형한 역학관계가 존재하는 현장에서 일하는 통역자가 관련되어 있는 단체가 중심이 되고 있다.

예를 들면, 수화 통역자, 통역 안내사의 단체 등에서 비밀 보호 의무, 프로다운 행동의 의무, 자기 연구의 의무 등이 정해져 있다. 또 의료 통역자 관계의 단체가 2010

년에 공동 작성한 '의료 통역 공통 기준' 안에는 윤리기준의 설명이 포함되어 기본적인 인권의 존중, 중립·객관성, 정확성 등이 나타나 있다.

사법 통역자의 윤리 규정은 일본 통역 학회(현 일본통역 번역학회)의 커뮤니티 통역 분과회가 2005년에 '사법 통역 윤리 원칙(안)'을 제안했지만 실제로 사법 통역 관련 단체가 이 방안을 검토했으나 적용에는 이르지 못했다.

4. 투명성, 중립성

1) 통역자는 보이지 않는 존재인가

통·번역학 영역에서 사회학적인 접근으로 통역자, 번역자의 역할이나 규범 의식의 연구가 활발해지고 있다. 오럴 히스토리 연구에서는 일본의 외교·회의 통역자들이 '통역자는 보이지 않는 존재'라는 의식을 가지고 있지만 통역자들의 통역에는 표현의 차이가 있다든지, 발화의 뉘앙스를 바꾸어 통역하는 등, 커뮤니케이션을 원활히 하는 역할을 하는 것으로 나타나고 있다.

통역자가 반드시 자신이 생각하는 만큼 중립적인 입장에서 번역에 임하고 있다고는 할 수 없다. 서구를 중심으로 회의, 법정, 의료라는 세 종류의 통역 분야를 조사한 연구에서는 의료 통역자는 자신을 투명한 존재라고 생각하지 않는 것에 반해, 법정 통역자나 회의 통역자는 자신을 '투명한 존재'라고 평가하는 것이 보고되고 있다. 앞에서 언급한 것처럼 AIIC 등 국제적인 통역자 단체의 직무 규정에서는 통역한 내용을 외부에 말하지 않는다는 비밀 보호 의무에 대해서는 주의하고 있지만 투명성(보이지 않는다는 '불가시성')이나 중립성에 대한 언급은 없다. 그런데도 통역자 자신은 자신의 역할을 나타내는 말로서 '투명', '중립'을 이용하는 것이 많이 있다. 이전에는 국제회의에서 통역이 핵심적인 위치를 차지하고 있어 회의 통역자는 동시통역 부스라고 하는 청중이 안 보이는 장소에서 일을 하는 존재였던 것이 영향을 주고 있다는 설명도 있다. 그러나 앞에서 기술한 역할 연구에서 지적했듯이 실제 회의통역은 동시통역뿐만 아니라 외교 등에서 대화 장면의 통역도 하고 통역현장에서 동료나 선배의 통역을 보고 배우게 되어 '투명하고 중립'이라는 규범을 형성했다고도 볼 수 있다.[6]

[6] 鳥飼玖美子는 투리(Toury)의 규범 연구(2005)를 언급하면서 자신의 견해를 전개하고 있다.
Toury, G.(1995). Descriptive Translation Studies and Beyond. Amsterdam: John Benjamins 참조

[7] 일본 법정에서는 선서한 후에 통역을 하는 통역자를 '법정 통역인'이라고 한다.

2) 근래의 연구 동향에서 보는 통역자의 투명성·중립성

최근에는 통역자의 역할 연구가 전 세계적으로도 진전되고 특히 커뮤니티 통역이라는 영역이 인식되면서 통역 행위는 이(異) 문화 커뮤니케이션에서의 상호행위라는 인식이 확립되고 있다.

법정이라는 상호 행위의 장소에서 통역에 종사하는 법정 통역자의[7] 역할에 관한 연구도 해외에서 증가하고 있지만 일본의 연구에서도 재판소에서의 공판이라고 하는 특수한 대화에서 통역을 담당하는 법정 통역인의 복잡한 입장이 지적되고 있다. '투명한 존재로 규정됨으로써 재판에서의 대화에서 발생하는 결과에 책임을 지지 않는 안전한 입장을 유지할 수 있지만 법정에서의 커뮤니케이션에서는 통역인

은 중립을 지키면서도 결코 투명하지 않고 주체적인 판단을 해야 하는 것도 현실이라는 분석이다.

또 중국에서는 이전에는 외교 기관이나 특정의 '단위(조직)'라고 불리는 근무처에서의 통역 업무에 종사하는 통역자가 중심이었지만 근래에는 취업 형태의 변화에 의해 프리랜서(자유 계약)로 일하는 통역자가 탄생하고 있다.

중국에서도 현재는 통역규범으로서 '중립'이나 '투명성'이라는 역할 의식이 언급될 정도로 되었지만 프리랜서 통역자라 하더라도 통역자 자신이 생각하는 '중립, 투명'이라는 규범에서 일탈하는 번역 행위를 의식적으로 혹은 무의식적으로 실시하고 있는 것이 연구결과로 제시되고 있다. 그러나 현역 통역자를 포함해 중국 사회 전체가 이러한 연구 결과를 알기까지는 역부족이어서 중국에서도 연구 심화가 기대되고 있다.

'투명', '중립'해야 한다고 하는 통역자의 규범 의식은 그 직종이나 입장에 따라 온도차가 있으며 향후 다문화·다언어 사회에서 통역자가 증가함에 따라 한층 더 변화해 갈 가능성을 내포하고 있다고 말할 수 있을 것이다.

3) 번역자의 투명성

번역자에 대해서는 투명성에 초점을 맞춰 생각해 보기로 하자. 통역자의 경우는 번역한 말을 수용하는 사람이 자신의 목소리를 듣고 표정을 볼 수 있지만 번역자는 대부분의 경우 번역한 말을 수용하는 사람이 얼굴이나 목소리를 보고 듣는 경우는 없다. 이 차이점에서 번역자 본인이 자신을 투명하게 여길지의 여부 이전에 목표 텍스트의 독자에게 번역자는 투명한 것이 아닌가, 다시 말하면 번역자의 존재나 직업은 충분히 인식되어 있지 않은 것이 아닌가 하는 점을 생각할 필요가 있다. 번역자가 아무리 머리를 써서 개성적인 번역을 해도 번역자의 이름이 목표 텍스트와 함께 기재되어 있지 않으면 읽는 사람은 누가 번역했는지 알 수 없고 그것이 번역된 텍스트라는 것을 알 수 없을지도 모른다.

예를 들어 컴퓨터 매뉴얼은 번역문인 경우가 많은데 읽을 때 번역자가 번역한 것이라고 강하게 의식하는 사람은 별로 없을 것이다. 보이지 않는(투명한 불가시의) 존재가 되고 있는, 즉 세상에 그 존재가 인식되지 않는 번역자가 많이 있는 것이다.

그와 같이 현실적으로 보이지 않는다고 하는 것 외에 번역자가 개입해 읽기 쉬운 번역문으로 번역하면 할수록 독자에게는 번역자의 존재가 안 보이게 된다는 패러독스(paradox역설)도 있다.[9]

Ⅴ 통역의 종류

1. 동시통역/순차통역 (위스퍼링 사이트 트랜스레이션)

1) 동시통역

　동시통역은 회의통역 현장에서 가장 많이 사용되는 통역방식이다. 통역은 '통역 부스'로 불리는 공간을 나눈 작은 방에서 음성 통신 장치를 통하여 헤드폰에서 들려오는 연설을 들으면서 3~10초 정도 늦게 번역을 실시하여 음성 통신 장치를 통하여 듣는 사람에게 전한다. '동시'통역으로 불리는 만큼 거의 '동시'로 통역되는데 통역자가 발언을 듣고 이해한 후 번역하기까지 약간의 시간적인 '간극'이 발생한다.

　통역 부스는 회의장에 임시 '부스'가 설치되는 경우도 있지만, 동시통역의 상설 회의장에서는 통역 부스가 회의장의 상층 후방이나 측면에 설치되어 있다. 통역자가 있는 부스에서는 작은 창을 통해 회의장이나 단상에 있는 사람들이 보이도록 설계되어 있거나, 혹은 모니터를 통해 확인할 수 있도록 되어 있다. 단상에 있는 사람이나 청중에게는 통역자의 존재가 안 보이는 것이 보통이다. 동시통역은 대개 하나의 언어에 2-3명의 통역자가 팀을 이루어 15~20분 단위로 교체하면서 실시한다. 통역하지 않는 통역자는 쉬는 것이 아니라 통역 누락이나 오역이 없도록 고유명사나 숫자를 메모하는 도움주기 등 부스 내의 통역자들은 공동으로 업무에 임하고 있다. 동시통역은 국제회의의 통역 방식으로 세계적으로 이용되어 왔지만 스카이프(Skype)등의 통신 시스템을 이용해 실시하는 원격 회의에서도 동시통역의 방식이 많이 이용되고 있다.

　유엔 총회와 정상 회의 등 2개 국어 이상의 다언어를 사용할 때에는 기점 언어를 다른 언어로 동시통역한 것을 다른 언어의 통역자가 듣고 목표 언어로 바꾸는 방식을 선택한다. 이것은 마치 바통을 넘겨주고 주자를 이어 가는 형식의 통역이기 때문에 '릴레이 통역'이라고 불린다. 일본에서도 다국어의 국제회의가 빈번하게 개최되고 있어 릴레이 통역도 자주 이용된다.

2) 순차 통역

　순차 통역이란 발언자가 어느 정도의 길이로 이야기한 것을 한 단락마다 차례차례 통역해 나가는 방식을 가리킨다. 통역자는 발언자의 이야기를 들으면서 의미를 이해하기 위해 노력하고 짧은 발화의 경우 메모를 하지 않고 기억하며 어느 정도 긴 발화라면 메모를 한 후 이야기의 단락을 기다려 번역하기 시작한다. 순차 통역에서는 한 단락마다의 분량이 길어지는 것이 많아 고도의 통역 기술이 요구된다. 들은 정보를 제대로 이해하는 분석력, 그리고 들은 내용을 유지하는 기억력, 기억을 환기시키기 위한 노트테이킹(메모쓰기) 기술이 필수이고 청중 앞에서 발언자들과 나란히 통역하기 때문에 프레젠테이션 능력도 빼놓을 수 없다. 원발언을 듣고 나서 번역하기 때문에 그 언어를 알고 있는 사람이 통역 내용을 체크하기도 한다. 동시통역보다 높은 완성도가 요구되어 '통역은 차례차례로 시작해서 차례차례로 끝난다' 라고까지 할 정도다. 순차 통역은 통역의 기본으로서 일대일의 대화 통역부터, 강연회나 전문가 회의, 기자 회견, 외교 교섭 등을 포함해 많은 상황에서 이용되고 있다.

3) 기타 통역 방식

'위스퍼링(whispering)'은 동시통역의 일종으로 통역을 필요로 하는 사람들이 한 명 내지 두 명 정도일 때 사용되는 통역 방식이다. 부스에 들어가지 않고 통역을 필요로 하는 사람 가까이에 위치해 청중의 귀에 속삭이는(whisper) 것처럼 통역하는 것이다. 경비 삭감을 위해 동시통역 부스를 준비하지 않고 간이 동시통역 설비를 이용해 위스퍼링 방식으로 회의를 실시하는 기업도 증가하고 있다 그러나 통역자에게는 외부로부터의 소리를 차단하는 장치가 없기 때문에 듣는 것에 에너지를 소비하게 되어 부스에서 실시하는 동시통역보다 피로가 심하고 정확도도 떨어지므로 장시간의 통역에는 적합하지 않다.

시역(sight translation)은 문자 그대로 눈으로 보고 통역하는 방식을 말한다.[8] 미리 준비된 원고를 발표자가 읽어 내려가는 것을 들으면서 통역자는 손에 있는 발언 원고를 눈으로 따라가면서 번역해 간다. 원고를 사전에 입수할 수 있으면 통역자는 만반의 준비를 할 수 있지만, 통역 직전에 동시통역 부스에 원고가 전달될 수도 있다. 이 경우 통역자는 눈으로 원고를 쫓아가면서 동시에 음성을 확인하는 동시통역을 해야하기 때문에 통역의 난이도는 보통 때보다 높아진다. 때로는 원고에 쓰여 있는 것과 다른 것을 발표자가 말하는 일이 있지만 이 경우는 원고가 아닌 실제로 발언자가 말하고 있는 발화를 중시하여 통역한다. 사전에 한 번 정도 원고를 훑어볼 시간이 있는 경우 동시 통역자는 원고의 문장에 의미의 단락마다 사선을 그어 시역을 실시한다. 영어와 일본어처럼 어순이 완전히 반대인 언어를 동시통역할 때에 사선으로 표시를 해 두면 내용 이해가 용이하기 때문이다. 이 방식이 응용되었는지 모르지만 일본의 영어 교육에서는 장문을 읽을 때 사선을 넣는 '슬러시 리딩(slash reading)'이라는 독해법이 등장하고 있는 것은 흥미로운 일이다.

[8] 시역이란 원천언어로 쓰인 텍스트를 눈으로 읽어가면서 목표언어로 구역하는 것이다. 예를 들어, 영어로 쓰인 텍스트를 눈으로 읽어 가면서 이해하고, 이해한 바를 한국어로 말하는 것이다. 통역연습을 위한 테크닉으로도 사용되는 시역은 정식으로 번역을 하기 전에 번역시 발생할 문제들을 예측해 보고 주어진 텍스트를 어느 정도로 명확하게 이해하였는지를 가늠해 볼 수 있게 한다. 한국어에서 외국어, 외국어에서 한국어 방향으로 모두 연습할 수 있으나, 초기에는 보다 쉬운 외국어 → 한국어 방향의 연습으로 시작하여 어느 정도 익숙해지고 나면 한국어 → 외국어 방향의 연습을 시작한다.
-역자주

2. 대화 통역/수화 통역

1) 다양한 통역

통역에는 다양한 분류 방법이 있다.9 언어 전달 방식으로 나누면 '음성 언어 통역(spoken language interpreting)'과 '수화 언어 통역(sign language/signed language interpreting)'이 있다. 전자는 음성에 의한 언어를 듣고 통역하는 것이고, 후자는 '청각장애인을 위한 통역'으로 알려져 있는 것이다. 또 통역은 국제적인 장소에서 다국간에 행해지는 일도 있고 사회 안에서 개인 간에 행해지는 일도 있다. 커뮤니케이션은 기본적으로 '상호 행위(interaction)'이지만, 예를 들면 국제 회의나 강연 등의 경우는 전문가가 특정의 주제에 대해 말하는 독화(모놀로그 monologue)를 동시 혹은 순차로 통역하는 것이 많다. 그에 대해 커뮤니티에서의 통역은 두 명의 개인 사이를 잇는 레이종 통역(liaison interpreting)이며, 대면 커뮤니케이션(face-to-face communication)에서의 대화(dialogue)가 중심이다.

2) 대화 통역

대화 통역은 영어로는 dialogue interpreting이라고 한다. 말 그대로 대화를 통역하는 것을 말한다. 대화 통역은 의료나 사법/법정 등에서의 양자 간의 대화이다. 병원의 진찰실에서 의사와 환자가 마주 보고 치료에 대해 이야기하거나 불법 입국자가 입국 관리 사무소에서 담당관으로부터 조사를 받거나 법정에서 검찰관의 질문에 증인이 대답하는 등 다양한 장소에서의 대화를 통역한다. 대화에서는 두 사람이 말하는 언어가 다를 뿐만 아니라 문화도 달라서 그것이 서로의 대화에 큰 영향을 준다. 법정에서의 통역인은 말하는 것을 번역하는 데에 집중하기 때문에 문화적 설명은 하지 않지만 언어 그 자체가 문화인 것을 생각하면 언어에서 문화를 분리하는 것은 불가능하다. 미국의 의료통역은 cultural clarifier(문화적 설명자)라는 용어를 사용하여 문화적인 설명을 덧붙일 필요성을 명확히 인정하고 있다.10

통역이라는 행위는 단순한 언어의 변환이 아니다. '대화 통역'의 경우는 특히 그 점이 첨예화된다. 대인 커뮤니케이션에서 상호 행위나 이문화 커뮤니케이션에 대한 깊은 이해력을 구할 수 있고 대화에 참가하고 있는 두 사람의 관계성을 근거로 해서 상호 행위로서의 담화를 이(異) 언어 간에 어떻게 조정하는가 등에 대해서 전문적인 식견이 필요하다고 말할 수 있다.

---

[9] 통역 방식으로 보면 '동시통역(simultaneous interpreting)'과 순차 통역(consecutive interpreting)' 등으로 분류된다.
본서 '동시통역/순차 통역(위스퍼링/시역)'(pp34-35) 참조
또한 제3부를 읽어 나가면 다양한 통역 방식이 있는 것을 알 수 있다.

[10] "[i]nterpreters play a critical role in identifying cultural issues and considering how and when to move to a cultural clarifier role" (California Healthcare Interpreters Association, 2002: 11, em phasis in original).

3) 수화 통역

'수화 언어'는 독자적인 문법 체계를 가지는 청각장애인의 모국어이다. '수화언어'와 '음성언어' 사이에 행해지는 통역이 일반적인 의미에서의 '수화 통역'이다.[11] 동시 통역과 마찬가지로 입력(in put)과 동시에 출력(out put)하는 방식으로 진행된다. 수화가 언어이며 수화를 사용해 커뮤니케이션을 도모할 권리와 수화통역을 통해 사회 참가를 도모할 권리가 보장되어야 한다는 것은 세계적으로 인지되어 있다.

유엔의 장애인 권리 협약(2006년 12월 채택)에는 "언어에는 음성 언어와 수화 언어 기타가 포함된다"라고 명기되어 있다. 일본에서는 오랫동안 청각장애인이나 노인에게 의사소통 수단은 상대의 입이나 입술의 움직임을 보고 말을 이해하는 '독진(読唇)', '독화(読話)' 그리고 구어로 말하는 훈련을 한다는 '구화(口話)'가 주류였지만 점차 청각 장애의 문화적 정체성을 표현하는 모어로서 수화가 이해되어 '언어(수화를 포함)'로 규정한 장애인 기본 법안이 2011년에 제정되어 수화 언어성을 인정하는 법률이 생겼다.

최근에는 일본에서도 수화 통역이 다양한 장소에서 도입되고 있지만 해외에서는 청각장애인 학생이 수업을 받기 위한 법률이 정비되어 있는 나라도 있어서 '교육 통역'은 수화 통역 중에서 큰 위치를 차지하고 있다. 미국에서는 1970년에 법제화되어 초중고, 전문대, 대학 등 교육의 장에서 수화 통역이 활용되고 있다.

일본에서 수화 통역은 복지 분야에서 다루어져 후생 노동성은 '수화 통역자'를 '수화 통역자 기능 인정 시험(수화 통역자 시험)에 합격해서 수화 통역자로서 등록한 사람이며 수화를 이용해 청각 장애자와 청각 장애를 가지지 않는 사람과의 커뮤니케이션의 중개·전달 등을 도모하는 것을 업으로 하는 사람'이라고 규정하고 있다. 2013년 현재 수화 통역자로 등록된 사람은 3068명이다.

향후 과제로서 수화 통역자 양성, 대우 개선 등에 더해 수화가 복지의 분야에서만 취급되는 것에 대한 시비도 있다. 동일본 대지진에서는 해일 경보나 피난 권고 등을 청각장애인들은 들을 수 없었다. 재해나 원자력 발전 사고 시에 정부가 설명한 수화 통역이 텔레비전 방송에서는 화면에 나오지 않아서 청각장애인은 내용을 몰랐다는 일도 있어서 개선책이 필요했다. 또, 청각장애아동의 첫 언어는 일본 수화이며 대응 수화나 손가락 글씨(손가락을 이용하고 가나 문자를 나타내는 지화법)를 아이는 모르므로 이중언어 교육이[12] 시도되었고 2008년에 수화로 수업을 하는 일본 최초의 사립 학교가 탄생했다.

[11] 별도로, 개별 음성 언어의 문법에 대응하는 수화 코드의 변환도 행해지고 있어, 「transliteration (대응)수화 변환」이라고 불린다. 예를 들면, 일본어에 대응하고 있는 「일본어 대응 수화」의 경우는 「일본어 대응 수화 변환」이 된다.

[12] 세계농아인연맹(World Federation of the Deaf, WFD) 은 청각 장애 아동은 '수화와 음성·문자 언어를 구사할 수 있도록 교육을 받아야 된다'고 주장한다.

Ⅵ. 직업으로서의 통역

1. 회의 통역

1) 회의 통역이란

최근 텔레비전 뉴스 프로그램에서 국제회의의 모습이 소개되는 일이 있다. 그때 무대 위에서의 모습과 함께 청중(참가자)이 이어폰을 통해 동시통역의 음성을 듣는 장면이 나온다. 이러한 국제회의나 외교 교섭 등 전문성이 높은 순차 통역, 동시통역의 총칭을 회의 통역이라고 한다. 회의 통역은 통역 업무 중에서 가장 난이도가 높다고 여겨져 통역 형태로서 동시통역 외에도 장문 순차 통역, 시역(視譯) 등 고도의 통역 기술을 이용한다. 일반적으로 회의 통역자들은 등록된 에이전트의 의뢰를 받아 통역 업무를 한다.

2) 회의 통역자의 임무

일반적인 통역도 마찬가지이지만 통역을 실시하는 데 있어서 가장 중요한 작업은 준비이다. 얼마나 준비했느냐에 따라 당일 통역 여부가 크게 좌우된다. 그 때문에 특히 회의 통역은 업무 의뢰를 받았을 때부터 준비 작업이 시작된다.

에이전트로부터 의뢰를 받으면 일정, 통역을 필요로 하는 고객(클라이언트), 취급하는 주제나 통역 방식(동시통역인지 순차 통역인지)을 확인해서 문제가 없으면 통역을 맡는다. 회의의 주제에 관련된 참고서, 논문 등의 문헌을 읽어서 그 분야의 대략적인 내용이나 동향을 파악하는 등 기초 지식의 습득부터 시작한다.

인터넷에서 업계, 강연자, 주최 단체의 정보를 검색해서 전문 사전이나 검색 엔진 등을 활용하여 자기 나름의 번역에 대비해서 용어집을 작성한다. 당일 발표 자료가 도착하는 대로 대충 훑어보면서 발표나 강연의 내용과 구성을 파악하고 고유명사나 전문용어, 업계 용어 등의 역어를 재확인하여 직접 용어집을 구성하는 것이다. 발표자가 읽을 원고를 사전에 입수할 수 있으면, 시역 연습을 하고, 미리 번역해 두는 경우도 있다.

회의 통역 업무는 장시간에 걸쳐 긴장하고 있기 때문에 항상 최상의 상태로 일에 임할 수 있도록 컨디션 관리를 확실히 실시하는 것도 통역자의 업무 중 하나이다. 또한 통역 부스 내에서 동시통역의 경우는 2인 1조로 일을 하게 되므로 동료 통역자와의 협력이 필수적이다. 필요에 따라서 고유명사나 숫자 등을 메모해서 통역에 도움을 주는 등, 팀워크도 필요하다. 서로 기분 좋게 일을 할 수 있도록 통역 업무의 분담이나 담당 시간을 조정하는 것도 중요하다.

3) 회의 통역자의 적성

많은 언어가 사용되는 국제회의에서는 회의 통역자가 자신의 전군 언어만이 아니라 다른 언어와 접촉하는 상황이 불가피하다. 예를 들면 일본의 영어 통역자가 중국어의 인명이나 지명을 늘 고민하지만 중국의 존재감이 커지면서 원활한 대응의 필요성이 증가하고 있다. 국제회의에서는 강연자나 발표자가 영어로 이야기한다고 해도 비모어 화자의 경우 표준적인 영어를 구사하는 것은 아니다.

다국어가 사용되는 회의에서 영어 이외의 언어로 실시하는 강연에도 불구하고 통역자에게는 영어 자료 밖에 제공되지 않는 경우도 있어서 타언어의 통역자가 곤혹스러운 일이 적지 않다. 그 외에도 면밀히 준비해 간 원고가 당일 교체되기도 하고, 통역자에게 원고가 건네지지 않았음에도 불구하고 무대 위의 발언자가 지참한 원고를 빠른 속도로 봉독(남의 글을 받아 읽음)하는 등 여러 가지 예상외의 사태가 일어나는 것이 실제 회의 통역의 현장이다.

아직 통역윤리 규정이 존재하지 않는 국가도 있어서 어디까지를 통역자가 허용할 수 있는 업무 범위로 받아들이고 대응할 것인가 하는 문제도 발생한다.

회의 통역자는 단지 외국어를 습득해 언어적 표현력의 향상을 도모하는 것만으로는 충분하지 않다. 평소부터 신문, 서적, 웹 등을 통해서 세계의 정치, 경제의 움직임을 알고 자신이 주로 통역하는 언어권뿐만이 아니라 다양한 나라의 정보(사회, 문화, 습관, 금기 등)를 자신의 지식으로서 축적해 가는 것도 필요하다.

4) 회의 통역자가 되려면

회의 통역은 위에서 설명한 대로 세계에 대한 폭넓은 지식이 요구된다. 게다가 실제로 회의 통역자로서 일을 시작하려면 동시통역의 기술을 배워서 차례차례 통역에 대응하기 위한 노트테이킹 기술, 일의 준비 방법 등을 몸에 익히지 않으면 안 된다.

회의 통역자가 되려고 하는 사람은 이러한 기술을 몸에 익히기 위해서 통역 훈련을 받을 필요가 있다. 서구 여러 나라, 근래에는 중국, 한국 등 아시아권에서도 대학이나 대학원 등에 통역자 양성 전문 과정이 많이 개설되고 있어 통역의 기술과 함께 이론도 배울 수 있는 교육과정이 제공되고 있다.

일본의 경우는 민간 통역 양성 학교에서의 훈련 경험자가 현역 통역자의 다수를 차지하고 있다. 통상 몇 년간의 훈련을 받은 후 기업 내 통역 일을 시작하거나 통역 학교의 OJT(on the job training)[13] 등에서 통역의 경험을 쌓은 후 프리랜서 회의 통역자로서 에이전트에 등록하고 본격적으로 일을 시작하는 흐름이 일반적이다.

최근에는 일본에서도 통역 전문 과정을 마련하는 대학과 대학원이 증가하고 있기 때문에 향후는 대학원의 통역 전공 과정을 졸업하고 이론과 실천을 숙지한 회의 통역자가 많이 양성될 것으로 기대된다.

[13] '현장 연수'를 뜻한다. 실제로 일하면서 훈련하는 방법이다. 통역양성학교들 중에는 자기 학교의 훈련생 중에 통역 일을 소개하거나 간단한 통역 현장에 참여하게 해서 현장 훈련을 실시하는 곳도 있다.

2. 비즈니스 통역

1) 비즈니스 통역이란

비즈니스 통역이란 기업에서의 회의나 상담, 연수 등의 통역 업무를 가리킨다. 일본에서는 1990년대의 거품 붕괴 후 M&A나[14] 해외 자본의 도입 등이 진행되고 있으며 '일본어와 영어만 하면 비즈니스가 성립된다' 라는 기존의 인식은 이미 과거의 것이 되고 있다.

특히 최근에는 다양한 업종에서 보더리스화(borderless, 국경없는)[15]가 진행되어 영어 이외의 언어, 예를 들어 중국어, 한국어 등 아시아 언어를 이용한 비즈니스도 빈번히 이루어지게 되었다. 그래서 모든 비즈니스 분야에서 통역 업무가 증가하는 추세이다. 비즈니스 통역에 종사하는 통역자의 고용 형태는 주로 두 종류가 있다. 하나는 통역 업무의 필요성이 생길 때마다 기업이 외부에 통역을 의뢰하는 경우이다. 그리고 다른 하나는 정규직이나 유기고용 계약사원, 파견사원으로서 통역자를 고용하여 상주하는 경우이다. 후자는 기업 내 통역자 또는 인-하우스 통역자라고[16] 불리고 있다. 양자 모두 일본에서의 통역 업무 외에 의뢰자(클라이언트(client))와 함께 해외에 출장을 가서 통역 업무를 실시하는 경우가 있다.

2) 비즈니스 통역자: 프리랜스 통역자의 경우

기업이 프리랜서 통역자에게 통역 업무를 의뢰하는 경우의 대부분은 에이전트라고 불리는 통역 파견 업자에게 의뢰한다. 기업은 업무내용(정기이사회 등의 회의, 상담 등), 주제(경영전략, 상품개발 및 기타), 통역형태(동시통역 또는 순차 통역), 일정, 통역에 관련된 예산 등의 정보를 전달한다. 에이전트는 기업 측의 조건에 맞는 통역자를 등록자 리스트에서 선정하여 통역자에게 연락을 취하여 업무를 의뢰한다.

통역자 측의 준비는 회의 통역과 동일하게 이루어진다. 통역에 필요한 자료는 에이전트를 통해 통역자에게 전달되지만 정보유출 방지를 위해 통역 업무 종료 후 기업 측에 반환한다.

업종에 따라서는 일반적인 의미와 달리 사내에서만 통용되는 용어나 약칭을 사용하는 경우가 있다. 비즈니스 통역은 회의 자체의 난이도보다 각 기업의 문화나 관습이 통역의 질을 좌우하는 것이 특징이다.

빈번하게 통역이 필요한 기업에서는 자사의 업무 내용, 기업 문화, 고객 정보 등에 정통한 통역자가 있으면 안심할 수 있다는 생각에서 이전에 통역을 맡겼던 통역자에게 다시 의뢰하는 경우도 많아진다. 또 기업 기밀에 관한 회의에서는 통역자에게 사

[14] 'mergers and acquisitions'의 약칭인 M&A는 기업의 인수 및 합병을 칭하는 말이다.

[15] 보더리스(borderless) 경제 : 경제 자본, 노동, 정보의 흐름이 국가 경계를 넘어서는 무한 경쟁의 경제. 이런 환경에서는 무엇보다 인재의 중요성이 강조된다. – 역자주

[16] 인-하우스 통역자는 출퇴근을 하면서 그 회사의 장기 프로젝트의 통번역을 맡아 하는 경우를 지칭한다. – 역자주

전에 정보가 주어지지 않은 채 통역에 임하지 않으면 안 되는 경우도 발생한다. 프리랜서 통역자도 사내 통역자와 마찬가지로 비밀 보호 의무라는 윤리 규정이 있으므로 비즈니스의 목적을 달성하는 질 높은 통역을 실시하기 위해서는 기업 측이 통역이나 통역자에 관해서 올바른 인식을 가질 필요가 있다. 비즈니스 통역의 방식은 이전에는 순차 통역이 주로 행해지고 있었지만 최근에는 사내에 상설 부스를 마련해 동시통역을 실시하는 기업도 늘고 있다. 필요할 때만 간이 부스를 설치해 동시통역을 하는 경우도 많이 있다. 파나가이드라고 불리는 무선 수신기를 이용한 동시통역이 많고 통역을 필요로 하는 인원수가 적은 경우는 위스퍼링 통역도 많이 이용된다.

3) 비즈니스 통역자 : 기업 내 통역자의 경우

통역을 필요로 하는 업무가 빈번한 기업은 기업 기밀의 누설 방지 혹은 자사의 업무 내용에 정통한 통역자가 필요하다는 이유로 정사원 혹은 유기 고용자로서 통역자를 채용하는 경우가 있다. 이러한 통역자의 총칭이 앞에서 기술한 기업 내 통역자이다. 고용된 기업 내 통역자 중에는 통역 이외의 업무 예를 들면, 번역이나 코디네이터 업무를 겸임하는 경우도 있다. 기업에 따라 사장이나 다른 임원들의 통역자를 고용하기도 한다.

최근 몇 년 동안은 경기 동향이 영향을 미쳐 정규직 채용은 감소하는 추세이다. 대신에 프로젝트마다 유기 고용 계약을 맺어 계약사원으로서 사내 통역에 종사하는 비즈니스 통역자가 증가하고 있다. 기업 내 통역자 모집은 네트워크를 포함한 통상의 구인 광고 외에 통역 양성 학교를 운영하는 에이전트에 의뢰하는 경우도 많이 보여 통역 경험은 적지만 우수한 성적을 거둔 졸업생이 강사나 교무 담당자의 추천을 받아 채용되는 경우도 있다.

4) 비즈니스 통역자가 갖춰야 할 자질

기업이 필요로 하는 통역 레벨은 다양하지만 동시통역의 기술이 요구되는 경우도 많기 때문에 프리랜서의 회의통역자가 회의통역 업무와 병행하여 비즈니스 통역에 종사하는 경우도 있다. 기업도 고용 면접 시에는 통역 경험과 함께 동시통역 훈련의 유무를 묻는 일이 있는 것 같다. 외국자본기업 특히 아시아 외자기업과의 관계가 진전되는 오늘날 비즈니스 현장은 영어 이외의 언어를 전문으로 하는 통역자의 수요가 한층 더 증가할 것으로 예상되어 통역자가 맡은 역할도 더욱 중요해질 것이다.

비즈니스 통역에 종사하는 통역자는 언어 능력이나 통역 기술뿐만 아니라 이(異)문화의 깊은 이해와 유연성, 기업문화, 비즈니스에 대한 지식이 동시에 요구되는 직업이라고 할 수 있다.

3. 방송 통역

1) 방송 통역이란

　방송 통역은 텔레비전 방송에서 실시되는 통역으로, 1960년대 위성중계 시작 때 등장했다. 1991년 걸프 전쟁을 계기로, 방송 통역이라는 장르가 확립되었다. 이 방송 통역은 지금은 주로 위성 방송국을 중심으로 자막 번역과 함께 널리 사용되고 있다.

2) 텔레비전 뉴스 프로그램의 번역 형태

　텔레비전의 뉴스 프로그램에는 영상이나 음성이 수반된다. 이것을 번역할 경우 문자로 소식을 전하는 자막 번역과 음성으로 전달하는 방송 통역의 두 가지로 분류된다. 자막 번역은 글자 수 제한을 받으며 화면 아래에 1-2줄 자막으로 표시된다. 글자 수 제한이 있기 때문에 정보의 핵심이 되는 부분만 주로 번역되어 표시된다.

　지상파에서 정시에 방송되는 뉴스 프로그램에서 취급되는 정치가 등 외국어 화자의 발언 부분에서는 자막이 많이 사용되고 있다. 예를 들어 미국 대통령의 연설을 번역할 때 생중계의 경우 동시통역으로 처리하고 그 후 방송에서 연설의 일부를 사용할 때는 자막을 화면에 띄우는 경우가 많다.

　한편, 위성방송에서 방송 통역은 크게 나누어 두 종류가 있다. 하나는 '시차 통역'으로 방송국이 해외 뉴스 프로그램을 수신하고 방영하기까지 수십 분에서 몇 시간에 걸쳐 통역자가 녹화된 뉴스를 다시 듣고, 읽을 원고 혹은 메모를 작성하는 등 준비를 해서 실전에서 그것을 읽는다. 거의 준비 시간이 없어서 방송 전에 한 번 보고 실전에 나서는 경우도 있다. 이것은 거의 동시통역에 준한다.

　또 동시통역도 방송 통역으로 쓰인다. '생동통(生同通-생방송 동시통역)'이라고도 한다. 주로 긴급 뉴스(이를 테면 2001년 동시 다발 테러와 2003년 이라크 전쟁)와 저명한 정치가의 연설, 세계적으로 보도된 행사 생중계 등의 경우 통역자가 그 자리에서 처음 듣는 음성을 동시통역한다. 긴급 시가 아닌 평상시의 경우에도 케이블 CS(Communications Satellite)방송인 CNN이나 BBC에서는 대부분의 프로그램이 실시간으로 생방송되고 있기 때문에 동시통역이 채용되고 있다. 2012년 1월부터는 중국 중앙 텔레비전의 방송 통역도 CS방송에서 시작되었으며 생방송 뉴스나 정부 요인의 기자 회견, 스포츠 중계, 일기 예보 등은 생동통을 실시하고 있다.

　생방송이 아닌 다큐멘터리 프로그램, 드라마 등은 자막 번역으로 대응하고 있다. 예를 들면, NHK 위성 방송에서는 평상시에는 정확하고 듣기 쉬운 일본어를 우선하여 기본적으로 시차 통역을 채용하고 있다. 그러나 2006년 11월부터 ABC뉴스를 정시에 동시통역으로 해석하는 스타일로 바뀌었다.

통역은 프로그램 제작자의 조언을 받는 일도 있지만 기본적으로 통역자가 혼자서 번역을 실시하는 것에 반해 자막은 자막 번역자 이외에 교열자(프로그램 제작 스탭)가 최종의 완성과 관련된다는 점에서 번역과 편집 행위의 관련성을 알 수 있다.

외국어를 한국어로 방송통역하는 것이 주가 되지만 한국어 뉴스를 외국어(영어)로 전하는 것도 방송 통역의 하나이다. 한국 뉴스의 원고를 기초로 미리 작성한 영어 원고를 한국어 방영에 맞추어 아나운서가 읽는 경우가 많다. 그러나 긴급한 사고나 사건이 발생한 경우, 생중계나 즉석 인터뷰 등에서 사전에 한국어 원고를 준비할 수 없는 경우, 스포츠의 속보나 일기 예보 등은 통역자가 동시통역을 실시한다.

3) 방송 통역의 특징

방송 통역은 다른 형태의 통역과 크게 차이 나는 점이 있다. 하나는 해외의 방송국이 발신하고 있는 뉴스는 원래 통역되는 것을 예상하고 있지 않기 때문에 원문의 뉴스 원고가 매우 잘 짜여져 있고 기자가 퇴고나 편집을 거듭해서 필요 없는 부분을 없애고 1~2분 안팎으로 응축된 것이 많아서 순간적으로 의미 내용을 완전히 파악하기 어렵다는 점이다.

또 다른 점은 방송 통역의 청취자는 주로 TV시청자이기 때문에 예를 들면 회의 통역이나 법정 통역과 같이 듣는 사람의 반응이 보이지 않는다는 점이다. 방송 통역을 듣는 사람은 회의 통역 청중처럼 이어폰을 끼고 있는 것은 아니며 안방에서 듣는 경우도 많기 때문에 집중해서 귀를 기울이는 것은 아니다. 그러므로 방송 통역은 시차 통역뿐만 아니라 동시통역에서도 시청자가 알기 쉬운 번역을 실시해야 한다.

한편, 앞에서 서술한 중국 중앙 텔레비전의 방송통역에서는 음원 스피드의 속도뿐만 아니라 일반시청자에게는 생소한 일본과 중국 간의 문화 차이 등에도 즉시 대응해야 하며 지금의 중국 사정을 전하는 것이 우선시 되고 있다. 이와 같이 영어 이외의 다른 언어의 방송 통역에 대해서도 향후 주목해 나갈 필요가 있다.

원래 원문의 뉴스 원고에는 반복하거나 불필요한 부분이 적다는 것, 한국어로 듣는 시청자를 대상으로 알기 쉽게 번역해야하는 것이 방송 통역의 어려움이라고 할 수 있다.

4. 사법 통역/법정 통역

1) 사법 통역/법정 통역의 업무

사법 통역이란 일반적으로는 일련의 사법 수속에 관련되는 장면(경찰서나 검찰청의 조사, 변호인 접견,[17] 재판이나 입국 관리국의 수속 등)에서의 통역을 가리킨다. 거기에는 음성언어(외국어) 통역뿐만 아니라 수화통역도 포함된다. 또 법률 등의 전문가나 사법기관과 체포·기소된 사람이나 증인 등의 일반인 사이의 통역이 중심이 된다. 사법 통역의 주된 수요는 형사 사법이지만 소년 사건이나 가정 법원에서의 이혼 사건, 또는 노동 쟁의나 조정, 민사 소송 등에서도 필요하다. 언어는 영어뿐만 아니라 다국어에 걸쳐[18] 수요가 있는 것이 특징이다.

사법 통역 가운데 재판에서의 통역을 법정 통역이라고 한다. 법정 통역을 실시하는 법정 통역인은 '중립, 공정'한 입장에서 외국어를 한국어로 그리고 한국어를 외국어로 말하는 것을 한 구절 그대로 통역해서 한국어를 이해할 수 없는 피고인이나 증인과 재판관, 검찰관, 변호인 등과의 사이에서 언어 중개 역할을 하는 것이라고 생각할 수 있다. 또 재판소에 제출하는 서증(서면 증거)이나 공소장 번역을 의뢰받기도 한다.

2) 사법 통역/법정 통역의 특징

사법 통역/법정 통역은 공정한 사법 수속을 가능하게 하기 위해서 '중립·공정한 입장'으로 '정확'하게 통역하는 것이 요구된다. 그러나 '중립·공정한 입장'이나 '정확한 통역'에 대해 여러 가지 논란이 있으므로 통역자 자신도 딜레마를 안고 있다. 예를 들어 재판에서 법정 통역인의 번역은[19] 외국어의 증언·진술과 '동일'한 것으로 간주되며 법정 통역인의 번역이 피고인이나 증인의 증언·진술로 재판 기록으로 기재된다. 그 때문에 전통적으로 '정확한 통역'이란 통역인이 해석이나 예단(미리 판단함)을 섞지 않고 들은 것을 그대로 한 마디 한 마디 통역하는 것이라고 받아들여지기 쉽다. 이것에는 들은 내용만이 아니고 어떻게 말했는지 발화 스타일이나 공손도를 충실하게 재현한 통역이 요구되는 것이다.[20] 그래서 통역인의 개입을 최소한으로 억제해 통역인이 개입하지 않는 법정 장면에 접근하는 것이 이상적이라고 생각할 수 있어 통역인은 마치 그 자리에 존재하지 않는 '투명한 번역 기계'와 같이 기능하는 것이 이상적인 것으로 되어 있다.

사법/법정 통역 훈련을 받지 않은 통역인이 말문이 막히고 맥락이 없는 퉁명스러운 외국어의 증언을 논리정연하고 매끄러운 정중한 발화로 번역해 버리는 경향도 문제점으로 지적되고 있다.

[17] 형사 절차에 의하여 신체의 구속을 받고 있는 피고인이나 피의자와 경찰서의 유치장이나 구치소에서 면회함, 또는 그런 일을 말한다.

[18] 중국어, 스페인어, 포르투갈어, 페르시아어, 타갈로그어, 한국어, 러시아어, 프랑스어, 독일어, 루마니아어, 헝가리어, 베트남어, 태국어 등이 있다.

[19] 재판에서 통역을 맡은 사람은 '양심에 따라 성실하게 통역한다'는 뜻의 '선서'를 한다. 선서한 후, 재판장에 의해서 통역인으로서 통역 명령을 받으면 그 재판의 '법정 통역인'이 된다.

[20] 법정에서는 '무슨 말을 했느냐' 뿐만 아니라 '어떻게 그랬느냐'가 증언과 진술의 신빙성을 판단할 수 있는 열쇠이기 때문에 다시 말하거나 반복할 때 통역하는 것이 중요하다고 생각한다.

3) 권리로서의 사법 통역/법정 통역

그럼 '중립·공정한 입장'으로 '정확'하게 통역하는 것이 요구되는 것은 왜일까. 일본의 형사 소송 법 175조에서는 '재판에서 국어로 의사소통이 통하지 않는 자에게 진술을 시킬 경우에는 통역을 시켜야 한다'로 규정되어 있다

한편, 일본이 1979년에 비준한 국제 인권 규약(자유권 규약: 시민적 및 정치적 권리에 관한 국제 규약)14조 3(f)에는 '법원에서 사용되는 언어를 이해할 수 없거나 또는 말할 수 없는 경우에는 무료로 통역의 도움을 받는다'는 권리가 보장되어 있다. 이와 같이 형사소송법에서는 재판소를 위한 통역으로 간주되고, 국제 인권 규약에서는 피고인의 인권(언어권)을 지키기 위한 통역으로 간주된다는 차이가 있다. 그러나 실제로는 통역을 개입시켜 자신의 언어로 조사나 재판을 받을 권리를 보장해서 사법·재판에의 공정한 기회를 보장하는 것이, 사법·법정 통역의 목적이라고 하는 공통 견해가 존재한다고 말할 수 있다.

4) 사법/법정 통역자가 되려면

미국이나 캐나다 등에는 사법/법정 통역자가 가져야 할 지식이나 기능을 인정하는 공적인 자격 제도나 법정 통역인이 준수해야 할 윤리 규정이 존재하지만 일본이나 한국에는 아직 존재하지 않는다. 법정 통역에 관해서 말하면 최고재판소의 법정 통역 후보자 명부에 등재되어 있는 사람 중에서 각 사건에 법정 통역인이 선임된다. 그러나 법정 통역 후보자 명부에 등록된 사람 중에 통역 능력이나 통역 경험에 중점을 두고 법정 통역인이 선택되지 않는 경우도 있다. 그 결과 '정확한 통역'이 매우 중요한 사법의 장소에서 다소 경험이 부족한 통역인이 통역을 담당하는 경우도 있다.

사법/법정 통역 자격 제도나 공적 인정제도 및 윤리 규정을 제정할 필요성이나 중요성이 인식되는 것이 전문 직업으로서의 통역의 인지도를 높이고 '정확한 통역'을 보장하는 것으로 이어질 것으로 기대된다. 이와 같이 자격 인정 제도가 존재하지 않는 현시점에서는 사법/법정 통역자를 목표로 하는 사람들은 각자가 실력을 쌓아 통역이라고 하는 업무를 이론적으로 이해하는 노력을 할 필요가 있다. 특히, 사법/법정 통역 업무에 특유의 어려움을 인식해 두는 것이 중요하다.

5. 커뮤니티 통역(의료/교육)

1) 커뮤니티 통역이란

커뮤니티 통역은 지역사회(community)에서 현지의 언어를 이해하지 못하는 외국인을 대상으로 생활 전반에서의 언어 문제에 대처할 때의 통역을 말한다. 한국에서의 커뮤니티 통역이란 한국어를 충분히 말하지 못하고 한국에 사는 사람들에 대한 지자체 등에서의 행정, 즉 공공 서비스(public service), 교육, 의료 등에서의 통역을 포함한 총칭으로서 인식되고 있다. 여기서는 교육과 의료의 통역에 대해 설명하기로 한다.

2) 의료 통역

그 나라 말을 잘 모르는 상태에서 외국을 방문하여 갑자기 심각한 병에 걸렸다고 상상해 보자. 병원이나 진료소에 가도 말로 증상을 설명할 수 없으면 적절한 치료를 받을 수 없다. 누군가에게 통역을 부탁했다고 해도 통역자가 의사에게 증상을 잘못 설명하는 일이 있으면 때로는 생명마저 위협받는 사태에 빠질 수 있다. 누구에게나 외국 체재 중에 언어를 걱정하지 않고 의료를 받을 수 있는 것은 인간으로서 당연한 권리(생존권)이다. 이와 같이 의사에게 진찰을 받는 것 등 의료 행위의 장소에서 의사와 환자 사이에 대화 통역을 실시하는 업무를 '의료 통역'이라고 부른다. 캐나다나 오스트레일리아 등 이민이 많은 나라에서는 의료 통역 자격 인정 제도나 통역 윤리 규정 등이 제정되어 있지만 일본이나 한국에서는 윤리 규정은커녕 통역에 종사하는 인재도 대부분이 자원봉사에 의지하고 있는 것이 현실이다.

또 의료 통역의 존재 자체를 몰라 통역 훈련을 받은 적이 없는 가까운 사람, 때로는 아이에게 통역을 의뢰한 탓에 오역의 문제가 생기는 경우도 많이 볼 수 있다. 이러한 문제를 근거로 해서 최근 들어 의료 관련 NPO나[21] 대학 등이 중심이 되어 의료 통역에 관한 연수회를 개최하는 등의 움직임도 보이고 있다. 향후에는 영어 이외의 다국어로의 통역도 가능하도록 한층 더 충실한 대응이 요구된다.

[21] 비영리조직(Non Profit Organization)의 영문 머리글자를 딴 말로, 비영리단체, 비영리민간단체, 비영리기관, 비영리집단 등으로 다양하게 불린다.

3) 교육 통역

교육 통역이란 외국에서 생활하는 아이가 충분한 교육을 받을 수 있도록, 커뮤니케이션의 측면에서 지원하기 위해 학교 교육의 현장에서 실시하는 통역이다. 예를 들면 일본에서는 지자체에 따라서는 '학습 지원 써포터'라고도 부르는데 초등학교의 아동이나 중·고교생에 대해 언어적인 지원만이 아니고 학습 지도나 카운슬러의 역할을 기대하기도 한다.

외국인이 특히 많이 모여 사는 지역 이외의 지자체에서도 최근에는 외국인 아동·학생이 다니는 학교 수가 증가하고 있다. 2011년도 문부 과학성 발행의 '외국인 학생 수용의 안내'에 의하면 2010년도 시점에서 공립 초/중학교, 고등학교, 중등 교육 학교 및 특별 지원 학교에 재적중인 일본어 지도가 필요한 외국인 학생 수는 2만 8511명이다. 또 국제 결혼가정 아이들과 해외 거주 기간이 길어서 일본어 지도가 필요한 일본인 학생 수도 5496명에 이르고 있다. 이러한 현상을 근거로 하여 지자체에 따라서는 전문 교육 지원 스탭으로 통역자를 파견하는 등의 시책이 취해지는 곳도 있지만 아직 소수에 지나지 않는다. 문부 과학성은 교육 통역에 종사하는 인재의 확보와 육성을 제안하고 있으나 현실은 등록된 자원봉사자에게 의지하고 있기 때문에 제도의 충실을 도모하려면 국가 정책으로서의 인재 확보와 질 향상 및 그 대우 개선이 필요할 것이다.

4) 커뮤니티 통역의 특징과 문제점

커뮤니티 통역의 특징은 아래와 같이 설명할 수 있다. (1) 지역 주민을 대상으로 한다. (2) 의사와 환자, 교사와 학생 등 통역하는 대상들 사이에 역학 관계가 존재한다. (3) 대상자의 언어적 수준이 일정하지 않다. (4) 문화적 요소가 크게 관련된다. (5) 기본적 인권의 보호에 직결된다. (6) 자원 봉사자가 많다. 이렇게 여섯 가지이다. 또 커뮤니티 통역은 회의 통역자·비즈니스 통역에 비해 눈에 보이는 존재로서 적극적으로 문화적 개입을 실시하는 경향이 있는 것이 현실이다.[22] 이러한 특징이 분명한 것처럼 커뮤니티 통역자는 그 지역의 외국인의 생활의 안정뿐만이 아니라 때로는 생명에까지 직결되는 중요한 책무를 완수하고 있다.

지역사회에서의 다언어화가 진행되는 오늘날 국가나 지자체가 이 문제에 대해서 시급히 대책을 강구하는 것이 바람직하고 사회 전체의 이해와 지원도 중요하다.

[22] Angelelli, C. V.(2004). Revisiting the Interpreter's Role. Amsterdam: John Benjamins.

6. 통역 안내사(통역가이드)

1) 통역 안내사의 업무

해외관광객을 따라다니며 외국어로 여행안내를 해주는 관광가이드(tour guide)는 일본에서는 '통역 가이드'이다. 정식으로는 「통역 안내사」라고 불린다. 통역 안내사는 국토교통부에 의하면 '보수를 받고, 통역안내(외국인을 따라다니며 외국어를 사용하여 여행에 관한 안내를 하는 것)'를 행하는 것이다.

통역 안내사의 일에는 통역도 들어가지만, 통역 안내사의 핵심은 오히려 가이드로서의 안내에 있다고 할 수 있다. 공항이나 호텔 등에서 마중하고, 여행(짧은 것에서 긴 것까지)에 동행해서 관광지 등을 안내하는 업무가 가장 중요한 것으로, 외국어 능력은 물론 세심한 배려 등의 서비스 정신도 필요하며 일본에 대해서 넓고 깊게 알아야 한다.

일본 정부는 방일 외국인 여행자 수를 3000만 명으로 한다는 목표를 세워 관광 국가로서의 정책을 추진하고 있다.[23] 일본의 문화, 지리, 역사, 정치, 경제 등에 대해서 외국인이 알기 쉽게 설명하는 것으로 일본을 이해시킨다는 역할을 담당하고 있는 통역 가이드는 관광 국가 일본에 있어서 불가결한 존재이다. 국토교통부는 「외국인에 대해, 우리 나라 또는 지역의 매력을 정확하고 적절히 전하는 것이 사명인 통역 안내사는 외국 손님 응대의 향상 및 국제 상호 이해의 증진의 관점으로부터 지극히 중요한 역할을 이루어 있다」라고 하고 있다.

2011년 4월 1일에는 만 5371명이 통역 안내사로 등록되어 있지만, 실제로 통역 가이드로서 취업하고 있는 것은 겸업을 포함해도 26.4%라는 조사결과(국토교통부)가 있어서 정부는 2020년의 방일 외국 손님 2000만 명을 예상하고 통역 가이드를 확충할 것을 결정했다.

2) 통역안내사 시험

통역안내사로서 수입을 얻으려면 국가공인 통역안내사 시험에 합격해서 각 도나 시에 등록을 하지 않으면 안 된다. 즉, 무료봉사가 아닌 유료가이드 업무를 하기 위해서는 국가고시에 합격하여 자격을 취득할 필요가 있다.[24] 통역안내사[25] 시험은 연령, 성별, 학력, 국적 등에 관계없이 응시가 가능하며 업무에 필요한 지식과 능력을 가지고 있는지를 판정한다.

시험은 필기와 구술이 있는데 필기시험 과목은 「외국어」, 「일본 지리」, 「일본 역사」, 「산업, 경제, 정치 및 문화에 관한 일반 상식」 등 네 과목이다.[25] 필기시험에 합

[23] 관광입국추진 기본법(2006년에 성립)에 근거해, 2012년 3월 20일에는 「관광입국 추진 기본계획」이 결정되어 일본 정부는 「국제 경쟁력이 높은 매력 있는 관광지의 형성, 관광 산업의 국제 경쟁력의 강화 및 관광의 진흥에 기여하는 인재의 육성, 국제 관광의 진흥, 관광 여행의 촉진을 위한 환경의 정비」를 진행시키고 있다.

[24] JNTO가 모집하는 「굿바이러스 가이드」(선의 통역)등의 자원봉사 가이드는 어디까지나 자원봉사이므로 보수를 얻을 수 없다. 2010년도에는 5만 5158명이 '선의 통역'으로서 JNTO에 등록하고 있어 통상의 자원봉사 가이드의 수도 2009년도에는 4만 837명으로 증가했다.

[25] 통역자로 등록하지 않고 보수를 받는 통역 안내업을 하면 50만 엔의 벌금을 부과하도록 통역 안내사법 제36조와 40조에 규정되어 있다

[26] 합격 여부 판정을 위한 기준은, 2012년도의 경우, 다음과 같다.
(1) 외국어에 대한 필기시험은 각 어학별로 70점을 합격기준점으로 한다. ②일본지리, 일본역사, 일반상식은 매 과목 60점을 합격기준으로 한다.

격하면 통역 안내 실무에 대한 구술시험이 치러진다. 외국어의 종류는 영어, 프랑스어, 스페인어, 독일어, 중국어, 이탈리아어, 포르투갈어, 러시아어, 한국어 및 태국어이다. 실용기능검정시험(영검) 1급 합격자는 '외국어(영어)' 응시가 면제된다. 2012년도는 합계 5000명 응시에 713명이 합격해서 합격율은 14.3%였다. 응시자 수가 많았던 것은 영어가 2991명, 다음이 중국어로 1049명이었다.

3) 지역한정 통역안내사 시험

전국 레벨의 시험에 합격한 통역안내사만으로는 관광지의 가이드 수가 충분하지 않은 실정을 근거로 정부는 「방일 외국인 여행자의 증가 및 요구의 다양화에 대응하기 위한 인재 확보」를 위해 2006년도에 「통역안내업법」및 「외국인 관광 여객의 내방 지역의 다양화 촉진에 의한 국제 관광의 진흥에 관한 법률」을 개정해서 「지역한정 통역안내사제도」를 창설했다.

이것은 하나의 도나 시의 범위에 한해서 통역안내업무를 실시할 수 있는 제도로서 지역한정 통역안내사 시험에 합격해서 각 시도에 등록을 한 것으로, 해당 시도의 구역에서 보수를 얻어 통역안내를 업무로서 실시할 수 있다. 각 시도가 실시하는 외국어 과목 시험의 언어는 영어, 중국어, 한국어의 세 개 언어뿐이지만, 통역안내사 시험의 외국어 필기시험과 동일하게 출제되므로 시험 결과를 양 시험 사이에 공유할 수 있다.

4) 이후의 문제

통역안내사의 업무 내용은 단체 일반관광(당일 43.1%, 숙박 36.8%), 개인 일반관광(당일 41.5%, 숙박 18.8%)이 대부분이지만, 기업체 등이 해외에서 초청하는 고객의 수행업무(18.6%), 국제회의나 대회(17.1%), 전시회(14.5%) 등에서의 투어 안내도 많고 업무내용도 풍부하다는 경향은 향후에도 계속 될 것이다. 그러나 봄·가을의 관광 시즌에 일이 집중되는 등 수입이 불안정하기 때문에 통역업, 번역업, 어학원 강사 등과의 겸업으로 행하고 있는 경우가 많아 전업자는 1할 정도인 것이 실정이다. 그러나 통역안내 미취업자의 42%가 장래에는 통역안내를 전업으로 하고 싶다고 생각하고 있으므로 직업으로서의 환경이 정비되면 전업자는 증가할 것으로 생각된다.

일본 입장에서는 해외에서 많은 사람들이 일본에 와서 즐겁게 관광함으로써 일본을 좋아하고, 일본이라는 나라를 보다 잘 이해하는 것이 중요하다. 그러기 위해서는 영어뿐만이 아니라 각 국어 특히 아시아의 언어를 말할 수 있는 가이드가 필요하다. 통역자의 직업 안정과 환경 개선을 통해 고급 인력이 직업 관광 가이드로서 관광국가를 도울 수 있기를 바라는 마음이다.

 번역과 과학기술/테크놀로지

1. 현지화

1) 현지화란

현지화(localization)란 원래 무역업자나 선교사들이 자신들의 제품이나 서적(예를 들어 성경책 등)을 현지에서 알리기 위해 번역해서 현지화해 온 활동을 가리키고 있었지만 현대의 현지화는 디지털 컨텐츠의 번역을 의미하기도 하고 소프트웨어나 웹 사이트 등의 제품을 외국 시장에서 판매할 때 제품이 그 지역(locale)의[27] 언어나 문화에 알맞도록 하는 것도 의미한다. 오늘날 현지화의 개념이 재생된 배경에는 컴퓨터 등 기술의 보급에 의해 대량의 디지털 소재가 세계 각지에서 다루어지게 된 상황이 있다.

2) 현대 현지화의 시작

1980년대 중반부터 90년대에 걸쳐서 미국의 대형 소프트웨어 메이커는 워드 프로세서, 표계산소프트웨어(spread sheet), OS(운영 체제)등 기본 소프트의 새로운 시장 획득을 목표로 소프트웨어의 다언어화에 힘쓰고 있었다. 미국 이외의 지역에서 제품을 판매하기 위해서 각각의 언어로 번역할 필요가 있었다. 그러나 그 당시 현지화는 매우 곤란하였다. 초기 소프트웨어는 번역 대상이 되는 문자열을 방대한 데이터에서 일일이 빼내서 번역한 후 원래대로 되돌리는 작업이 필요했고 여기에는 엄청난 비용과 시간이 소요되었다. 그래서 작업 비용 절감을 위해 탄생한 것이 다음에 설명할 국제화라는 개념으로 이 책의 뒤에서 자세히 해설할 번역 메모리(pp70-71)이다.

3) 국제화

'국제화(internationalization)'라는 개념은 일반적으로 사용되는 국제화라는 단어와는 전혀 의미가 다르다. 현지화 공정을 간단하게 하고 효율화하기 위한 소프트웨어 설계를 가리키는 것이다. 구체적으로 설명하면 초기 소프트웨어에서는 번역을 위한 문자열을 골라내는 작업만으로도 엄청난 비용이 들었다.

[27] 'locale'이라는 전문용어는 언어/지역을 가리킨다. 예를 들어 '영어'만해도 '미국' '영국' '호주' 등 서로 다른 지역에서 사용된다. 이들 조합을 'locale'이라고 부른다. 실제로는 「locale:English-United States」와 같이 표기된다.

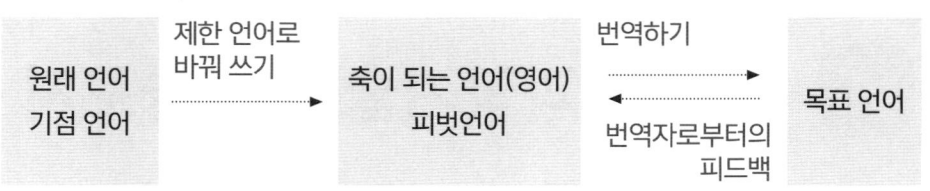

<그림2> 국제화의 번역 모델

그러나 '국제화' 개념에 따라 설계한 소프트웨어에서는 번역 대상이 되는 문자열을 하나로 집약한다. 이로 인해 일일이 문자열을 빼내는 작업이 불필요해졌다. 그 외에도 몇 가지 작업의 효율화를 목표로 한 프로세스가 있다. 예를 들어, 문자 코드의 통일(Unicode 등)을 실현함으로써 다국어를 사용했을 때의 '문자 깨짐'을 해소하고 또 특정 문화에 고유의 특수 기호를 배제하는 것 등이 있다.

이와 같이 현지화에서는 제품을 판매하는 대상 지역에 대해서 균일의 제품 설계를 실시하고 대상 지역에 적합하도록 하기 위해서 우선은 표준화 하는 '국제화'라는 작업을 실시한다. 국제화는 기술적인 측면에 머무르지 않고 번역 프로세스 자체에도 응용되고 있기 때문에 그 점을 다음에서 설명하기로 한다.

4) 번역하기 위해 주축이 되는 언어

현지화에서는 영어를 축으로 해서 다국어로 번역되는 것이 보통이다.[28] 이것도 국제화의 하나로 여겨진다. 예를 들어 한국의 제품이 세계 각국의 시장으로 나가는 경우 여러 언어로 번역 하는데 '한국어 → 각 언어'처럼 번역되는 것이 아니라 한국어에서 영어로 번역하고 영어를 각 언어로 번역하는 것처럼 영어를 축(피벗 pivot)으로 해서 두 단계로 번역하는 것이다

한국어(기점 언어)는 한번 영어로 번역된 후 각 언어로 번역된다. 종래에도 예를 들면 성경번역 등에서 그리스어를 축으로 하여 각국의 언어로 번역했지만 현대 현지화의 특징은 '국제화'를 하기 위해서 축이 되는 영어를 쉽게 표현하도록 제한을 가함으로써 번역하기 쉽게 한다는 점이다. 알아듣기 쉽게 번역하기 위해 사용하는 문법이나 어휘 등을 제한시키면 영어를 모국어로 하지 않는 사람들도 이해하기 쉬워진다는 것이다.

Simplified English, Technical English 등으로 불리는 영어는 이런 종류이다. 원래는 기계 공장에서 일하는 사람들의 작업 지시서에 사용되던 '쉬운 영어'를 현지화에 응용함으로써 번역자에게도 번역하기 쉬운 영어를 제공하는 것이 가능하게 되었다. 또 실제 프로젝트에서는 번역자의 의견을 참고하여 번역하기 어려운 부분이나 오독이 일어나는 부분에 대해서는 축이 되는 언어의 텍스트를 수정하는 경우도 있

---

[28] 축이 되는 언어를 피벗 언어(pivot language)라고 한다. pivot은 '축', '요,' '중추'라는 뜻으로, 많은 다른 언어로 번역할 때 중심이 되는 언어가 pivot language이다.

다. 지금까지의 번역에서는 번역되는 원래의 텍스트가 수정되는 경우는 드물었지만 현지화 분야의 피벗 언어는 번역되기 위한 언어이기 때문에 텍스트 변경이 가능한 것이다. 게다가 최근에서야 번역 작업에 기계 번역 등을 사용하는 일도 있기 때문에 기점 언어 자체가 기계로 번역하기 쉬운 언어를 목표로 해서 변경된다.

2. 번역 메모리

1) 번역 지원도구 및 번역 메모리

번역 메모리(translation memory= TM)는 과거의 번역을 축적한 데이터베이스로 번역을 보조하는 툴(tool)의[29] 일종이다. 번역 분야 중에서도 특히 컴퓨터 등 IT 분야에서 광범위하게 사용되고 있다. 번역 보조 툴은 말 그대로 번역을 도와주는 도구를 말한다. 이 의미에서는 사전이나 워드프로세서, 또 최근에는 인터넷에서의 조사 등도 번역 보조 툴이라고 생각할 수 있지만 번역 메모리는 번역 보조용으로 개발된 번역 전용 툴이기 때문에 일반적인 지원 툴과는 다르다. 또 번역 메모리는 기계 번역이나 자동 번역과 달리 번역 작업 자체는 사람이 한다. 어디까지나 번역 메모리는 사람의 번역작업을 도와줄 뿐이다.

[29] '번역보조도구. 번역을 고품질적으로, 효율적으로 실시하기 위해 사용하는 소프트웨어의 총칭. CAT 툴(Computer-Assisted Translation tool)이라고도 한다.

2) 번역 메모리 체계

번역 메모리는 기점 텍스트와 목표 텍스트를 한 쌍으로 데이터베이스에 저장한다. 신규로 번역할 때 데이터베이스에 그 기점 텍스트(혹은 유사 텍스트)가 등록되어 있으면 그것이 자동으로 검색되어 표시된다. 번역자는 그것들을 참조하면서 작업을 수행할 수 있다. 비슷한 문장을 반복해서 번역하는 수고를 덜 수 있고 목표 언어로 역어나 표현이 틀리지 않게 통일할 수 있다는 장점이 있다.

사용설명서 문서처럼 단순한 구문으로 반복이 많은 문장 번역에서는 그 위력을 발휘한다. 구체적으로 살펴보기로 한다.

우선, 아래의 글([원문1]과[번역문1]의 쌍)이 번역 메모리의 데이터베이스에 저장되어 있다고 한다.

【원문1】 Click the Print button to print out the file you have selected.
【번역문1】 인쇄 버튼을 클릭하고, 선택한 파일을 인쇄한다.

아래의 [원문2]를 새롭게 번역해 보기로 하자.

이 [원문2]는 위의 [원문1]과 유사하다. 아래와 같이 밑줄 친 부분을 제외하고는 두 문장이 모두 동일하다. 즉 [원문2]를 번역하려면 [원문1]의 기존 번역(이미 번역된 문장)을 다시 이용할 가능성이 있다.

【원문1】 Click the Print button to print out the file you have selected.
【원문2】 Click the Open button to open the file you have selected.

다시 이용 가능한 기존 번역
【번역문1】 인쇄 버튼을 클릭하고, 선택한 파일을 인쇄한다.

 번역 메모리를 사용하면 이와 같이 원문과 기존역이 자동으로 표시되므로 번역자는 기존역과 다른 부분만 수정하면 번역이 완료되는 것이다.
 보통 원문과 역문을 데이터베이스에 등록하고 비교하는 것은 분절(segment) 단위로 행해진다. 위의 예시에서 분절은 한 문장이다. 데이터베이스 내의 기존 번역과 신규의 문장이 얼마나 비슷한가라는 유사도는 퍼지 매치(ファジーマッチ, fuzzy match)로 불리며 '80% 일치' '75% 일치' 이렇게 수치로 나타난다.
 유사한 글이 데이터베이스에 존재하지 않는 경우에는 '0% 일치'가 된다. 수치가 높을수록 기존 번역을 재사용한 비율이 높다는 것을 의미한다. 완전히 일치하는 경우는 '100%일치'이고 전후 문맥까지 포함하고 일치하고 있는 경우는 '콘텍스트 일치(context match)'로 불리며 이 경우는 번역자가 수정 작업을 할 필요는 거의 없다. 일반적으로 70% 일치 이상에서는 기존 번역을 다시 사용하는 것의 디점이 있다.

3) 역사와 향후 동향

 번역 메모리의 연구 개발은 기계 번역이 아직 실용 단계에 이르고 있지 않은 시대의 대체 기술로 1970년경에 비롯됐다. 그 때문에 번역 메모리는 기계 번역과는 다른 것으로 취급되었다. 소프트웨어의 현지화에 대한 수요가 높아진 1990년대에 번역 메모리의 필요성이 격증해서 번역 업계 전반에서 사용되었다. 일본에서도 대형 번역자의 대부분이 번역 메모리를 사용하고 있다.
 2000년대가 되면서 기술적으로도 진화하고 인터넷을 통해 번역 메모리 데이터베이스를 공유하면서 여러 번역자가 동시에 작업할 수 있는 서버형 번역 메모리가 등장했다. 또 기계 번역의 기능을 겸비한 것도 있다.
 최근에는 번역 메모리로 축적된 데이터가 주목받고 있다. 그 이유는 축적된 메모리 데이터를 통계적 기계번역으로 재사용할 수 있기 때문이다. 통계적 기계번역은 새로운 유형의 기계번역으로 번역 메모리와 같이 원문과 번역문 데이터베이스를 기반으로 번역문을 산출한다. 그러므로 번역자의 번역 데이터는 매우 귀중한 자원이 된다.

3. 기계 번역(프리&포스트에디트)

1) 기계 번역이란

기계 번역(machine translation=MT)은 어떤 언어를 입력하면 자동으로 다른 언어로 번역해 주는 시스템을 말한다. 인터넷 등에서 무료 기계 번역 서비스를 사용해 본 적이 있을 것이다. 기계 번역에 의한 번역문은 품질이 별로 좋지 않은 경우가 아직 많이 있다. 그렇기 때문에 기계 번역만으로 번역이 완성될 수는 없다. 그래서 전문 번역자의 번역과 같은 품질 기준을 달성하기 위해서는 '프리 에디트(pre-edit)'(기점 언어를 사전에 수정한다) 또는 '포스트 에디트(post-edit)'(기계 번역의 번역문을 나중에 편집한다)라는 전략을 추가할 필요가 있다.

2) 기계 번역 장치

먼저 기계 번역의 원리와 왜 최근에야 기계 번역이 주목을 받고 있는지를 설명하기로 한다.

기계 번역의 원리에는 크게 두 종류가 있다. 언어의 규칙(문법)에 따라 기점 언어를 분석하여 번역하는 '룰베이스형 기계 번역'과 또 하나는 기점 언어와 목표 언어를 쌍으로 한 데이터(코퍼스)[30]에서 통계적으로 역어나 역문을 계산하여 산출하는 '통계적 기계 번역'이다.

'룰 베이스형 기계 번역'은 종래부터 연구되어 온 방식으로 언어를 해석하기 위한 문법이나 사전을 기계가 기억하도록 한다. 사람이 하는 말을 기계에게 이해시키려는 시도이므로 그 구조는 매우 복잡하다. 이에 반해 '통계적 기계 번역'은 과거에 번역자가 번역한 대량의 번역 데이터를 사용하여 확률 계산을 할 뿐이므로 '룰베이스형 기계 번역'에 비해 구조가 간단하다. 번역 코퍼스 중에서 특정 단어나 문구가 어떻게 번역되어 있는지를 계산하여 목표 텍스트를 산출한다. 따라서 번역 데이터의 규모가 클수록 번역 정밀도가 높아질 것이다.

최근에는 인터넷이나 번역 메모리 등의 보급으로 방대한 데이터를 쉽게 수집할 수 있게 되어 통계적 기계 번역의 정확도가 비약적으로 향상되었다. 지금까지의 기계 번역은 '쓸모가 없다'라는 인상이 있었지만 요즘은 이것을 불식할 정도로 품질이 높아지고 있다. 이것이 최근의 산업 번역이나 번역 연구자가 기계 번역에 다시 주목하기 시작하고 있는 이유의 하나이다. 또 하나의 이유는 통계적 기계 번역 구조와 관계가 있다. 구체적으로는 번역 메모리를 사용해 축적된 데이터를 통계적 기계 번역으로 다시 이용할 수 있게 된 것이다.

[30] '코퍼스(corpus)'란 컴퓨터로 검색이 가능한 대량 언어데이터를 말한다.

지금까지 기계 번역과 사람이 한 번역은 전혀 별개로 취급되어 왔지만 최근에는 양자가 밀접하게 연결되어 사람에 의한 번역 데이터가 기계 번역의 품질을 향상시키고 있다.

3) 프리 에디트와 포스트 에디트

통계적 기계 번역의 품질이 향상되었다고 해도 기계 번역이 즉시 전문 번역자를 대신하는 것은 아니다. 특히 영어와 일본어 사이의 번역은 아직 부족한 점이 많이 있다. 그 때문에 현재로서는 기계 번역에 의한 번역 결과를 번역자가 수정하는 '프리에디트'와 '포스트에디트'라는 방법이 기계 번역과 함께 사용된다.

'프리에디트'란 원문을 번역하기 전에 미리 편집하는 것을 말한다. 기계 번역을 하기 전의 기점 언어 텍스트를 수정하여 쉽고 알기 쉬운 문장을 만들어 놓는다. 장문으로 복잡한 문법구조의 기점 언어 텍스트보다는 간결하고 짧은 문장이 기계가 번역을 할 때 이해하기 쉬우므로 사전 편집으로 기계 번역의 정확도가 높아진다.

포스트에디트는 기계가 번역한 목표 텍스트를 번역자 혹은 포스트에디터라고 불리는 사람이 나중에 편집하는 것이다. 기계 번역의 오역이나 오류를 나중에 수정하기 때문에 교정이나 퇴고 작업과 비슷하다. 포스트에디트에는 기계가 번역한 목표 텍스트를 최소한의 의미라도 알 수 있는 정도로 수정하는 '래피드 포스트 에디트(rapid post-edit)'와 통상의 번역에서 요구되는 품질 수준으로 수정하는 '풀 포스트 에디트(full post-edit)'의 2가지가 있다.[31]

포스트에디트의 연구와 실천은 근래 매우 번성하고 있다. 유럽에서는 예를 들어 영어에서 스페인어로 번역 분야를 한정하면 처음부터 사람이 번역을 하는 것보다 포스트에디트가 더 효율적이고 품질이 좋다고도 한다.[32]

이와 같이 지금까지의 사람에 의한 번역이라는 행위는 기계 번역과 포스트에디트의 등장에 의해 기계 번역을 수정하는 형태로 바뀌고 있다. 번역자의 역할 또는 번역자 교육의 관점에서도 이러한 상황에 입각한 지도나 고찰이 필요하게 되고 있다. 향후 한층 더 발전이 기대되는 분야인 것은 틀림없다.

[31] Allen, J.(2003). "Post-editing." In H. Somers (Ed.). Computers and Translation: A Translator's Guide. Amsterdam/Philadelphia: John Benjamins, pp. 297-317.

[32] Guerberof, A.(2008). Productivity and Quality in the Post-editing of Outputs from Translation Memories and Machine Translation (Unpublished minor dissertation). Universitat Rovira i Virgili, Tarragona.

 직업으로서의 번역

1. 문학 번역

1) 문학 번역

문학 번역이란 번역의 한 범주로 이름 그대로 시나 소설, 희곡 등 문학 작품의 번역을 말한다. 문학 작품의 번역 텍스트는 번역 문학으로 불리며 문학의 한 장르로 이루어져 있다. 어느 지역 문학계에는 창작 문학(처음부터 그 지역 언어로 쓰인 작품)과는 별개로 번역 문학(다른 언어에서 그 지역 언어로 번역된 작품)이라는 장르가 존재한다.

일본에서는 메이지 10(1877)년대 때부터 해외 문학 작품의 예술성을 의식하면서 번역하는 것이 성행했고 번역 문학이 인기를 얻어 왔다. 고전 작품부터 현대의 판타지나 미스터리 아동용 작품 등 다양한 장르의 작품이 번역되기 때문에 번역 문학에는 여러 가지 문학 장르의 번역 작품이 포함된다.

2) 문학 번역자

문학 번역에서는 기점언어는 외국어, 목표 언어가 모국어로 짝을 이루는 번역을 실시하는 경우가 많다. 다른 분야의 번역자들도 마찬가지일 수 있지만 문학 번역자로 성공하기 위해서는 외국어 독해력뿐만 아니라 모국어에서 예술적인 문장을 저술하는 힘도 필요하다. 번역 문학의 발표 방법은 많은 경우 서적으로 또는 잡지에 게재되어 출판된다고 한다. 출판되기까지의 과정이 한결같지는 않지만 크게 두 가지 가능성을 생각할 수 있다. 하나는 출판사로부터 번역할 작품이 결정된 상태에서 업무 의뢰를 받는 경우이다. 이런 경우는 번역자로서 이미 성공하고 있는 경우에 빗댈 수 있다. 다른 하나는 번역자 자신이 번역하고 싶은 작품을 찾아서 그것이 어떤 작품이고, 번역했을 때 팔릴 가망은 있는지 등을 문서로 정리해서 출판사에 의뢰하는 경우이다. 간단한 일은 아니지만 충분한 경험이 없는 번역자는 이러한 방법으로 일을 얻을 가능성이 있다.

3) 문학 번역자의 지위

일본에서는 일반적으로 문학 번역자는 사회에서 높은 지위를 누려 왔다. 메이지 시대에는 높은 교육을 받은 엘리트가 아니면 번역자가 될 수 없었던 것도 번역자가 높은 지위를 얻은 이유가 되었다. 현대에는 문학 번역자도 다양하고 일괄적으로 말할 수 없지만 많은 경우는 경의를 받는 입장에 있을 것이다. 예를 들면 번역 작품이 출판될 때에는 일본에서는 표지에 원저자명과 함께 번역자의 이름이 기재된다.[33]

독자 중에는 마음에 드는 번역자를 정해 놓고, 그 번역자가 번역한 작품을 선택해서 읽는다고 하는 사람도 있다. 또 번역자가 에세이 등의 창작품을 출간하는 경우 그 번역자와 번역자의 번역이라는 행위에 주목도가 높은 경우도 있다.

그러나 다른 나라에서는 사정이 다른 경우도 있다. 미국이나 영국에서는 (다른 분야의 번역자처럼) 문학 번역자의 지위는 낮다고 여겨지며 번역서 표지에 번역자 이름이 기재되지 않을 수도 있다. 일본에서 문학 번역자의 지위는 높다고 말했지만 높은 지위는 수입과 반드시 연결되는 것은 아니다. 문학 번역자 중에는 베스트셀러를 만들어 내는 사람이 아주 많은데 그런 경우는 수입도 많아질 것이다. 하지만 모든 번역 작품이 다 잘 팔리는 것은 아니다. 특히 취급하는 작품이 일본 독자가 주목하기 쉬운 지역(영어권 등)의 작품이 아닐 경우 번역서 발행 부수는 많지 않고 번역자의 수입도 적어진다.

번역 작업에는 막대한 시간이 걸리는 데 비해 보수가 적기 때문에 번역을 하는 대신 햄버거 가게 등에서 아르바이트를 하는 편이 더 많은 수입을 올릴 수 있을 것이라는 번역자도 있다. 문학 번역자는 대학 교원 등 다른 일을 가진 사람도 많다. 그런 경우 번역자는 보수를 위해서라기보다는 자신의 즐거움이나 작품 소개 등 다른 목적을 위해서 번역을 하고 있다고 볼 수 있다.

[33] Venuti, L.(2008). The Translator's Invisibility: A History of Translation (2nd ed.). London: Routledge.

4) 신역(新譯) 출판

번역 문학은 신문·잡지기사 등의 번역과는 달리 오랫동안 읽힐 가능성이 높은 번역 분야이다. 부모 세대가 읽던 번역서를 자녀 세대도 똑같이 즐길 수 있다. 그러나 똑같은 기점 텍스트를 신역, 즉 새로운 번역 작품이 출판되는 일도 많이 있다. 왜 이미 번역된 작품을 다시 번역하는 것일까. 그 이유는 여러 가지로 생각할 수 있지만, 한 가지 예를 들면 시대에 맞는 신역이 필요하기 때문이다. 어떤 작품의 첫 번역서가 나오고 나서 수십 년이 지나면 목표 언어의 말씨나 글씨의 표기법에 변화가 올 수 있다.

어떤 소설의 등장 인물이 '포도주'를 마시고 있다면 뭔가 구식이라는 인상을 아니면 특별한 음료라는 인상을 받을지도 모른다. 그러나 만약 마시고 있는 것이 '와인'이라면 아무런 위화감을 느끼지 않고 이야기를 읽어 나갈 것이다. 이처럼 어떤 말이 읽는 사람에게 주는 인상은 시대에 따라 변하기 때문에 '포도주' 대신 '와인'이라는 말을 사용하는 신역이 필요하다. 각 시대를 살아가는 독자들을 생각해서 새로운 번역서를 출판하고 있는 것이다.

2. 산업 번역

1) 번역 시장과 번역 분야

'산업 번역'의 엄밀한 정의는 없고 기업 등에 의뢰되어 실시하는 번역의 총칭으로 '실무 번역', '비즈니스 번역'이라고 불리기도 한다. 산업 번역은 기업 내 문서 등을 주요 대상으로 한다. 일반적으로는 그다지 익숙하지 않을지도 모르지만 사실 일본에서 행해지고 있는 번역의 대부분은 산업 번역이다.

<그림3>은 일본의 번역 시장의 매출을 분야별로 나타낸 그래프이다. 매출이 가장 많은 것은 컴퓨터 관련 번역이 번역 시장 전체의 34%를 차지하고 있다. 이어 과학·공업 기술이 22%, 비즈니스 문서가 17%이다. 컴퓨터 관련 번역, 과학·공업기술 번역, 비즈니스 문서 번역이 대표적인 산업번역이다. '번역'이라는 말을 들었을 때에 떠올리기 쉬운 출판과 영상 분야는 각각 1%로 번역 시장에서 차지하는 비중은 매우 적은 것을 알 수 있다.

2) 번역 회사

산업 번역 일을 하고 있는 사람은 주로 번역 회사, 프리랜서 번역자, 사내 번역자이다. 어떤 회사에서 번역이 필요할 때 만약 회사 내에 어학에 능숙한 사람이 있으면 의뢰할 수도 있겠지만 그 사람은 번역 전문가가 아니라서 다른 일로 시간을 낼 수 없는 경우도 종종 있다. 이러한 경우 통상적으로 두 가지 선택지를 생각할 수 있다.

우선 첫 번째는 번역 회사에 그 일을 의뢰하는 것이다. 번역자는 번역을 전문으로 하기 때문에 언제든지 필요에 따라 번역을 할 수 있다. 다른 하나는 회사에서 번역자를 채용하는 것이다. 기업 내에 번역을 전문으로 하는 사원이 있으면 번역 회사에 의뢰하는 수고를 덜 수 있다. 다만 번역 업무가 그리 많지 않은 경우에는 회사에서 번역자를 고용하는 것이 기업에 경제적으로 이득이 되지 않는다. 그렇기 때문에 사실은 첫 번째 선택지인 번역 회사에 의뢰하는 선택지가 대부분이다.

그럼 번역 회사는 어떤 구조로 되어 있는 것일까? 먼저 번역 회사가 일을 받는 경우에는 번역 회사의 코디네이터라고 불리는 사람이 창구가 된다. 코디네이터는 번역의 의뢰자(기업)로부터 일을 받으면 번역자에게 연락한다. 코디네이터 자신은 번역을 하지 않는다. 실제로 번역을 하는 사람은 그 번역 회사에 등록된 번역자이다. 대부분의 경우 번역자는 재택 프리랜서로 일하기 위해 번역 회사의 번역 테스트를 받는다.

테스트에 합격하면 번역 회사의 등록 번역자가 되어 번역 일을 받을 준비가 되는 것이다. 코디네이터는 주문 들어온 번역의 내용을 검토한 후 '등록 번역자 리스트'속에서 적절한 번역자를 찾아내서 번역을 의뢰하는 것이다.

이와 같이 산업 번역에서의 번역은 기업(번역의뢰자), 번역 회사(번역을 도급하는 회사, 코디네이터 등), 번역자(실제로 번역을 하는 사람, 프리랜서 번역자)의 3층 구조로 구성되어 있다.

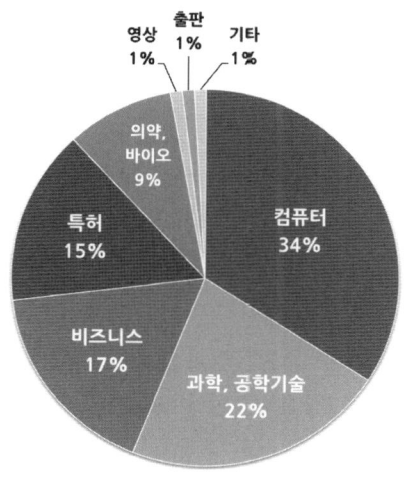

<그림3> 번역 취급 분야의 비율

3) 번역적 행위와 산업 번역

산업 번역은 비즈니스의 요구에 따른 번역인 동시에 번역 자체도 비즈니스라는 측면을 가지고 있다. 자원봉사나 취미로 하는 번역과는 달리 산업 번역은 유상 서비스 즉 번역 의뢰인(기업)이 번역에 대해 번역 요금을 지불한다는 점을 잊어서는 안 된다. 이런 점에서 산업 번역을 할 때는 언어에서 언어로 변환하는 작업(번역 작업)뿐만 아니라 번역 업무를 수주한 후 납품(의뢰자에게 번역을 제출)까지의 과정도 중요하다.

번역 과정은 번역 전, 번역, 번역 후의 세 단계로 나누어 설명할 수 있다.[34] 번역 전 단계에는 번역 발주자와의 협상, 조건 합의, 번역 목적 및 소재 확인 등이 포함된다. 이는 실제로 번역 작업을 시작하기 전에 번역자는 번역 의뢰자나 번역 회사와 협의를 하고 이를 통해 번역 내용을 이해해 둘 필요가 있음을 의미한다. 그 번역이 어떤 목적으로 쓰이는지, 번역 독자는 누구인지, 보수는 얼마인지, 납기는 언제인지 등의 사항을 파악해야 한다. 번역 후에는 납품 준비, 품질 체크 및 피드백 등이 동반된다. 이런 소통과 행위가 산업 번역자들에게는 중요하다.

산업 번역에서는 위에서 말한 내용 중 고객이 요구하는 중요사항 중 하나로 납기가 있다. 정해진 기일 내에 번역을 제출하는 것도 넓은 의미의 '번역 품질'이다. 납기를 지키지 못하면 비록 번역의 질이 좋아도 그 번역(사)은 좋은 평가를 받지 못하게 된다. 이와 같이 산업 번역에서는 직접적인 번역 행위뿐만 아니라 고객이나 번역자와의 커뮤니케이션과 같은 간접적인 행위, 즉 '번역적 행위'가 중시되는 것이다.

[34] Gouader, D.(2007). Translation as a Profession. Amsterdam/Philadelphia: John Benjamins.

3. 법정/특허/의학/행정 번역

1) 공공 서비스의 번역

번역은 공공 서비스에 관해서도 이루어지고 있다. 하지만 번역과 통역은 상황이 다르다. 의료 등의 커뮤니티 통역이나 재판에서의 법정 통역은 회의 통역이나 비즈니스 통역과는 다른 종류의 통역으로서 취급되고 있지만 '커뮤니티 번역'에는 의료 현장이나 법정에서의 번역은 포함되지 않는다. '커뮤니티 통역'과 '커뮤니티 번역'은 전혀 별개라는 점에 유의해야 한다. 여기서 다루는 법무/특허/의학/행정의 네 분야는 공공성과 전문성이 높다는 공통점이 있지만 실제로는 별개의 분야라고 생각한다.

2) 전문성

'법무 번역'은 법률이나 계약에 관한 문서가 번역의 대상이 되며 계약서, 정관, 법령 문서의 번역을 한다. 최근에는 일본 기업의 해외 전개나 M&A(기업의 매수, 합병) 등에 수반하는 일본어와 영어 간의 번역의 수요가 급증하고 있다. 번역 기능으로서 법무 문서 특유의 문체나 전문용어에 대한 대응력이 요구된다. '특허 번역'은 개인이나 기업이 특허 신청을 할 때 발생하는 문서 번역이다. 특허명세서, 우선권증명서, 공보 등이 그것이다. 특허는 문서형태(문체)가 독특하기 때문에 전문적인 번역 기능이 요구된다. 지적 재산 제도나 국제법 제도 등의 지식도 필수적이다.

'의학 번역'은 의학·약학에 관한 번역이다. 신약 치료 경험 관련 문서, 의료기기 사용설명서, 학술 논문이 번역 대상으로 최근에는 약품 관련 수요가 많은 상황이다. 의약에 관한 지식이 필수적이므로 의약에 대한 전문지식을 가지고 있으면 번역자에게는 유리하다.

'행정 번역'은 국가기관이나 관공서에서 발행하는 백서나 보고서 번역이 주를 이루고 있다. 이것도 일본어-영어 간의 수요가 증가하고 있다. 행정에 관한 전문 지식도 중요하고 행정 기관 특유의 말투에 익숙해지는 것도 중요하다.

이와 같이 어느 분야나 전문지식과 번역 기능이 필수적이다. 문서 스타일이라는 점에서는 법무(법령)와 특허는 특히 독특하지만 문서 스타일의 제약이 어렵다는 것은 번역의 패턴화가 가능하다는 점도 되고 이 분야에서 번역 메모리나 기계 번역의 도입이 진행되고 있는 것과도 연결된다. 의약계 분야 중 의료기기 취급설명서를 번역할 경우에는 기계나 소프트웨어를 사용한 조작이 많기 때문에 공업, IT계 번역과 공통되는 부분도 있지만 약품의 실험보고서 등 치료 경험 관련 문서나 의학 논문을 번역할 때는 범위를 좁혀 전문지식을 몸에 익힐 필요가 있다.

3) 법령 외국어 번역 데이터베이스 시스템

EU에는 23개의 공용어가 있고 모든 법령은 기점 언어 22개의 언어로 번역된다. 방대한 번역 양(170만쪽 2009년)뿐만 아니라 번역된 텍스트도 법적 효력을 가지기 때문에 높은 번역 품질이 요구된다. 이를 위해 EU 번역 총국은 EURAMIS라는 번역 메모리 시스템을 도입하고 있다.

일본에서도 같은 시스템의 필요성이 경제계나 관청에서 강하게 인식되고 있었다. 그래서 2009년 4월 법무부는 '법령 외국어 번역 데이터베이스 시스템'을 공개했다. 이것은 법령문의 일본어와 영어 번역의 데이터베이스(번역 메모리)로 누구라도 무료로 이용할 수 있다. 이와 같이 법무, 행정 관련 번역 분야에서도 번역 메모리가 응용되어 공공 서비스의 번역 기반이 갖추어지고 있다.

4) 특허 번역과 기계 번역

특허 번역은 비교적 일찍부터 기계 번역을 이용해 온 분야 중 하나이다. 최근 중국에서의 특허 출원 건수가 증가하고 있고, 해마다 증가하고 있는 방대한 수의 특허 문헌을 사람의 번역만으로 대응하는 것은 비용이나 인재의 면에서 볼 때 한계가 있다. 특허 번역에서의 기계 번역의 활용은 실은 필연적인 일이었다

일본 특허청(JPO)에서는 2000년부터 특허 전자 도서관이나 고도 산업 재산 네트워크를 통해서 기계 번역을 사용한 일본어의 특허 정보를 영어로 발신하고 있다. 구체적으로는 특허 전자 도서관(IPDL)이 특허, 실용 신안, 의장 공보의 텍스트 부분을 영어로 기계 번역한 후 공표해서 일반에게 공개하고 있다. 이러한 대책은 이미 유럽에서는 진행되고 있으며 유럽특허청(EPO)에서는 Espacenet이라는 시스템을 사용해 독일어, 프랑스어, 스페인어, 이탈리아어 특허 정보를 영어로 기계 번역해서 열람할 수 있다. 또한 중국어 국가지식산권국(SIPO), 한국특허청(KIPO)에서도 중국어, 한국어 특허 정보를 기계 번역을 통해 영어로 제공하고 있다. 특허에 대한 정보를 세계 공통어로서의 영어로 발신함으로써 국민의 지적재산권을 지킬 수 있기 때문에 기계 번역의 이점은 매우 크다고 생각한다.

공공 서비스라고 하지만 번역이 개입되어 있다는 것은 일반 사람들에게는 보이지 않지만 번역이 각각의 자리에서 무거운 역할을 담당하고 있는 것을 알 수 있다.

4. 커뮤니티 번역/클라우드소싱 번역

1) 클라우드 소싱 번역

2000년대 중반에 등장한 web 2.0이후, 인터넷에서 정보의 송신 측과 수신 측이 쌍방향으로 정보를 발신할 수 있게 되었다. SNS(소셜 네트워킹 서비스)에서는 복수의 사용자가 연결되어 쌍방향의 커뮤니케이션이 가능해지면서 커뮤니티가 형성되어 논의할 기회가 생겼다. 이러한 인터넷 환경으로 인해 기업들은 사외 업체에 의뢰하던 업무를 불특정 다수 군중(crowd)에게 업무를 위탁(sourcing)할 수 있게 되었다. 이를 클라우드소싱(crowdsourcing)이라고 부른다.

'클라우드소싱 번역'이란 이를 번역하는 일에 응용한 것으로 번역이라는 과제를 중심으로 인터넷상에 모이는 군중 번역자를 말한다.

2) 자원봉사 번역, 커뮤니티 번역

클라우드 소싱 번역을 하는 것은 프로 번역자에 한정되지 않는다. 커뮤니티 번역처럼 프로가 아닌 번역자 집단도 있다. 페이스북 사이트가 그 예로 누구나 Facebook에 참여할 수 있다. '번역'커뮤니티가 준비되어 번역이 필요한 문자열로 번역 환경을 Facebook이 제공하여 사용자가 사이트 내의 문자열을 무상으로 번역하는 것이다.

번역자가 프로가 아니기 때문에 번역의 질이 문제가 되지만 페이스북의 경우는 투표 시스템에 의해 이를 해결하고 있다. 번역 커뮤니티 내의 사용자가 복수의 번역문에서 최상의 번역문에 투표하고 정족수를 가장 많이 획득한 번역문이 Facebook의 사이트에서 채택되는 구조로 되어 있다.

이 그림에서 알 수 있듯이 'Back to text'의 번역을 '텍사스 주로 돌아가'와 같이 잘못 번역한 것은 마이너스 7표(나쁜 번역의 평가)이고, 올바른 번역 '텍스트로 돌아가'는 플러스 7표(좋은 번역의 평가)를 받았다.

이밖에도 해외 뉴스 기사 등을 자원봉사로 번역해서 인터넷에 공개하는 커뮤니티가 있다. 또한 '팬

<그림4> Facebook의 번역 투표 시스템

섭(fansub)'이라 불리는 사용자 생성형 번역(user-generated translation)도 있다. 애니메이션이나 영화 등에 팬들이 자발적으로 자막번역을 붙여 인터넷으로 공개하는 활동이다. 이러한 번역은 모두 무상으로 이루어지기 때문에 '자원봉사 번역'이라고 불리기도 한다. 그러나 자원봉사로 한다고 해서 반드시 품질이 떨어지는 번역이라는 것을 의미하지는 않는다.

커뮤니티 번역에는 프로 번역자도 많이 참가하고 있어 아마추어 번역자에게 조언하고 함께 논의하기도 한다. 자원봉사 번역자는 애니메이션이나 뉴스 등의 지식이 풍부하여 이러한 지식을 커뮤니티 장에서 다른 참가자와 공유할 수 있다.

3) 클라우드 소싱 번역의 상업적 이용

'커뮤니티 번역과 같이 무상 번역 시스템이 있는 것은 프로 번역자에게는 위협이 될 수 있지만 산업 번역의 요구는 다양해졌기 때문에 모든 번역 수요를 자원봉사 번역으로 처리하는 것은 불가능하다'. 그래서 클라우드소싱 번역을 유상으로 활용할 수 있는 서비스도 출현하고 있다. 수백 명 이상의 번역자가 인터넷에서 대기해 군중(클라우드)을 만든다. 번역 의뢰인이 번역하고자 하는 문서를 클라우드에 올리면 대기하고 있던 번역자는 해당 분야의 문서를 찾아 번역을 한다. 번역료는 서비스를 통해 지불된다.

지금까지 번역 의뢰인은 번역 회사에 연락하여 번역할 수 있는지 여부를 확인했다. 전문성이 높은 번역의 경우는 번역자를 구하는 것이 상당히 힘들다. 그러나 클라우드소싱 번역에서는 항상 다수의 번역자가 대기하고 있기 때문에 해당 번역에 맞는 적절한 번역자를 신속히 찾을 수 있다. 번역을 의뢰한 후 완료하기까지 몇 십 분만에 해결되는 경우도 있어 번역이 필요한 사람들은 그 어느 때보다 편하게 이용할 수 있게 되었다고 할 수 있다.

4) 공공 서비스로서의 번역

유럽위원회 번역총국(DGT)은 '번역'을 세금으로 충당하는 공공 서비스로 만들어 우리 생활의 '표준기능'으로 만들어야 한다고 제안했다. 필요할 때 언제든지 원하는 언어로 정보를 입수할 수 있도록 하자는 제안이다. 예를 들어 인터넷이나 휴대전화, 스마트폰에서 쓰는 모든 앱에 번역 버턴이 달려 있으면 바로 번역할 수 있다. 이러한 발상이 현실이 된 배경에는 클라우드소싱 번역이나 커뮤니티 번역이라는 환경이 기능하기 시작했기 때문이다.

5. 시청각 번역

1) 자막, 더빙, 보이스오버

시청각 번역(audiovisual translation)이란 영화, TV 프로그램, 비디오, 게임 등 시청각 매체에서 사용되는 번역을 말한다. 자막, 더빙, 보이스오버, 무대 자막 등의 종류가 있다. 자막은 언어 내 자막(intralingual subtitles)과 언어 간 자막(interlingual subtitles)으로 분류할 수 있다.

언어 내 자막이란 청각장애인 등을 위한 것으로 캡션이라고도 불리고 있다. 예를 들어 TV 프로그램 등에서 음성을 문자 정보로 화면에 나타내는 것이다. 언어 간 자막이란 영상 작품에서 사용되고 있는 언어를 다른 언어로 번역한 것(예를 들면 프랑스어에 의한 대사의 일본어 번역)을 화면상에 문자로 보여주는 것이다. 더빙은 원래의 음성을 음성 번역과 대체하는 것으로, 외국 영화의 대사를 성우가 일본어로 더빙하는 것 등을 말한다. 보이스 오버는 더빙의 일종이지만, 원래의 음성은 지워지지 않고 작은 음량으로 유지된다.

2) 일본어 영화 자막

일본에서 가장 잘 알려진 시청각 번역은 외국 영화의 자막 번역일지도 모른다. 일본에서 최초로 외국 영화가 상영된 것은 1897년이었다. 그리고 약 30년은 음성이 들리지 않는 무성 영화 시대에서 교묘한 말솜씨로 줄거리를 설명하는 연사로 불리는 사람들이 활약했다. 그 후로 음성이 들리는 토키(トーキー) 영화가 등장한다.[35] 외국 영화에 일본어 자막이 처음 사용된 것은 1931년이고 토키 영화가 처음 상영된 것은 미국 영화 『모로코』였다.

당시 외국 영화가 몇 편 상영되었지만 더빙할 인력이 부족했던 점, 경비가 많이 든다는 점 등의 이유로 자막 쪽이 더 많이 사용되었다. 현재 외국 영화의 상영에서 프랑스나 독일 등에서는 더빙이 사용되는 경우가 많지만 일본에서는 대부분의 경우 자막이 사용되고 있다.

이를 테면 2010년 영화관에서 상영된 외국 영화 328개 중, 자막판은 289개, 더빙판은 8개로, 31편은 자막과 더빙판이 모두 있는 상황이었다. 배우들의 목소리가 들린다는 점, 분위기가 느껴진다는 것, 어학공부가 된다는 것 등이 자막을 선호하는 이유로 꼽힌다.

[35] 발성영화(talking picture)라고도 한다. 유성영화는 사운드가 들어가는 영화를 총칭하는 반면, 토키는 음성대사가 들어간 유성영화를 가리킨다는 점에서 구분된다. 토키라는 용어는 유성영화가 나타나면서 말하는 영화라는 뜻으로 무성영화와 비교해 사용한 용어이다. – 역자주

3) 자막 번역의 제약

영화 자막은 작품 감상을 돕기 위한 것이다. 그래서 영상이나 음성을 충분히 즐길 수 있도록 시청자가 자막을 읽는 부담이 커지지 않도록 하는 것이 중요하다. 또 대사와 자막의 타이밍의 일치 등을 유지하지 않으면 안 된다. 이들 조건을 충족시키기 위해서 프로 일본어 자막 번역자가 일반적으로 실천하는 것은 '1초 4문자' '1행 13글자로 2줄까지'라는 기준이다. 즉, 대사 길이 1초에 자막 문자는 4둔자까지, 1행 13문자까지, 1개의 자막은 최대 2줄까지 번역하는 방법을 선택한다.

그 외 구두점은 사용하지 않는다. 가나문자와 한자를 적당히 섞어서 써야 한다. 제2언어가 사용되었을 때 주(主) 언어와 구별하기 위해서 제2언어의 자막을 부등호로 둘러싸는 등 한정된 공간과 시간 안에서 시청자에게 부담을 주지 않는 자막을 작성하기 위해서 다양한 연구가 이루어지고 있다.

또, 불특정 다수의 시청자를 대상으로 하는 것이므로 영화 속에서 차별적인 말, 불쾌감을 주는 말이 사용되었다고 해도 자막에서는 생략이나 말 바꾸기로 대응하는 일이 있다. 이것은 자율규제의 일종으로 생각된다.

4) 팬섭(Fansub)

기술 혁신이나 인터넷 문화의 진전을 배경으로 자막을 번역하는 상황이나 조건에도 변화가 생기고 있다. 이를 테면 사용자나 팬들이 영화나 비디오에 스스로 자막을 작성해서 인터넷상에서 공유하는 일이 활발하게 이루어졌다. 팬이 만든 자막(영어로 subtitles서브타이틀)이라서, 줄여서 팬섭이라고 불린다. 번역기 사용자들이 온라인상에서 협동하여 자신들을 위해 번역하는 현상의 일종으로 알려져 있다.

팬섭의 기원은 1980년대 미국의 애니메이션 애호가가 일본 애니메이션에 스스로 영어 자막을 작성한 것이라고 알려져 있다. 이제 인터넷 동영상 사이트에는 애니메이션뿐만 아니라 일본 TV프로그램이 영어, 중국어, 한국어 등의 자막으로 제공되고 있다. 물론 외국 TV 프로그램 등에 일본어 자막이 나오는 경우도 있다. 팬이 자율적으로 동영상의 자막을 작성해 인터넷에서 발신하는 것은 전문 번역자에 의한 자막이 존재하지 않거나 기존의 자막에 대해 불만이 있는 것이 동기가 되고 있는 것 같다. 전문 번역자는 글자 수 제한이나 자율 규제를 지키므로 작품 중의 문화적 요소, 뉘앙스, 등장 인물의 묘사 등이 충분하지 않다고 팬들은 생각할 수 있다.

팬섭은 자막에 여러 가지 색을 사용하거나 글자 수 제한을 무시하거나 각주를 넣는 등 비교적 자유로운 표현을 사용한다. 시청자들이 이런 자유로운 표현의 팬섭에 익숙해지면 영화관이나 DVD로 보는 자막에 대한 기대가 변화하게 되어 결국에는 전문 자막 번역자의 실천(번역)에도 영향을 미칠지도 모른다.

6. 번역자·통역자 단체

1) 번역자·통역자 단체의 역할

전문직으로 간주되는 직업에 공통적으로 보이는 특징 중 하나가 그 직업과 관련된 단체의 존재이다. 그 단체는 구성원의 노동 조건이나 사회적 지위의 보호, 기능의 유지·향상을 추진하는 것과 동시에 사회 구성원들에게 자신들 직업의 전문성이나 요건에 대해 설명하고 이해를 요구하는 것 등을 목적으로 하는 비영리 단체이다.

통번역 분야에서도 통번역 전반 혹은 특정 분야를 대상으로 한 국제적 또는 지역별 단체가 존재한다. 모두 직업으로서의 통번역의 발전을 추진하기 위한 것으로 구성원 자격의 심사·관리, 직무 윤리 규정의 설정과 계몽, 인정 시험의 실시, 정보교환이나 기능 향상을 위한 회의나 연수 개최 등의 활동을 하고 있다.

2) 국제적인 번역자, 통역자 단체

여기에서는 국제적 단체에서 대표적인 것을 두 가지 소개하기로 한다.

⟨국제회의 통역자 협회(AIIC: Association Internationale des Interprètes de Conférence)⟩

현재 활동하고 있는 국제적인 번역자·통역자 단체 중에서 가장 긴 역사를 가진 것의 하나로 국제회의 통역자 협회(AIIC, '아이크'라고 부른다)가 있다. 전후, 유엔 및 여타 국제회의에서의 다언어 사용에 대응하기 위해 회의 통역자의 요구가 급증한 것 등의 배경으로 1953년 세계 최초의 회의 통역자 단체가 결성되었다.

당초는 서구(欧米) 거주의 통역자가 주요 회원이었지만 지금은 90개국 이상의 회의 통역자 2800명이 참가하고 있다. 회원이 되려면 기존 회원의 추천과 심사가 필요하다. 유엔 그 외의 조직에서 일하는 통역자의 대표로서 노동 조건에 대해 고용자와 단체 교섭을 하거나 회의 통역의 직무에 관한 국제 기준 설정에 관여하거나 통역자 양성의 'best practice'(가장 효율적인 방법)'를 추천하거나 통역 시장의 움직임을 파악하는 활동을 하고 있다.

AIIC의 영향력이 전통적으로 강한 유럽이나 국제기구 공용어(주로 영어와 프랑스어)의 관계국에서는 통역자가 되려면 AIIC 회원 가입이 필수인 곳도 있고 AIIC 회원이 되면 통역자 채용 시에 유리한 조건이 되는 경우도 있다. 일본에서는 대학원에서의 통역자 양성이 늦게 시작된 것과 일본어가 국제 공용어가 아닌 점 등의 이유로 AIIC의 존재감은 그리 강하지 않다. 일본 국내의 회원 수는 2013년 4월 현재 8명이다.

⟨국제번역가연맹(FIT. Fédération Intenationale des Traducteurs)⟩

국제번역가연맹은 전 세계에 있는 번역자, 통역자, terminologist(전문용어학자)의 단체가 연합하는 국제조직이다. 현재 100인 이상의 단체가 가입했고, 55개국에 있는 8만 명 이상 회원을 대표하는 번역자, 통역자, terminologist(전문용어학자)의 근로 조건이나 권리를 보호하고, 직무 전문성을 유지·발전시키기 위한 활동을 하고 있다.

유네스코와 긴밀한 관계를 유지하며 회원단체 간 정보 교환을 지원하고 기관지 발행과 대규모 회의를 개최하고 있다. 또 9월 30일 '세계 번역의 날(International Translation Day)' 축하 활동을 통하여 통·번역에 대한 이해와 세계의 번역자·통역자의 연대를 호소하고 있다.

3) 일본의 번역자·통역자 단체

일본에도 번역자·통역자가 직업으로서의 번역·통역의 추진이나 회원의 능력 향상 및 정보 교환을 목표로 하는 단체가 있다. 번역·통역 산업 전체의 발전을 위해 번역통역회사 등 사업주가 주된 역할을 담당하는 단체도 있지만 번역자·통역자들이 주도하는 단체로 좁혀 세 개를 소개하기로 한다.

<일본번역가협회(JST : Japan society of Translators)>

1953년에 창립되어 국제번역가연맹(FIT)의 정회원으로 이사를 배출해 왔다. 문예 번역자가 많은 조직이지만 동시통역의 개척자인 니시야마 센 씨가 회장을 맡기도 했다. 매년 '일본 번역 문화상', '일본 번역 출판 문화상'을 수여하고 있는 것으로도 알려져 있다.

<일본번역자협회(JAT : Japan Association of Translators)>

번역자(통역자 포함)가 정보를 교환하여 자신들의 지식과 기능을 향상시키는 것을 목표로 한 조직이다. 2013년 4월 현재 540명 이상의 회원이 있다. 정례회나 매년 개최되는 영일·일영 번역 국제 회의(IJET)를 통해서 회원 간의 경험이나 전문 지식의 공유를 적극적으로 행하고 있다. 영어 네이티브 회원이 많다는 점과 번역자 등 법인 회원을 두지 않는 것이 특징이다.

<일본 수화 통역사 협회(JASLI : Japanese Association of Sign Language Interpreters)>

1991년 수화 통역사의 전문적 기술의 향상과 수화 통역 제도의 발전을 위해서 설립되었다. 경험과 실적을 보고하는 연구 대회를 2003년부터 개최하고 논문집을 발행하고 있다. 또 1997년에 '수화 통역사 윤리 강령'을 작성하고 사례에 비추어 윤리 강령이 어떻게 활용되고 있는지에 대해서 지속적으로 논의하고 있다. 수화 통역사의 자격을 얻은 후에도 윤리 강령, 생활에서의 수화 통역, 사회 복지 전문직으로서의 원조 기술, 정견 방송에서의 수화 통역, 사법 장소에서의 수화 통역에 대한 기능을 몸에 익히기 위한 연수를 받는 것을 회원에게 의무화 하고 있다.

IX 미디어와 번역·통역

1. 저널리즘과 뉴스 번역

1) 해외 뉴스 보도

우리는 매일같이 뉴스를 접한다. 주로 텔레비전과 신문이라는 미디어를 통해 접하지만 최근에는 인터넷이나 스마트폰으로도 보고 듣는 일이 많아졌다. 왜 해외의 정보를 일본어로 보고 들을 수 있는지를 생각해 보면 외국어로 보도된 정보가 통역이나 번역을 통해서 일본어 정보로 발신되고 있다는 것을 알 수 있다. 일본발 뉴스에 대해서도 마찬가지이다. 국제 통신사가[36] 직접 취재를 해 영어로 보도하는 경우도 많지만 일본어로 국내에 보도된 것이 외국어로 번역되어 세계에 보도되는 경우도 있다.

또 일본의 공동통신사나 시사통신사 같은 민간통신사는 영어로 보도해 왔다. NHK는 해외에 18개 언어로 라디오 프로그램들을 내보냈고 텔레비전에서는 세계를 위한 NHK WORLD TV에서 뉴스를 영어로 발신하고 있다.[37] 세계 각지에서 일어난 사건이 순식간에 보도되고 일본에서 일어난 뉴스도 바로 세계에 보도되는 것이 글로벌 시대의 보도이다.

2) 저널리즘: 뉴스 편집과 번역 사이에서

현재 세계에서는 서구(欧米) 국제 통신사 세 곳이 말 그대로 전 세계에 영어로 국제 보도의 정보를 전달하고 있다. 이러한 정보를 기반으로 세계에 정보를 발신하고 있는 것도 주로 서구의 주요 미디어이다. 즉 뉴스의 세계화는 국제 통신사를 중심으로 하는 서구 주요 미디어가 담당하고 있다. 그것이 로컬인 지역, 예를 들면 일본의 뉴스가 되려면 일본 미디어의 규칙이나 관행에 따라서 원문이 고쳐지거나 일본의 시청자나 독자가 알기 쉽게 하기 위해서 내용이 재편성 되기도 한다. 거기서는 개별화·현지화가 행해지는 것이다.

2012년 10월 파키스탄에서 14세 소녀가 반정부 무장 세력에 피격된 사건이 일어났고 일본 신문이나 방송에서도 크게 거론되었다.[38] 그때의 news-week 일본판 기사를 예로 들어보겠다.[44] 원래의 영어 기사에 있는 이슬람교의 법학자나 전문가의 견해와 용어 설명 부분은 모두 생략되고 거기에 원문에는 없는 부분이 삽입되어 있다. 여자에게도 교육의 필요성이 있음을 호소하는 활동가로서의 소녀 이야기이다.

이와 같이 종교적으로 미묘한 화제는 언급하지 않고 일본인에게 친숙하지 않

---

[36] 통신사는 국내외의 뉴스나 뉴스자료를 독자적으로 수집해서 신문·방송·잡지 등 매스미디어나 정부기관·상사 등 단체에게 제공하는 회사를 말한다. 국제 통신사라고 불리는 AP, AFP, 로이터(Reuters) 등의 통신사는 세계적 규모로 정보를 수집·배포할 수 있는 능력을 가진다.

[37] 2012년, 반정부 무장세력이 지배하는 파키스탄 북서부 지역에서 여학교를 폐쇄한 탈레반(Taliban)에 대해서 인터넷 블로그를 통해 '여성도 교육받을 권리가 있다'고 주장했던 14세 파키스탄 소녀 말랄라 유사프자이(Malala Yousafzai)가 탈레반 대원이 쏜 총에 머리를 맞고 중태에 빠졌다.

[38] Newsweek 인터내셔널판 2012년 10월 12일: Pakistan's Tipping Point Newsweek 일본판 2012년 10월 24일: 소녀가 쏜 파키스탄의 어둠 Newsweek 일본어판은 미국의 주간 보도지 Newsweek의 일본어판

은 이야기에 대해서는 정보를 큰 폭으로 덧붙인다. 혹은 삭제하는 등의 '재고침'(rewrite)이 빈번한 것을 볼 수 있다. 일본에서의 뉴스는 이와 같이 영어를 통한 세계화와 현지어화의 과정을 거치고 최종적인 기사로 완성된다. 그 과정에서는 취재 정보의 가공, 삭제, 추가, 압축 등의 편집이 이루어진다. 여기에는 많은 번역 작업이 관련되어 있는데 그것은 언론인의 일의 일환이며 편집과 번역은 혼연일체가 되어 있는 것이다.[39] 이제 신문기사 제작 과정을 좀 더 자세히 살펴보도록 하겠다.

[39] Bielsa, E. & Bassnett, S.(2009). Translation in Global News. London & New York: Routledge 참조

3) 신문 뉴스 기사 번역 작업

신문이라는 매체로 국제 뉴스의 보도 기사를 제작하는 방법에는 구체적으로 아래 세 개의 과정이 있다.

(1) 해외 언론의 외국어 배포 기사를 기자 또는 사내 번역자가 번역한다(직접 번역).
(2) 현지 미디어의 정보 수집·편집에 따른 기사 작성(복합 프로세스).
(3) 해외 및 일본 내에서의 기자의 대면 취재에 따른 기사 작성(직접 취재).

(1)은 로이터와 AP등 통신사가 전달하는 외국어(대부분 영어)의 기사와 CNN과 BBC등 해외 방송국이 보도하는 외국어 뉴스를 국제부 기자가 번역 편집을 하고 기사를 작성하는 경우이다.

(2)는 현지 스텝으로서의 취재 번역 보조 요원이 현지 신문 기사나 텔레비전 뉴스에서 중요한 정보를 선택하고 기자가 필요로 하는 언어로 번역·요약을 한다. 덧붙여 기자 자신이 현지 스텝의 도움을 받아 취재를 실시한 후 일본어로 기사를 써서 도쿄 본사로 보내는 일도 있다. 이 경우도 최종적으로는 본사에서 편집을 실시하고 게재하는 기사를 작성한다.

(3)은 일본에서 파견된 기자가 독자적으로 취재를 해서 일본어로 기사를 쓰고 도쿄 본사로 보낸다. 혹은 일본 내에서 외무성 등의 정부 관청이나 재일 대사관, 일본을 방문한 해외 요인 등에게 기자가 취재를 해서 일본어로 기사를 쓴다. 그러한 기사를 기본으로 본사에서 편집을 하고 최종판의 기사를 작성한다.

이상 세 개의 과정 가운데 (1)과 (2)에는 번역 작업이 들어간다. 거기서는 원문을 충실하게 번역하는 것뿐만 아니라 번역과 편집을 일체화한 작업이 된다. 그렇게 되면 이것은 번역이라고 하기보다는 'trans-editing ('번역기 편집')'이라고 표현하는 것이 타당하다고 할 수 있다.

이렇게 뉴스 번역에서는 원문의 텍스트를 번역한 후 '재고침'를 해서 편집하는 일이 일상적으로 이루어지고 있다. 그것은 무엇보다도 저널리즘의 중심에는 편집이 있고 번역은 그 업무 안에 짜여 있기 때문이다. 그만큼 번역은 밖에서 잘 보이지 않는다.

2. 국제 분쟁과 번역

1) 세계화와 빈발한 국제 분쟁

지금도 매일같이 세계 어디에선가 국가 간 혹은 지역 간에 분쟁이 일어나고 있다. 글로벌 사회라고 불리는 현대 사회에서 그것은 이웃 여러 나라 지역뿐만이 아니라 국제사회가 말려 들 정도로 큰 문제가 되고 있다. 이러한 국제 분쟁이 신문이나 잡지, 텔레비전, 인터넷 등의 매스·미디어를 통해서 순식간에 전해지는 정보 네트워크 시대에 우리는 살고 있다.

1980년 말부터 90년대에는 세계화의 물결이 언론에도 밀려들어 다양한 뉴스가 세계를 알려졌다. 1989년 독일 베를린 장벽 붕괴, 90년 여름 이라크의 쿠웨이트 침공, 이듬해의 다국적 군의 이라크 공습, 이 시기에 발생한 옛 유고슬라비아 연방이나 르완다 분쟁도 세계에 뉴스 영상이나 기사가 되어 전해졌다. 금세기 들어서도 9.11테러, 아프가니스탄과 이라크 분쟁, 그치지 않는 팔레스타인과 이스라엘 간의 분쟁, 2011년에 시작한 중동과 북 아프리카의 새로운 정치적 물결 속에서 여러 세력의 격렬한 충돌 등 일일이 열거할 수가 없다.

이러한 국제분쟁에 대한 보도를 우리가 알 수 있는 것도 그곳에서 어떠한 형태로든 번역이 이루어지고 있기 때문이다. 하지만 원래 국제분쟁의 개시나 전개 단계에도 번역이 크게 관여하고 있다.

2) 국제 분쟁과 번역

우선 무엇보다도 다른 언어를 가진 국가끼리 전쟁을 개시할 때의 선전포고 자체가 번역이나 통역이 없으면 상대방은 그것을 이해할 수 없다. 또 최근의 국제 분쟁의 감시나 진압을 위해서 유엔군이나 NATO군이 동원되는 경우 여러 나라가 하나가 되어 임하기 때문에 군대 동원 그 자체뿐만이 아니라 사령 전달이나 협력을 위한 의사소통에도 번역이나 통역은 빠뜨릴 수 없다.

나아가 분쟁 당사자뿐 아니라 이러한 여러 나라들도 자국민과 국제사회에 대해 자신의 행위의 정당성을 주장해야 한다. 또한 분쟁의 최종적인 해결을 위한 협상이나 회의에서도 번역이나 통역이 필요하다.[40]

위와 같은 분쟁이 일어나고 있는 나라들과 지역에서 사용되는 언어를 우리는 얼마나 알고 있을까? 어떤 언어인지 상상이 가지 않는다고 하는 나라나 지역도 있을 것이다. 실제로 이러한 분쟁의 대부분은 일본인들에게는 그다지 친숙하지 않은 제3세계에서 발생하고 거기에 서구 제국을 중심으로 한 인도(人道) 지원 단체나 유엔,

[40] Baker, M.(2006). Translation (and Conflict: A Narrative Account. New York: Routledge.

미국을 중심으로 한 NATO군이 관여하는 것이 많은 것이 현실이다. 그렇게 되면 현지 상황을 파악하거나 거기에서 원조활동이나 평화유지활동, 혹은 군사적 행동을 전개하려면 현지어에서 서구 여러 나라 언어, 특히 영어로, 또는 영어에서 현지어로 번역하는 인력이 필요하다.

예를 들어 구(旧) 유고슬라비아에서 일어난 일련의 민족 분쟁의 경우로 말하면 현지의 모든 활동에 번역자나 통역자의 존재가 필수였다. 그러나 전쟁 속에서는 절대 수가 크게 부족해 훈련받은 적이 없는 사람들이 동원되었다.[41] 민족 분쟁이나 지역 분쟁의 경우 그들의 민족적인 출신이나 귀속 의식이 그 번역이나 통역의 내용을 좌우한다. 비록 전문직으로서의 규범·윤리를 가지고 있어도 민족 분쟁에 대해서는 스스로가 어느 민족에 속하는지, 어떻게 분쟁을 해석하고 있는지, 또 누구에게 번역이나 통역을 하는지, 그 효과는 무엇인가라고 하는 문제와의 사이에서 딜레마에 빠지지 않을 수 없다.

3) 분쟁과 미디어 번역

이와 같이 국제 분쟁의 개시부터 종결에 이르는 과정, 그 후의 지원까지 포함해 거기에는 번역이나 통역이 큰 역할을 하고 있지만 이것들에 깊게 관련되고 있는 것이 매스·미디어의 보도이다. 제2차 세계대전 이후 거의 직접적으로 국제 분쟁에 말려들지 않았던 일본에서는 이러한 국제 분쟁에의 관심이 결코 높다고는 말할 수 없다. 게다가 우리가 일상적으로 접하고 있는 보도가 번역을 통해서 행해지고 있는 것에 대한 인식은 지극히 낮은 것이 현실이다.

국제 보도의 흐름과 번역의 흐름은 세계의 역학관계를 반영하여 매우 불균형을 이루고 있다. 이런 점에도 사람들이 별로 주의를 기울이지 않는다. 언론이 전하는 보도는 현실 그 자체가 아니다. 미디어는 사회에서 일어난 사건들을 그 미디어의 시점으로부터 질서 있게 편집하고, 재구성해서 '이야기'로서 시청자에게 제시한다. 그렇다면 누가 어떤 이야기를 구성할 것인가를 물어봐야 하고 그것이 번역을 통해 어떤 형태로 시청자에게 전달되는지 살펴보아야 한다. 그리고 그렇게 번역되는 배경에는 무엇이 있는지 살펴볼 필요가 있다. 왜냐하면 그 이야기는 분쟁의 이해와 분쟁에 대한 국제사회의 대응에 영향을 미칠 수 있기 때문이다. 그렇기 때문에 우선 현대의 국제 분쟁에 대한 보도와 그 번역이 전 세계의 불균형한 권력 관계 속에서 이루어지고 있음에 관심을 기울이는 것이 중요하다. 언론이 국제 여론과 분쟁의 종말을 좌우할 수도 있다는 것을 깨닫는 것이 국제 평화에 기여할 수 있는 것이다.

[41] Dragovic-Drouet, M.(2007). The Practice of Translation and Interpreting During the Conflicts in the Former Yugoslavia(1991-1999). In M. Sala ma-Carr (Ed.). Translating and Interpreting Conflict. Amsterdam: Rodopi B. V. pp.29-40.

3. 분쟁과 통역

1) 위기 시의 통역

통역은 전쟁, 분쟁, 재해 등의 장소에서도 빼놓을 수 없다. 역사를 돌아봐도 싸움터에는 반드시 통역자가 있었다. 제2차 세계대전 중 미군에는 어학병이 있어 투항을 호소하거나 포로 심문에 동석하기도 했다. 일본군에도 통역자가 있었던 것이 기록에 남아 있다. 그리고 지금도 안타깝게도 세계 각지에서 분쟁이 계속되고 재해도 발생하여 현지에서는 통역자가 일을 하고 있는 것이다.

2) 일본 육군의 통역

나가세 타카시는 전(前) 육군 헌병대의 통역자였다. 대학 졸업 후 영어통역자로서 육군성에 입성하였다. 태평양 전쟁 중인 1943년에 태국에 가서 영화 『콰이강의 다리』로 알려진 태국—미얀마 간 버마 철도(Thailand-Burma Railway) 건설 현장에서 포로 심문과 고문 장소에 입회하여 통역을 해야 했다. 그때 고문을 받았던 영국인 장교 로맥스(Eric Lomax)는 생환한 뒤에도 고문 받았을 때의 통역자 목소리가 꿈에까지 나와서 시달리지만 두 사람은 전후 48년이 지난 1993년에 태국에서 재회하게 되고 결국 두 사람은 화해하게 된다.

통역자였던 나가세가 1964년부터 매년 태국을 방문해 연합군과 아시아인 노동자의 희생자를 위령하고 86년에는 동철도 쿠와이강 철교 근처에 희생자 진혼을 위해 사원을 건립한 것이 알려지면서 로맥스의 마음이 풀렸기 때문이다.

'군대'라는 특수한 집단에서는 통역이 아닌 그 무엇이라고 하더라도 거부할 수 없는 것이 현실이다. 자신의 의사가 아닌 업무로서 고문의 장소에 있었다고 해도 포로가 이해할 수 있는 언어로 말하는 것은 통역자이다. 고문을 당한 사람의 기억에 남는 목소리는 통역자의 목소리였다는 것이다. 이러한 모순은 전쟁이 없어지지 않으면 해결할 수 없다.

3) 분쟁 통역

현대에도 분쟁지역에서의 통역자는 자신의 양심과 싸우고, 통역업무를 수행하면서 때로는 생명을 잃는 위험에도 처한다. 그래서 최근에는 분쟁 등 위험한 장소에서 업무를 담당하는 통역자의 문제가 전문적으로 연구되고 있다.[42] 스위스에 있는 제네바 대학교의 번역통역학부/대학원에는 2010년 12월 Centre for Interpreting in Conflict Zones = InZone(분쟁지역 통역센터)이 설치되어 분쟁지역의 원활한 의사소통을 위해 분쟁에 특화된 통역인 훈련 및 연수를 실시하고 있다.

[42] Inghilleri, M. (2009). Translators in War Zones: Ethics Under Fire in Iraq. In E. Bielsa & C. Hughes (Eds.). Globalisation, Political Violence and Translation. Houndmills: Palgrave Macmillan.

또 국제회의 통역자 협회, 국제 번역가 연맹 등 통번역 관련의 세 개 단체가[43] 공동으로 '분쟁 지역에서의 민간 통역자·번역자와 고용자에게의 안내'를[44] 발표하고 있다. 분쟁의 장소에서 통역을 하는 사람들은 때때로 전문 통역자가 아니라 우연히 언어를 할 수 있다고 해서 통역 업무를 담당하는 경우가 많지만 분쟁 시의 커뮤니케이션에 있어서 중요한 역할을 담당하고 있는 것에는 변함이 없다. 세 개 단체는 군대, 언론사, NGO(분쟁지에서 활동하는) 등에서 일하는 통역자를 field linguists라고 부르며 이러한 통역자의 안전을 확보할 필요성을 호소하는 동시에 통역을 하는 측에도 자신의 권리를 알고 언어 전문가로서의 책임을 인식하고 윤리를 지킬 것을 설명하고 있다.

전 세계에서 분쟁이 없어지면 분쟁 통역이라는 존재도 필요 없어지는 것이 가장 바람직하지만 현시점에서는 아직도 각지에서 분쟁이 계속되고 있다. 부득이하게 임무를 맡는 통번역자의 안전 확보, 권리 옹호, 그리고 통역자 본연의 자세에 대한 연구가 한층 더 진행되는 것이 바람직하다.

4) 재해 통역

분쟁 지역의 통역은 분쟁이 없으면 필요 없지만 자연 재해는 인간의 힘이 미치지 않는 곳에서 갑자기 찾아온다. 그리고 이 재해의 경우에도 통역은 필수이다.

2011년 3월 11일의 동일본 대지진 때 토호쿠에 많은 외국인이 살아서 영어뿐만이 아니라 각 언어로의 통역이나 번역이 필요하다는 것이 판명되었다.[45] 무슨 일이 일어났는지, 어디로 피난하면 좋은 것인지 등 다국어 통역이나 번역은 정부나 지방자치단체만으로는 부족해서 민간의 NPO(Non Profit Organization)와 자원봉사가 활약했다. 그래도 거주 외국인이 어려운 상황에 처한 것은 부정할 수 없다.

제네바 대학 InZone에서는 재해 구조 시의 통역에 대해서도 훈련과 조사 연구를 실시하고 있다. 분쟁이나 재해도 '위기적인 상황에서의 통역자(interpreters in crisis zones)'를 필요로 하며 인도적인 사명을 가진 통역자(humanitarian interpreters)가 고군분투하는 것에 변함이 없기 때문이다.

구체적인 훈련 내용으로는 다음과 같다.[46]

(1) 통역의 직업윤리, 순차통역의 기술 등의 지도
(2) 모바일 기기를 사용한 훈련
(3) 전문회의 통역자에 의한 온라인 개별 지도
(4) 현장에서의 다양한 문제에 대응할 수 있도록 하는 훈련

언제 올지 모르는 재해에 대비해 영어뿐만이 아니라 많은 언어로의 통역자나 번역자를 육성해 두는 것, 위기 상황에서의 통역의 문제를 찾아내 과제와 해결을 모색하기 위한 연구는 급선무라고 말할 수 있다.

[43] International Association of Conference Interpreters(AIIC), International Federation of Translators (FIT), Red T(Translate, Trust, Together).

[44] "Conflict Zone Field Guide for Civilian Translators/Interpreters and Users of Their Services" http://www.aticom.de/dateien/field-guide-122-e.pdf

[45] 2011년 외국인 등록자는 207만 8000명. 동일본 대지진이 일어났을 때, 재해지에 살고 있던 외국인의 국적은 160개국 이상(재해구조법 적용 현의 외국인 등록자)이었다.

[46] 실시되고 있는 조사연구에는 다음 테마가 제시되어 있다. 분쟁지역에서의 통역에 관한 데이터 수집과 데이터 베이스 구축, 훈련코스의 설계와 실시, 인도적인 사명을 가진 통역자을를위한 직업 윤리의 개발, 현지에서 통역을 실시하는 데 있어서의 작업 환경에 관한 조사.

4. 다큐멘터리 번역

1) 다큐멘터리란

다큐멘터리(documentary)라고 하면 많은 사람들이 '딱딱한' 프로그램이라는 이미지를 가질 것이다. 다큐멘터리는 사진, 영화, 라디오, 비디오 등의 영상이나 음성을 기록하는 매체로 촬영된 기록 영상을 가리키는데 19세기 말경에 기원을 둔 영화의 역사도 다큐멘터리에서 비롯된 것으로 알려져 있다.[47] 오늘날에는 영화뿐만 아니라 TV나 인터넷 등 다른 매체를 통해 그 작품을 시청할 수 있다.

당시의 다큐멘터리 제작자는 폭넓은 사회적 기능을 담당하고 있었다. 그들은 보통 사람들이 아직 보지 못한 세계의 탐험자로서, 혹은 현지에서의 리포터로서 여행자, 예술가, 민속학자로서 기록을 남겼다. 그 당시 영화는 다양한 일상생활 장면을 담았지만 20세기 들어 픽션 영역의 영화가 다큐멘터리를 능가했다.

그럼 다큐멘터리를 다른 영화나 프로그램과 구별하는 것은 뭘까? 위의 설명에서 다큐멘터리란 '사실'을 다루는 것, 즉 논픽션이라고 생각한 사람도 있을 수 있다. 하지만 뭐가 허구이고 뭐가 논픽션인지는 그렇게 간단하게 나눌 수 있는 게 아니다. 또한 다큐멘터리는 현실 세계의 기록을 기반으로 객관적인 정보 제공을 담당하고 있는 것처럼 보인다. 그런 의미에서 매스·미디어의 보도나 저널리즘의 일환으로서 파악되지만 매스·미디어가 그렇듯이 다큐멘터리에는 그것을 기록·묘사하는 사람들의 시점이나 입장이 반영되고 있는 것이 간과되기 쉽다.

2) 시청각 번역으로서의 다큐멘터리

다큐멘터리는 해외의 프로그램뿐만이 아니라 일본에서 제작된 프로그램도 있고 주제에 따라서는 국외에서의 취재도 포함되어 있어서 번역이 중요한 역할을 한다. 이러한 다큐멘터리 번역은 영상이나 음성을 수반하는 것 때문에 통상 '시청각 번역'으로 자리 매김된다. 시청각 번역은 번역학 중에서도 새로운 영역으로 최근 급속히 발전하고 있다. 그렇지만 이 분야에서도 거의 미개척 분야가 다큐멘터리의 번역이라고 해도 과언이 아니다.

그 배경에는 크게 두 가지 이유가 있다. 하나는 번역학에서는 오랫동안 허구로서의 문학의 번역에 초점이 맞춰져서 시청각 번역 연구에서도 허구의 영화나 애니메이션, 게임 등이 연구 대상이 되어 온 점이다. 다른 하나는 논픽션, 즉 사실이나 정보의 번역에는 문학 번역과 같은 어려움이 수반되지 않는다고 생각되어 왔다는 점이다.

이것은 번역학 중에서 매스·미디어의 번역에 관한 연구가 늦어진 것과도 무관하

[47] 'documentary'라는 용어는 '다큐멘터리의 아버지'로 알려진 그리어슨(Grierson, J. 1898-1972)이 1926년에 처음 사용한 말이다. 그리어슨은 이 말을 '사실을 독창적인 사고방식과 아이디어를 집중해서 처리하는 것'으로 정의하였다. Corner, J.(1996). The Art of Record: A Critical Introduction to Documentary. Manchester University Press.

지 않다. 다큐멘터리는 미디어를 통해 폭넓은 시청자에게 전달되어 사회에 미치는 영향력도 결코 작지 않기 때문에 최근에서야 주목받게 되었다.

3) 다큐멘터리 번역에 따른 문제

다큐멘터리를 한 마디로 말하면 그 취급하는 주제는 광범위하지만 공통되는 문제도 서서히 밝혀지고 있다. 시간의 제약에 쫓기는 것은 다큐멘터리를 번역하는 것에만 해당하는 것이 아니지만 이 영역은 여러 가지 전문 분야를 취급하는 것이 많아 번역을 위해 조사 시간이 필요하다. 게다가 작품 제작 후에 만들어 제공되는 대본은 번역자에게 꼭 필요하지만 그것이 없는 경우나 대본 자체가 잘못된 경우도 많이 있다고 한다.[48] 또 해외의 다큐멘터리에는 다양한 언어가 사용되고 있지만 일본에서는 영어 이외의 언어로 제작된 다큐멘터리는 영어 대본으로 제공되는 것이 많아 영어를 근거로 그 언어를 번역하게 된다.

번역 과정에서는 어떻게 번역할 것인지도 큰 과제이다. 우선, 전문 용어로 거기에 대응하는 말이 있는가도 문제지만 만일 있다고 해서 그대로 번역하면 시청자가 이해할 수 있을지 어떨지 모르는 것이다. 다큐멘터리에는 보통 내레이터도 포함해서 다양한 화자가 등장하는데 그 이야기는 프로그램 제작과정에서 편집되는 경우도 많고 어떤 화자가 지금 이야기하고 있는지, 누구를 향해 이야기하그 있는지 등 번역을 통해서 고려해야할 것들이 많다. 게다가 다큐멘터리 번역에서는 오락 영화나 드라마에서 자주 사용되는 '더빙'이나 '자막'이 아닌 일반적인 보이스오버 또는 그것과 자막이 조합된다. 보이스오버가 선택되는 주된 이유는 비용이 적게 들기 때문이다. 더빙처럼 입의 움직임과 같은 시간이라는 제한은 없지만 원래의 소리가 흘러나온다는 것 때문에 다큐멘터리의 보이스 오버는 번역자에게 큰 중압이 되기도 한다. 이러한 다양한 점 때문에 향후 다큐멘터리 번역의 작업 행위가 투명해지는 것은 번역의 다양성에 사회의 시선이 향하는 것으로, 또한 그것에 의해 번역자의 역할이 재검토되는 것으로, 그리고 다큐멘터리 번역의 중요성이나 사람들의 미디어·리터러시를[49] 높이는 것으로 연결될 것이다.

[48] Espasa, E. (2004). Myths about Documentary Translation. In P. Orero (Ed.) Topics in Audiovisual Translation. Amsterdam: John Benjamins, pp.183-197.

[49] 미디어 리터러시는 다양한 매체를 이해할 수 있는 능력이며, 다양한 형태의 메시지에 접근하여 메시지를 분석하고 평가하고 의사소통할 수 있는 능력이다.
-역자주

 교육

1. 적성과 자격

1) 번역·통역 훈련생의 적성

번역자나 통역자에게 요구되는 능력이나 기술은 일부 사람이 선천적으로 가지는 것일까, 아니면 훈련을 통해 습득할 수 있는 것일까. 물론 정식 훈련을 받지 않고도 천부적인 재능과 노력으로 번역·통역 일을 하는 사람은 인류 역사를 통해 존재했다. 그러나 20세기 중반부터 국제사회에서 통번역의 요구가 높아지고, 회의 통역의 직업화가 진행되면서 번역자나 통역자가 되기 위해서는 전문적인 훈련이 필요하다는 생각이 서구를 중심으로 보급되었다. 대학원 등에서의 번역자·통역자 양성과정이 생기면서, 입학자 선발 즉 통번역 훈련을 받는 데에 적합한 사람의 능력이나 자질을 어떻게 판별할지에 대해 관심이 높아졌다.

번역자 및 통역자 적성이란 통·번역을 효과적으로 수행할 수 있도록 하기 위한 잠재력을 의미한다. 훈련생 선발 시험에서는 그 잠재 능력, 그리고 훈련을 받을 준비가 되어 있는지를 판단하는 것이다. 가장 기본적인 판단기준은 우선 '고도의 모국어 구사 능력이 있는지, 모국어 수준의 외국어 구사 능력이 있는지, 그리고 일반 교양이나 자신이 구사하는 언어의 나라나 지역에 대한 지식이 있는가'라는 것이다. 또한 기억력이나 분석 능력, 성격 등도 적성의 기준이 될 수 있다. 여기서는 특히 연구가 활발한 통역자의 적성에 초점을 맞춰 설명하기로 한다.

2) 언어 능력과 지식

통역 훈련을 받기 위해 전제가 되는 것은 모국어와 대상 외국어의 수준 높은 언어구사 능력이다. 우선 모국어에 대해서는 일상적인 언어 사용만으로 레벨에서는 충분하지 않고 다양한 분야의 화제에 대해 높은 언어 사용역(경어나 공식적인 말투 등을 포함)으로 말할 수 있는 것 등이 요구된다.

또 대상 외국어도 모국어 수준의 높은 구사 능력을 가지는 것이 필요하다. 게다가 역사, 문학, 과학 등 폭넓은 분야의 교양과 함께 대상 외국어에 관계하는 나라나 지역의 정치, 경제, 사회, 문화의 정세를 알아 두는 것이 중요하다.

3) 인지적 능력과 성격

통역자는 어떤 언어로 들은 내용을 분석하고 처리하여 다른 언어로 다시 표현하는 작업을 즉시 수행할 필요가 있기 때문에 분석력, 주의력, 기억력, 집중력 등의 인지적 능력도 통역자 적성의 하나로 간주되고 있다. 외국어 구사 능력이 있다고 해도 들은 정보를 일시적으로 기억하거나 그 정보를 즉시 목표 언어로 산출하거나 '듣기'와 '말하기'라는 작업을 동시에 할 수 있게 되는 것은 아니다. 그런 의미에서 어느 수준의 인지적 능력을 가지고 있는 것이 통역자 적성의 하나로 되어 있는 것이다.

또 언어 능력, 지식, 인지적 능력을 갖추었다고 해도 사람들 앞에서 이야기하거나 어려운 주제를 다루는 중압감을 견딜 수 없거나 최신의 기술이나 국내외의 정세를 항상 알려고 하는 지적 호기심이 없으면 통역자라는 직업이 적합하지 않을지도 모른다. 그런 개인의 성격이나 의욕도 훈련생 입학 시험에서 확실히 해야 한다는 생각이 있다.

4) 적성 시험

대학원 등의 번역·통역 훈련 기관에서는 보통 입학 희망자의 적성을 판단하기 위해서 다양한 시험이 행해진다. 일반 교양이나 지식에 관한 필기 시험, 모국어와 대상 외국어의 독해력, 청해력, 말하기 능력 등을 보는 언어 능력 시험 외에 분석력을 시험하는 요약, 기억력을 테스트하는 시험, 또 섀도잉의 시험 등을 도입하는 경우도 있다.

그러나 훈련 기관에 따라서 시험의 양이나 종류는 크게 다르다. 또 훈련 분야(회의 통역, 의료 통역, 사법 통역 등)나 훈련 기관의 상황에 따라 외국어 능력이나 지식의 레벨이 다소 낮더라도 약점을 보완한 커리큘럼으로 통·번역 훈련을 실시하고 있는 경우도 적지 않은 것이 현실이다.

5) 자격 인정

통·번역 훈련 기관의 졸업장은 정식 훈련을 받은 것을 증명하는 것으로 훈련 레벨의 높이나 졸업 시험의 어려움에 따라 그 증서가 번역 시장에서의 신뢰에 직결될 것이다. 그러나 정식 훈련의 증명이 반드시 실제 업무를 효과적이고 윤리적으로 수행할 수 있음을 보증하는 것은 아니다. 그래서 경우에 따라서는 통·번역의 자격 인정이 요구된다.

예를 들어 일본의 통역 안내사는 국가 시험에 합격하여 자치단체에 등록하지 않으면 업무를 볼 수 없다. 일본에는 그 밖에도 기능 단체가 실시하는 번역 인정 시험이 있지만 자격 인정이 없어도 일을 할 수는 있다.

한편 해외에서는 인정 시험이나 자격이 번역자·통역자로서의 일에 크게 영향을 주는 경우가 있다. 예를 들면 미국의 사법 통역자는 일반적으로 연방 또는 주 레벨의 인정 자격을 가지고 있어야 한다. 또한 전미(全米)번역자협회는 1만 명이 넘는 회원 수를 가진 기능단체로 동(同)협회의 번역자 인정시험 인지도가 높다. 오스트레일리아에서는 통역자·번역자 국가 자격의 프로그램을 토대로 다양한 레벨에서의 시험이나 자격 인정을 하고 있다.

2. 번역자 역량과 훈련

1) 번역 역량과 번역자 역량

대학, 대학원 등에서 커리큘럼에 기초한 체계적인 번역자 양성을 하는 경우 번역자에게 요구되는 역량이란[50] 무엇인가를 우선 밝히고 학생이 그 기술을 얼마나 습득할 수 있는지를 추구하는 접근법이 자주 적용된다. 여기서 관건은 '번역자 역량(translator competence)'이라는 개념이다. 이는 번역자 양성에서는 '번역 역량(translation competence)'으로, 번역을 하는 능력·기술뿐 아니라 전문 번역자로서 효과적으로 일을 수행해 나가기 위해 필요한 커뮤니케이션 기술, 태도, 직업 규범이나 직무 윤리의 이해 등도 포함하는 '번역자 역량'을 길러야 한다는 생각이다.

2) 번역자 역량 목록

번역자 역량의 내용에 대해서는 다양한 제안이 이루어졌는데 유럽위원회의 번역총국이[51] 지휘하는 유럽번역석사(European Master's in Translation: EMT) 프로그램의[52] 전문가 그룹이 2009년에 제시한 전문 번역자 역량의 목록을 간단히 소개한다.

- 번역서비스를 제공할 능력(번역을 생산하는 능력, 고객 등과 양호한 관계를 유지할 수 있는 능력 등)
- 언어능력(기점언어 및 목표언어의 수준 높은 구사력)
- 이(異)문화 이해능력(기점문화 및 목표문화에 대한 깊은 이해)
- 정보검색능력(사전이나 인터넷에서 정보를 검색하는 능력)
- 특정분야 조사능력(특정분야의 전문지식을 효율적으로 습득할 수 있는 능력)
- 툴 활용능력(번역메모리 등 툴을 효과적으로 활용할 수 있는 능력)

이들 6개 분야는 각각 독립된 것이 아니라 서로 연관되는 능력이라고 한다. 또한 번역 기술이나 자원봉사 번역의 진전 등 번역자를 둘러싼 상황에 급격한 변화가 발생하고 있는 가운데 번역 실천의 전체적인 상황을 파악할 수 있는 능력이나 직업윤리에 입각한 행동을 할 수 있는 능력도 필요하다.

위의 목록은 번역자 양성 프로그램을 수료할 때 학생들이 습득해야 할 역량 즉, 목표로 제안되었는데 이를 어떤 방법으로 달성할지는 각 대학에 맡긴다고 EMT 전문가 그룹은 밝히고 있다. 즉 번역자 양성 프로그램의 커리큘럼이나 지도 방법 등은 번역자 역량 달성을 위해 교육기관이 독자적으로 계획, 실시, 평가해야 한다는 것이다.

[50] 과제를 수행하는 데 필요한 능력이나 기술을 가리킨다. '능력'이나 '스킬 세트'라고 불리기도 하지만 여기서는 번역 교육연구로 빈번히 사용되는 '역량'이라는 용어를 사용한다.

[51] 유럽위원회는 유럽연합(EU)의 정책 집행 기관이고 그 번역총국은 유럽연합 회원국 내 23개 언어의 번역 및 통역과 관련되는 일을 담당하고 있다.

[52] 유럽위원회와 번역 석사 과정 프로그램을 개설한 대학교와 파트너십을 구축해서 번역자 양성의 질을 확보하기 위한 기준을 정하고 대학교 측이 그 기준을 충족하면 유럽 번역학 석사학위를 받을 수 있다

3) 사회 구성주의적 접근

킬러리(Kiraly, D.)[53]는 교육학에서의 사회구성주의적 접근 방식을 번역자 양성에 적용할 것을 제안하고 있다. 이것은 교사가 학습자에게 일방적으로 지식이나 기술을 전달하는 것이 아니라 학습자 스스로가 교사나 다른 학습자와의 대화, 체험 등을 통해서 지식이나 기술을 스스로 만들어 가는 방법이다. 즉, 번역 수업에서는 교사가 '올바른' 번역법을 일방적으로 전하는 것이 아니라 학생이 스스로 번역에 임하고 이에 대해 교사나 다른 학생과 대화하는 가운데 문제의 해결법 등을 깨닫고 익히는 것을 존중한다. 예를 들어 학생들이 그룹에서 공동번역 프로젝트를 자체적으로 진행하는 것 등이 권장되고 있다. 교사는 전반적으로 감독하고 지도함으로써 번역 작업의 발판을 마련하는 것이다.

4) 번역 과정 지향 훈련

질(Gile, D.)[54]은 특히 번역 훈련의 초기 단계에서는 번역 결과보다 과정에 중점을 둔 지도를 주장하고 있다. 즉 번역문 중의 어휘나 스타일을 비평하거나 첨삭하는 것보다 어떤 과정을 거쳐서 번역했는지를 의식하게 하는 훈련법이다. 과정에 초점을 맞추면 번역문 문제가 왜 발생했는지 분석하고 그 문제를 해결하기 위한 방법을 생각하게 할 수 있다. 예를 들어 정보검색 방법, 사전과 도구 사용법, 퇴고 방법에 대해 학생들에게 뒤돌아볼 것을 요구할 수 있을 것이다.

5) 졸업 논문으로서의 번역

커리큘럼에 번역 실습을 포함한 대학·대학원의 프로그램 중에는 실제 번역을 졸업 논문이나 학습의 최종 성과물로서 인정하는 곳이 있다. 이것은 책의 몇 개의 장(章) 분량 등 비교적 긴 번역을 하는 것으로 덧붙여 자신의 번역 분석도 실시한다. 분석 부분에는 기점 텍스트의 설명, 번역의 동기, 번역 상의 접근방법, 번역 중에 직면한 문제와 그 해결책의 설명 등이 포함된다. '번역논문'이라고도 불리는 이 작업은 학생이 번역의 목적과 방법을 스스로 설정하고 광범위한 조사를 수행하며 퇴고를 반복하면서 긴 번역을 완성시켜 분석한다는 뜻이다. 번역능력뿐만 아니라 프로젝트 관리 능력, 문제해결 능력, 자기분석 능력, 조사 능력 등의 번역자의 역량 습득과 연결되는 번역교수법이라고 할 수 있다.

---

[53] 독일 마인츠 대학교 게르메르스하임(Germersheim)에서 교편을 잡는 미국 출신 번역 교수자.

[54] 파리 제3대학교 통역번역대학원(ESIT) 교수. 전 수학자이고 일본어 연구에서 박사학위도 소유하는 과학기술 번역자이며 불-영 회의 통역자이다.

3. 통역자 역량과 훈련

1) 통역자 역량과 번역자 역량

번역자 역량으로 거론된 모국어와 외국어의 높은 구사능력 수준, 이(異)문화 이해능력, 정보검색 능력 등은 통역자가 일을 수행하기 위한 능력인 통역자 역량과 공통된 것이다. 그래서 대학이나 대학원의 통역 훈련에서는 기초 단계에서 번역과 통역 양쪽의 실습에 임하는 것이 대부분이다. 또한 통역자는 그 자리에서 즉시 구두로 번역할 것을 요구 받기 때문에 명료한 발음이나 정확한 억양, 유창함, 효과적인 말투 등 말하기 능력과 순식간에 정보를 분석할 수 있는 능력이 중요하다. 또 그 현장의 살아 있는 커뮤니케이션에 관련되는 일이므로 커뮤니케이션의 조정이나 대화 참가자와의 상호 교류에 관한 능력도 필요하다.

통역자 역량 목록은 의료, 사법, 수화, 회의 등 분야에 따라 다소 다를 수 있다. 예를 들어 동시통역의 기술, 특정 분야의 깊은 지식 등에서 요구되는 수준이 다를 수 있다.

2) 통역자의 '사회화' 지원으로서의 통역 교육

통역 훈련 커리큘럼의 전문가 소여(Sawyer. D.)[55]는 통역 훈련을 학생이 통역자 커뮤니티의 구성원이 되는 과정으로 파악하고 있다. 이 접근 방법은 통역의 현장을 항상 의식하면서 현실감이 있는 설정으로 통역 실습을 실시한다.

구체적으로는 실제로 통역을 한 자료를 교재로 선택하는 것, 말하는 사람이나 듣는 사람이 실제로 참가하는 수업을 실시하는 학내에서 개최되는 강연회 등을 이용한 통역 연습, 통역 인턴십 등이 추천되고 있다. 실제 통역 현장과 가까운 경험을 거쳐야만 커뮤니케이션의 중개자로서의 의식이 학생에게 생긴다고 생각되기 때문이다. 또 전문 통역자로서 효과적으로 일을 하기 위해서는 통역 기술이나 지식의 습득뿐만이 아니라 직무 윤리나 전문가 의식, 전문가다운 행동 등 직업적 측면에 대해서도 배워야 한다.

예를 들면 통역자의 직무 윤리를 문의하는 사례에 대해 논의하거나 통역 서비스를 받는 사람이나 고용자가 통역자에게 기대하는 것 등을 들을 기회를 마련하는 방법이 유효할 것이다.

[55] 미국 국무부 전속 독일어 통역자, 메릴랜드대학교 통역번역대학원 책임자.

3) 과정 지향 통역 훈련

질(Gile, D.)은 번역에 사용된 말이나 표현, 말하는 방법 등을 교사가 비평하거나 고치거나 할 뿐만 아니라 어째서 그러한 통역이 되었는지 그 원인을 학생이 이해하고 해결법을 찾아내는 것을 중시하고 있다.

그것을 위한 도구로서 질(Gile, D.)은 '노력 모델'이라고 불리는 번역 프로세스의 모델을 짜냈다. 기점 언어의 발화를 듣고 분석하고, 들은 내용을 목표 언어로 나타내고 기점 언어를 단기적으로 기억해 두는 등 다양한 종류의 노력에 필요한 처리 능력이라는 관점에서 통역자가 겪는 문제를 설명하기 위한 것이다.

4) '숙달화' 기반의 접근방법

모서 머서(Moser-Mercer, B.)[56]는 심리학에서 숙달화(expertise)라는 개념을 사용하여 통역 훈련생이 어떤 연습을 해야 하는지에 대해 연구하고 있다. 그것에 따르면 초보자와 숙달자의 기능을 비교하면 숙달자의 기능에는 특징이 있다고 한다. 그리고 그 기능을 효율적으로 습득하기 위해 필요한 것으로 메타 인지(meta-cognition)에 기초한 학습과 의도적인 연습(deliberate practice)을 권장하고 있다.

여기서의 메타 인지란 통역 훈련생이 자신의 지식, 기능, 번역 과정이나 결과를 객관적으로 파악하는 것이다. 자신의 통역을 되돌아보고, 자기가 분석을 하고, 무엇을 과제로 그것을 어떻게 극복하는가 하는 것을 깨달으면 효율적인 학습으로 연결된다. 그러한 의도를 가진 통역 연습은 막연한 연습에 비해 효과가 있다고 보고 있다.

5) 외국어 교육과의 관계

서구(欧米)에서의 통역 훈련 초기의 연구는 통역 훈련생의 외국어 구사 능력이 원어민화자(모국어 화자)에 가까운 수준인 것이 전제가 되어 있었다. 언어 교육이 필요 없는 수준의 학생만을 입학시켜 외국어가 아닌 통역 기술에 초점을 맞춘 훈련을 해야 한다는 생각이다. 사실 언어교육과 통역교육은 맞지 않다는 의견까지 있었다. 그러나 아시아 제국이나 신흥국에서 통역 훈련이 보급되는 가운데 외국어, 특히 영어의 능력 강화를 수반하는 통역 훈련의 필요성이 주목을 받게 되었다.

서구에서는 외국어에서 모국어 방향으로만 통역을 하는 것이 장려되는 경향이 있지만 일본처럼 통역자가 모국어에서 외국어로의 통역도 실시하는 나라나 지역은 많이 있다. 그래서 외국어 말하기 능력 등의 강화가 통역 훈련에 도입되고 있는 것이다. 특히 최근에는 영어를 모국어로 하지 않는 아시아 언어 화자의 통역 훈련과 영어 교육을 연관시킨 연구나 실천이 증가하고 있다.

[56] 제네바대학교 통역번역대학원 교수.

4. 고등교육기관에서의 번역자·통역자 양성

1) 대학에서의 번역자·통역자 양성의 시작

세계의 많은 나라에서는 번역자·통역자를 양성하는 대학원 프로그램이 있다. 학부 차원에서도 실천적인 통역이나 번역 수업을 제공하는 대학은 적지 않다. 고등교육기관의 번역·통역자 양성 프로그램의 기원은 20세기 초 유럽으로 거슬러 올라간다. 국제기관이나 국제회의에서의 다언어 사용이 보급되면서 통번역의 요구도 증가해 거기에 대응하기 위해서 조직적인 번역자·통역자 양성이 필요하게 되었다. 그 받침대가 된 것이 대학이었다. 당시 활약했던 번역자·통역자 등은 고학력 대학 관계자가 많았고 외교관이나 국제기구에서 일하는 다른 전문직과 마찬가지로 번역자·통역자들도 고등교육기관에서 전문적인 훈련을 받아야 한다고 생각했기 때문이다.

먼저 1920년대에 제네바대학에서 노트테이킹 수업이 이루어졌다. 그 이후 1930년대부터 1940년대에 걸쳐 만하임(나중에 하이델베르크로 이전), 제네바, 빈 등의 대학에서 통번역 양성 프로그램이 시작되었고 1957년에는 파리 제3대학 등에서 번역자·통역자 양성 프로그램이 시작되었다.

2) 통·번역 대학원의 국제적 확산

유럽에서는 EU(유럽연합)의 확대나 글로벌화의 진행을 배경으로 번역이나 통역의 학위를 제공하는 대학이 계속 증가해 현재 200개교 이상에서 학부·대학원 수준의 통번역 프로그램이 운영되고 있다. 또, 2001년에는 유럽위원회와 유럽의회의 지원을 받아 몇 개의 대학이 모여 공동으로 유럽 번역 석사나 유럽 회의 통역 석사 프로그램을 시작했다.

미국에서는 뉘른베르크 재판과 유엔에 동시통역을 도입한 책임자가 1949년 조지타운 대학에서 통번역 석사 프로그램을 창설했다. 1968년에는 몬트리 국제대학이 7개 언어를 대상으로 통번역 대학원을 개설했다. 그 외에도 번역에 특화된 켄트 주립 대학 대학원이나 사법 통역, 의료 통역의 코스가 개설된 몇몇 대학이 있다.

한국외국어대학교에서는 1979년 아시아 최초의 통번역 석사과정을 개설하였다. 현재 한국에는 통번역대학원이 10개 이상 있다. 중국에서는 1978년에 유엔과 정부가 공동으로 개설한 유엔 통·번역자 양성 과정이 1994년에는 북경 외국어 대학 통번역 대학원으로 발전했다. 2000년에는 대학의 영어 전공 학부생의 통역 과정 이수가 의무화되었고, 2007년 정부가 통번역 석사학위를 정식으로 인가하자 통번역 교육 붐이 일었다. 현재 약 150개교가 대학원 레벨의 통번역 프로그램을 제공하고 있다. 홍콩과 대만에서도 1980년대부터 대학원 수준의 번역자·통역자 양성이 시작되어 각각 5개교 정도가 통번역 석사과정을 가지고 있다.

3) 일본어 관련 통번역 대학원

일본에서는 어학원이나 통번역 회사 등이 경영하는 통번역 학교가 번역자·통역자 양성을 주로 담당해 왔다. 일본의 고도 성장기에 급증하는 통역자 수요에 민첩하게 대응할 수 있던 것은 대학이 아닌, 통역자 파견이나 양성을 사업 기회로 파악한 민간기업이었다.

당시 일본의 대학들은 통역 등 실무적 기술은 학문의 장소가 아닌 통번역 시장이나 실무자 가까이에서 습득해야 한다는 견해를 가지고 있었다. 그러나 일본에서도 1995년에는 다이토분까(大東文化) 대학에서 통역 과정이 경제학 연구과에 개설되었다. 2000년에는 국어

심의회 위원들의 제안을 국어 심의회에서 받아들여 대학·대학원에서의 통역자 및 통역 연구자 양성의 필요성이 포함되었다. 그 후 2002년에 릿쿄 대학을 시작으로 코베 조가쿠인 대학, 오사카 외국어대, 토쿄 외국어 대학, 코베시 외국어 대학, 와세다 대학 등의 대학원에서 통번역 관련 과정이 제공되게 되었다.

한편, 해외의 통번역 대학원에서 일본어를 대상 언어로 하는 프로그램은 1970년대부터 있었다. 주요한 것으로는 프랑스의 ESIT, 오스트레일리아의 퀸즐랜드대학, 맥쿼리대학, 모나슈 대학, 뉴사우스 울즈대학, 미국의 몬트리 국제대학, 켄트주립대학, 영국의 리즈대학, 한국의 한국외국어대학, 이화여자대학, 대만의 보인대학, 중국의 북경외국어대학, 북경 제2외국어학원 등에서 일본 유학생도 통·번역 과정을 배우고 있다.

4) 대학원에서 번역자 및 통역자를 양성하는 장점

대학원에서 번역자·통역자를 양성하는 이점은 몇 가지가 있다. 우선 선발된 학생을 대상으로 1년에서 2년에 이르는 커리큘럼에 따른 체계적인 교육(직무 윤리나 툴 활용의 과목을 포함한다)의 제공을 목표로 할 수 있다. 두 번째로 대학원에서의 번역자·통역자 양성이라는 '국제표준'을 실천하면 그 커뮤니티의 일원으로서 외국의 교육기관과의 협력이나 정보교환이 쉬워진다. 세 번째로 대학은 연구기관이기도 하기 때문에 연구의 장소와 교육의 장소를 직결함으로써 생기는 상승효과를 기대할 수 있다. 네 번째로 대학원이 관계함으로써 전문직으로서의 번역자·통역자에 대한 사회적 인지의 향상으로 연결된다. 마지막으로 대학원에서 통·번역 훈련을 받은 졸업생을 대상으로 구인 활동을 실시하는 국제기관이나 다국적기업의 요구에 대응할 수 있다. 이러한 이점에 대한 인식이 깊어지면 일본에서도 통·번역 대학원이 증가할지도 모른다.

5. 외국어교육에의 응용 ①: 문법역독과 번역

1) '문법역독'이라는 학습 방법

외국어 교육에는 다양한 지도법이 있지만 일본뿐만이 아니라 서구에서도 옛부터 사용되어 온 것이 '문법역독'이다. 외국어 문장을 읽고 문법 규칙을 분석하고 외국어에서 모국어로 번역하는 학습법이다. 수업에서는 문장 단위로 한 문장씩 정확하게 번역하는 것이 중요하다.

일본에서는 예로부터 중국의 문헌을 일본식으로 읽고 해석하는 '한문훈독법(漢文訓読法)'이 행해져 '난(蘭)학'에도 계승되었다. '훈독법'은 일본식의 '문법역독법'이라고 말할 수 있다. 메이지 시대에는 영어나 프랑스어, 독일어 등의 문헌을 일본어로 번역해 서양문명을 흡수했기 때문에 '문법역독법'은 오랫동안 외국어 학습의 주류였다. 구미(欧米)에서는 '문법역독법'이 읽고 쓰는 것 위주인 것에 대한 비판이 일어나 19세기 후반부터 개혁운동이 일어났다.

2) 문법역독과 번역의 차이

외국어 교육에서의 '역독'에 대한 비판은 '번역'과 '역독'이라는 다른 작업을 동일시 하고 있는 것도 한 요인으로 생각할 수 있다. 그런 의미에서 이 두 가지는 명확하게 정의해 둘 필요가 있다.

<문법역독>

원문의 어구나 문장구조를 정확하게 이해하면서 외국어를 가르치는 것이 목적이다. 번역문이 어색해도 의미가 이해가 되면 허용한다. 전체적인 의미를 파악하기보다는 세부적 의미를 확실히 이해할 것을 요구한다. 수업 시간에 '말하기를 하지 않는다'는 비판이 따른다.

<번역>

원문의 어구나 문장구조를 정확하게 이해한 후에 목표 언어로 알기 쉽게 독자에게 전하는 것을 목적으로 한다. 하나의 언어를 단순히 다른 언어로 바꾸는 것이 아니라 기점문화와 목표문화의 차이 등 언어를 초월한 '언어 외의 의미'도 번역에 넣어 번역문으로 재생하는 이(異)문화 커뮤니케이션의 작업이다.

3) 외국어 교육에서의 번역 유효성

'번역'은 교육이 목적이 아니기 때문에 외국어 교육의 '문법역독법'과는 다른데 21세기 들어 종래의 '역독'이 아닌 '번역'을 외국어 교육에 도입하려는 분위기가 높아지고 있다. 번역을 외국어 교육에 활용하는 것은 일찍부터 Malmkjar. K (1998) 등이 제창하고 있지만 탄력을 받은 것은 유럽 평의회에 의한 CEFR(유럽 언어 공통 참조범위)에 의해서라고 생각된다. EU는 '다양성 속의 통일(United in Diversity)'을 표방하며 다언어주의를 실현하기 위해 EU시민들이 모국어 이외에 두 언어를 배우는 '복수언어주의'를 제창하고 있다. 그 때문에 개발된 CEFR는 어느 언어든 능력 기술에 의해 숙달도를 평가할 수 있는 구조이다.

CEFR에서는 언어활동을 다음의 네 개로 분류하고 있다. (1) 수용(reception): 읽고 듣는 수용적인 활동 (2) 산출(production): 쓰고 말하는 능동적인 활동 (3) 상호행위(Interaction) : 말의 교환 (4) 중개활동 (mediation): 번역 및 통역, 고쳐 쓰기, 요약 또는 기록 등. 구체적으로는 '언어로의 중개'에 동시통역, 순차 통역, 비공식적인(informal) 통역 등 '글말에서의 중개'에는 법률이나 과학 등의 번역, 문학의 번역, 요약의 번역 등을 들 수 있다.

통번역을 포함한 '중개활동'이 '기존 텍스트의 재구성이며, 현대 사회에서의 통상의 언어기능 중 중요한 위치를 차지'하게 된 것은 획기적이며 통번역의 역할이 인지된 것이다.

일본에서는 2012년의 일본 학술회의에 의한 참조기준으로 '통역·번역'을 채택하고 있다. '번역한다'는 행위는 '기점언어의 텍스트를 이해하고 해석하여 그것을 목표언어로 표현하는 것으로, 즉 언어 간의 이질성과 씨름하는 것이다', '자신의 언어와 문화를 성찰하면서 다른 문화를 체험하고 복안적 사고를 획득하는 것으로, 세계의 다양성을 인식하는 방법이 될 수 있다'는 점에서 '통·번역을 배우는 것은 근원적인 의미가 있다'고 명언하였다. 외국어에서 일본어로의 기계적인 축어역으로 시종일관 하지 않도록 지도 방법을 연구할 필요성을 지적하면서도 통역이나 번역을 도입함으로써 '다른 언어가 내포하는 문화적 특성이나 차이에 대한 인식'을 부여하여 '일본어에서 외국어로의 발신이 가능하다'고 하고 있다.

최근 문법역독은 효과가 없는 것으로 여겨지고 있지만 정확하게 이해하기 위해서 문법의 지식은 필요하고, 이해한 내용을 모국어로 재표현하는 활동은 표면적인 의미파악부터 보다 깊은 의미의 해석에 이르기 위한 '말에 대한 의식'이나 '이(異)문화에 대한 새로운 인식'을 육성하는 데 일조하고 있다. 언어 학습에서 번역하는 작업의 의의는 재인식되어도 좋을 것이다.

6. 외국어교육에의 응용 ②: 커뮤니케이션 능력 육성과 통역 훈련

1) '문법역독'부터 커뮤니케이션으로

각국에서 오랫동안 이어 온 문법역독법으로는 외국어를 말할 수 있게 되지 않는다는 비판이 제기된 후, 어린이가 모어를 습득하는 것처럼 자연스럽게 외국어를 말할 수 있게 되는 것을 목표로, 읽기나 번역하기보다 구어를 우선시하고 일상회화를 외국어로 배우는 자연 교수법(Natural Method), 직접 교수법(Direct Method)이 주목을 받게 되었다.[57]

그러나 어린이가 모어를 획득하는 제1언어 습득과 외국어를 습득하는 제2언어 습득은 본질적으로 같이 않은 것이며 당초의 기대와 달리 그다지 성과가 오르지 않아 다양한 접근법이 시도되면서 '청각구두식 교수법(Audiolingual Method)', '청화식 교수법(Audiolingualism)'이[58] 세계를 휩쓸었다. 일본도 전국적으로 LL(language laboratory)기기가 도입되어 패턴 연습(pattern practice)을 수업에 받아들였다. 하지만 행동심리학의 영향을 받은 이 교수법에 대해서 언어학자 촘스키(Chomsky, N.)는 인간의 언어습득은 조건 반사에 따른 것이 아니라고 이론적인 비판을 제기하였다.

곧 사회언어학 하임스(Hymes, D.)가 '언어를 사회 속에서 적절히 사용할 수 있는 커뮤니케이션능력'의 중요성을 지적하고 이것에 촉발된 '의사소통 접근법(communicative approach, communicative language teaching)'이[59] 등장되었다. 일본도 1980년에 고시된 학습지도지침서에 '영어 학습은 커뮤니케이션을 위한 것'이라고 명기되어 있다.

'옮기는 것'은 대화능력 향상으로 이어지지 않다고 배척되어 왔지만 실은 통역과 번역을 시도하는 것은 외국어의 커뮤니케이션 능력을 육성하는 데 크게 기여한다.

2) 의사소통 접근법의 활용

통역 기능(技能)을 의사소통 접근법으로 활용하는 방법은 여러 가지 있다.

우선 듣기이다. 외국어를 청취하는 것은 어렵고 좀처럼 전부를 완벽하게 알아들을 수가 없다. 그러나 배경지식이 있으면 아는 단어부터 내용을 추측하는 것이 가능하기 때문에 의사소통 접근법에서는 배경지식과 추측을 중시한다. 이것은 통역자가 일상적으로 행하는 일이다. 통역을 하려면 전문용어를 외울 뿐만 아니라 그 분야에 대해서 미리 배우고 배경지식을 습득해 놓아야 한다. 그러면 앞으로 읽을

[57] 실제 사용하는 일상적인 대화를 소규모 단위로 진행하는 베를리츠 방식은 베를리츠(Maximilian Berlitz)에 의해서 개발된 직접교수법(Direct Method)이다.

[58] 미국의 군대식 교수법(Army Method) 등을 모체로 구조언어학과 행동심리학의 영향을 받은 외국어 교수법이다. 미시간(Michigan)대학 찰스 프라이스(Charles Fries) 등이 개발하였다.

[59] 윌킨스(D. A. Wilkins), 위도우슨(Henry Widdowson) 등 영국의 언어학자에 의해 의미-기능적교수요목(notional-functional syllabus)의 기반이 되었고, 이것의 결실이 현재의 CEFR(Common European Framework of Reference for Languages, 유럽언어공통기준) 시스템이 되었다. Richards, J. C. & Rodgers, T. S. (1985) App roaches and Methods in Language Teaching. Cam bridge University Press; Brown, H. D. (2007) Prin ciples of Language Learning and Teaching. New York: Pearson. 참조

내용을 '예측(anticipation)'할 수 있기 때문에 끝까지 듣지 않아도 들으면서 동시통역을 할 수 있게 된다. 또 모르는 단어가 나오거나 잡음으로 알아듣지 못한 것이 있어도 배경지식이 있으면 의미를 '추측((inference)'할 수 있다.

이러한 통역 기술 훈련을 수업에 도입하는 것으로 세세한 부분은 알아듣지 못하더라도 전체적으로 무엇을 말하고 있는가 하는 '대의 파악(main idea)'이 가능해진다. 이러한 훈련에 익숙해지면 모르는 단어가 나와도 좌절 없이 중심적 의미를 파악할 수 있다. 이 방법은 읽기에 응용할 수도 있다. 이미 알고 있는 상식 등을 배경지식으로 활성화함으로써 알지 못하는 단어를 추측해서 전체적인 의미를 파악하는 하향식 읽기(top-down reading)를[60] 하면 읽는 속도와 대의 파악이 빨라져서 많은 양의 영문을 읽는 것이 쉬워진다.

다음으로 통역 훈련을 하는 것으로 발신 능력을 양성할 수 있다. 유럽에서 회의 통역은 외국어에서 모어로 일방향이 일반적이지만 일본어를 다른 언어로 동시통역이 가능한 외국어 모어화자가 부족하기 때문에 일본어 모어화자가 양방향을 통역하는 것이 보통이다. 요컨대 영어 통역자의 경우 영어에서 일본어뿐만 아니라 일본어에서 영어로의 통역도 하고 있는 것이다. 이것을 응용하면 영어 수업에서 일본어를 영어로 순차 통역을 시도함으로써 영어 발화를 연습할 수 있다. 자신의 의견을 갑자기 영어로 발표하는 것은 난이도가 높기 때문에 우선 교사나 동료가 말한 의견이나 주장을 영어로 통역해 보고 영어의 발언에 익숙해지면 곧 자신의 생각을 영어로 발표하는 것이 편안해질 것이다.

3) 의사소통 접근법의 약점 보강

의사소통 접근법의 특징은 '정확성(accuracy)'보다 '유창성(fluency)'을 중시하는 데 있다. 문법적인 정확성에 중점을 두는 것이 아니라 외국어학습의 초보 단계부터 말하는 것을 장려한다. 이것은 뒤집어 생각하면 문법능력이 약해지고 대의 파악은 가능하지만 자세한 것을 알지 못하는 약점이 생길 수 있다.

그 약점을 보강하기 위해서 '옮김'이란 작업을 할 수 있다. 대략적인 뜻을 파악하고 어구 하나하나도 신경을 쓰면서 최적의 결과물을 요구하는 것이 통역이고 번역이다. 외국어 수업에 '옮기는' 활동을 도입하는 것으로 전체를 이해하면서 세부적인 것을 분석적으로 해석하는 것을 배울 수 있다. 옮긴다는 것은 내용을 분석하고 해석하는 작업임을 체험을 통해서 알게 된다. 그렇게 함으로써 언어에 대한 감성이 길러져 다른 두 언어 간에 가로놓인 문화라는 장벽을 깨달을 수 있게 된다. 언어와 문화에 대한 감각을 키우는 데 외국어 교육에서 '옮김'이란 작업은 필수적이라고 할 수 있다.

---

[60] 정보처리는 두 가지 종류가 있다. 하나는 자세히 분석해 가는 상향식 방식(bottom-up)과 또 다른 하나는 전체에서 파악하는 하향식방식(top- down)이다. 외국어습득 측면에서 문법역독식 교수법은 단어와 문법을 분석해서 읽기 때문에 상향식이고 의사소통 접근법은 '대의 파악'이나 '의미 추측'을 중시하는 하향식이다. 정보처리에는 상향식과 하향식의 두 가지 방식이 필요하고 어느 쪽만이 좋은 것은 아니다.

7. 외국어교육에의 응용 ③: 섀도잉과 언어교육

1) 통역자 훈련법으로서의 섀도잉

최근 10여 년 동안 외국어교육 분야에서 섀도잉(shadowing)이라는 연습방법을 선호해서 실시하고 있다. 이것은 원래 동시통역의 훈련법으로 통역교육에서 다루어 온 것이다. 섀도잉이란[61] (헤드셋을 통해서) 들은 말을 같은 언어로 즉시 발화하는 것, 즉 원문에 늦지 않게 따라 복창하는 연습이다. 이것이 어느 정도 효과가 있는가에 대해서 우선 통역 훈련의 입장에서 보기로 한다.

실은 통역교육의 현장에서는 이것이 동시에 듣고 옮기는 동시통역의 예비연습이 되는지 어떤지, 그 시비가 활발히 논의되어 왔다. 섀도잉 찬성론은 통역이 듣는 것과 동시에 따라 말하는 과정이 있기 때문에 그 과정에 주목하면 효과적인 연습을 할 수 있다고 주장한다. 그러나 대부분은 섀도잉 반대론을 주장하는데, 통역을 하나의 전체적인 과정으로 교육하는 입장에서 생각할 때 같은 언어의 단순한 음성의 반복연습은 동시통역과 비슷한 상황이 아니라고 보기 때문이다. 이와 같이 섀도잉은 단순한 기계적인 훈련이라서 통역 작업이 마치 앵무새처럼 반복만 하는 것이라는 오해를 훈련생들에게 주면 안 된다는 인식이 배경에 있다.

통역 훈련에 필요한 언어 수준(두 개 이상의 언어 구사 능력이 모어 수준)에 이르고 있는 훈련생에게 통역교육을 할 경우에는 틀림없이 반대론 논의가 성립될 것이다. 그러나 섀도잉을 외국어교육에 응용하려는 교육자는 섀도잉에 대한 적극적인 의의를 찾아내 방법과 효과를 검토하고 있다.

2) 섀도잉의 외국어교육 응용

외국어교육에서 가장 중요한 요점 중 하나는 '알고 있는 지식'을 '자동적으로 사용할 수 있는 지식'이 되도록 만드는 것이다. 이것을 '자동화(automatization)'라고 한다. 섀도잉은 얼핏 보기에 기계적인 앵무새처럼 되뇌는 훈련이라고 생각하기 쉽지만, 특히 영어교육 현장에서는 지지를 받고 있으며 최근에는 자연언어 처리 이론, 기억 연구, 언어뇌과학 등의 지식을 응용한 연구가 진행되고 있다.

언어학습에서 섀도잉은[62] 다양한 방법이 제시되어 있다. 여기서는 섀도잉의 여러 가지 방법을 소개한다. (1) 딜레이드 섀도잉(원문보다 늦게 시작하여 의미까지 생각하는 부담이 조금 높은 방법),[63] (2) 텍스트 섀도잉(음성만을 의존한 방법으로는 잘 되지 않을 경우 실시), (3) 프로서디 섀도잉(소리를 파악하기 위한 연습), (4) 콘텐츠 섀도잉(의미까지 생각 하는 방법) 등이 있다. 각각 목적이 다르고 효과도 다르다.

[61] 섀도잉은 외국어의 듣기와 말하기 실력을 향상시키기 위한 연습방법인데, 그 행위가 사람의 그림자(shadow)가 움직이듯 동시에 이루어진다고 하여 붙여진 이름이다. –역자주

[62] 원문을 보지 않고 들려온 음성과 거의 동시에(실제로는 조금 늦게) 구두로 재생한다. 단순히 섀도잉이라고 하는 경우는 프로서디 섀도잉을 가리킨다.

[63] delayed shadowing: 두 단어에서 몇 단어 늦게 섀도잉하는 방식을 말하며, 지연을 크게 두어서 복창하는 프레이즈 섀도잉(phrase shadowing)과 거의 흡사하다.
text shadowing: 패럴렐 리딩(parallel reading), 오버래핑(overlapping), 싱크로나이즈 리딩(synchronized reading)이라고도 한다. 원문을 보면서 들리는 모델에 맞춰 음독한다. 음독 연습의 다양한 변이 형태다.
prosody shadowing: 운율(억양, 강세, 음조, 리듬 등의 음성적 특징)에 주의를 기울인다.
content shadowing: 원문의 의미내용(content)에 주의를 기울인다.

통역 훈련의 섀도잉은 원문은 보지 않고 음성만을 듣고 반복한다. 따라서 통역 훈련에서 위에서 소개한 섀도잉 중에서 바람직하지 않은 방법도 있다. 예를 들어 딜레이드 섀도잉은 무엇을 목적으로 해서 일부러 지연을 반복해야 되는지 동시통역 훈련에서 보면 이해 불가능한 연습이다. 어쩌면 섀도잉은 이미 통역 훈련에서 벗어나 외국어 구사능력 향상을 목표로 한 연습으로 연구가 이루어져 있다는 것이다.

3) 외국어교육으로서의 섀도잉 효과

그러면 섀도잉에는 어떤 효과가 있을까? 결론부터 말하면 '실제로 사용할 수 있는 지식의 획득'이다. 획득한 지식을 효율적으로 처리할 수 있도록 자동화를 촉진하는 효과가 어느 정도는 기대된다.[64] 그러나 섀도잉이 얼마나 효과적인지는 향후에 연구를 지켜봐야 된다. 최근에 발표된 섀도잉 효과에 대한 설명으로 아래와 같은 것이 있다. 일부이지만 소개하기로 한다.

[64] 아래 설명은 鈴木寿一·門田修平(2012)에서 일부분을 다룬 것이다.
鈴木寿一·門田修平 [編著](2012). 『英語音読指導ハンドブック』. 大修館書店.

(1) 듣기 능력 강화

복창함으로써 음성, 단어, 문법 등의 지식이 강화되어 체득하는 효과가 기대된다. 구체적으로는 외국어라는 이질적 음성을 인식하는 능력이 높아진다는 기대이다. 또한 의미를 생각하면서 섀도잉을 하면 음성을 듣는 순간에 의미를 이해할 수 있는, 즉 듣기를 할 때 음성의 속도를 따라가면서 의미를 이해할 수 있게 된다는 효과도 지향한다.

(2) 읽기 능력 강화

읽기를 할 때 우리는 글자를 보면서 머릿속에서 음성으로 변환하고 그 음성에서 의미를 이해한다는 과정을 거친다. 섀도잉을 하면 이 음성에서 의미로의 과정이 강화된다고 한다. 그 외에 어느 정도 말하기 능력 강화로 이어진다는 견해도 있다.

섀도잉 효과는 아직 해명되지 않는 측면이 많다고 할 수 있다. 외국어교육에서 섀도잉을 시도할 경우에는 소리와 의미에 주의를 기울이고 목적과 효과를 생각하면서 행하는 것이 중요하다.

제4부
통·번역 연구에 대한 접근

도입

통역과 번역은 다른 언어와 문화 간의 커뮤니케이션을 중개하는 행위로 인류의 역사를 통해서 수행되어 왔으며, 언어와 문화뿐만 아니라 경제, 정치, 종교, 과학 기술 등, 인간사회의 다양한 측면에서 접점을 가진다. 또 통·번역이란 말이 어떤 언어로 표현된 문장이나 발화를 다른 언어로 표현한다는 일반적인 의미를 넘어 다양한 내용을 가리키기 위해서 쓰이기도 한다.

그러므로 통역·번역에 관련된 연구도 다양한 시점(視点)과 접근 방법이 존재한다. 통·번역학이 학제적이라고 말해지는 것은 그 이유 때문이다. 현재까지 언어학의 여러 가지 분야, 비교문학, 문화연구, 사회학, 심리학 등 다양한 분야의 이론과 방법론을 도입한 연구가 이루어져 왔다. 연구의 초점도 통·번역 결과물, 과정, 기능, 실천자 등 여러 갈래에 걸친다. 서구를 중심으로 통·번역에 관한 연구를 하나의 학문 분야로 독립시키려고 하는 분위기가 높아진 시기는 20세기 후반에 들어서지만, 통·번역에 대한 고찰과 논의는 고대부터 존재하며 세계 각지에서 독자적인 번역론이 전개되었다.

제4부에서는 통·번역학이 탄생된 배경과 그 후의 진전, 기본적인 개념과 프로세스 모델, 주요한 이론과 영역, 연구에 대한 다양한 주제와 접근 방법, 연구 동향이나 향후의 전망을 개관한다. 또한 서양에서의 고전적 번역론, 일본과 중국, 독일에서의 대표적인 번역론에 대해서 간단히 설명할 것이다. 나아가 언어인류학, 사회언어학, 화용론, 사회학, 국제관계론, 인지언어학 등 통·번역학의 여러 가지 영역과 인접한 학문 분야에 대해서도 소개하고자 한다.

XI 번역학

1. 번역학이란 무엇인가

1) 학문 대상으로서의 번역

번역학이란 번역에 관련되는 것을 연구하는 학문이다. 번역은 고대부터 문화, 사상, 학문, 기술의 이입이나 발신, 외교, 무역, 포교, 통치 등 여러 방면에서 이루어져 왔다. 또 번역자가 자신의 경험과 직관을 바탕으로 번역은 어떤 모습이어야 하는지, 또 어떻게 번역해야 하는지를 기술하거나 사상가가 철학이나 문화론 안에서 번역이란 무엇인가에 대해서 논하거나 하는 것은 옛날부터 세계 여러 나라에서 있었다. 그러나 번역 그 자체나 번역 행위를 학술연구의 대상으로 다루고 그 연구를 하나의 독립적인 학문으로 확립하려는 움직임은 20세기 후반에 활발하게 일어났다. 1972년에 이 학문 분야를 홈즈(Holmes, J. S.)가[1] 영어로 'translation studies'로 명명했다. 그 후로 translation studies는 미국과 유럽을 중심으로 급속히 발전하며, 국제적으로 확대되고 있다. 일본에서도 '번역학', '번역연구', '트랜스레이션 스터디즈'라는 명칭으로, 번역에 대한 연구가 최근에 들어서 한창 진행되고 있다. 여기서는 '번역학'이라는 용어를 사용하여 이 새로운 학문에 대한 개략적인 것을 기술하기로 한다.

[1] 암스테르담 대학의 교수이자, 미국 출신 번역학·비교문학 연구자

2) 번역학의 흐름

학술연구의 대상으로 번역에 대한 관심이 높아진 20세기 중엽, 그 관심은 주로 기점 텍스트(원서)와 목표 텍스트(번역)를 비교하여 그 언어적 특징을 분석하는 것에 집중하고 있었다. 두 개 텍스트 사이에 어떠한 등가가 달성되어 있는지, 어떠한 변이(차이)가 있는지 등이 주된 연구 내용이다. 그러나 그 후에 텍스트뿐만 아니라 번역이 탄생된 배경이나 상황적 요인에도 관심을 돌려야 한다는 생각이 우세하게 되었다. 그리고 목표 문화에서 번역의 위치와 역할, 사회적 요인이 번역에 끼치는 영향, 직업으로서의 번역 상황, 또 번역자 그 자체에 대한 연구가 많이 나타나게 되었다. 이것은 번역학에서 '문화적 전환(cultural turn)', '사회적 전환(social turn)'이라고 불린다. 또한 기계번역과 번역지원 기술의 발전, 자원봉사 번역의 보급에 의한 실천적 번역과 번역자를 둘러싼 환경이 크게 변화하는 현재, 기술과 관련된 번역 연구가 늘어가며, 이제 번역학은 '기술적 전환(technological turn)' 시기에 있다고 보는 시각이 많아지고 있다.

3) 번역학의 연구 대상

번역학에는 이론 연구와 실증 연구가 있다. 이론 연구는 번역에 관련되는 다양한 개념의 정의와 해석, 번역에 대한 내용을 설명하는 틀이나 분류 제안 등을 한다. 한편, 실증 연구는 번역에 대한 관찰이나 실험에서 얻게 된 데이터를 기반으로 어떠한 가설을 증명 혹은 반증을 들거나 새로운 가설을 제안하거나 한다. 이론 연구와 실증 연구는 명확하게 구분할 수 없으며, 이론 연구가 어떠한 데이터를 받아들이거나 실증 연구에서 어떠한 이론적 틀을 사용하는 것이 일반적이다.

연구 대상은 번역 결과물(목표 텍스트), 번역 과정, 기능(번역의 역할과 목적), 번역자에게 초점을 맞추는 것 등 다양하다. 또 번역을 어떤 언어로 쓰인 글을 다른 언어로 바꿔 쓰는 것이라는 일반적인 견해보다도 더 넓은 것으로 파악하려는 접근 방법도 있다.

예를 들어, 이민에 의해 출신 국가 문화와 이주 국가 문화가 서로 어우러진 것, 공동체 속에서 이야기나 시가(詩歌)가 입에서 입으로 대대로 전승된 것, 사상과 문화, 정치가 서로 얽혀 상호관련성을 반영하는 것 등이 번역의 대상으로 삼는 연구들이 있다.

4) 일본에서의 번역학

일본은 번역에 대한 역사가 굉장히 길고, 풍부한 번역 문화를 가진다. 번역자가 자신의 번역 방법이나 그러해야 할 번역의 모습을 제시한 번역론은 수없이 많고, 번역기법을 전수하는 교재와 번역자들이 보는 문법서도 출간되어 있다. 또한 사상이나 문화연구에서 번역이 화제가 되거나 번역어에 관련된 연구가 수행되거나 한다. 하지만 최근에 들어, 미국과 유럽을 중심으로 대두한 번역학의 성과에 주목하여 번역을 학문 대상으로 연구해야 한다는 인식이 높아지고 있다.

2005년 일본통역학회에 번역연구 팀이 창설되어, 2007년에는 이 팀에 의해 학술지 '번역연구로서의 초대(翻譯硏究への招待)'가 출간되었다. 2008년 학회 명칭을 일본통번역학회(日本通譯翻譯學會)로, 학술지는 '통역번역연구(通譯翻譯硏究)'로 개명됐고, 지금은 통역 연구보다는 번역 연구의 논문이 많이 게재되고 있다. 또 2002년에는 도쿄 릿쿄(立教)대학 대학원에 번역학 전공 교육과정이 개설되어 박사 학위논문이 점차 나오고 있다. 국내외 다른 대학교에서도 일본어에 관련된 번역 연구를 바탕으로 한 박사학위논문이 제출되고 있다. 그 뿐만 아니라 『번역학 입문(翻譯學入門)』(2009)이나 『일본의 번역론(日本の翻譯論)』(2010) 등, 2007년 이후에 주요한 번역학 관련 저서, 번역서가 잇달아 출판되었다.[2] 또한 2010년에 리츠메이칸(立命館)대학에서 번역 연구에 대한 국제회의가 개최되어, 그 성과는 국내외에서 출판되었다.

앞으로 일본에서 더 많은 대학교, 대학원에 번역학 학위 수요 및 전공 과정이 개설되어 해외에서 활동하는 번역연구자와의 학술 교류로 확대되면 일본에서의 번역학이 더욱 발전될 것이다.

[2] Sato Rossberg, N. & Wakabayashi, J. (Eds.) (2012). Translation and Translation Studies in the Japanese context. London: Continuum.

2. 서양에서의 고전적 번역 이론

1) 키케로(Cicero, M. T.)

번역에 대한 논의는 현대에 들어 시작된 것이 아니라 기원전부터 번역(과 통역)에 관계하는 사람들이 논의를 전개하고 있었다. 그러한 논의에서 그 당시의 번역자들이 가졌던 견해와 태도를 배울 수 있으며 또한 기점 텍스트를 중시하든 목표 텍스트를 중시하든 간에 현대 번역 이론에 연결될 논점을 찾을 수 있다. 번역학이 독립적 학문으로 성립되기 오래전부터 서양에서 논의되었던 고전적 이론 중에서 최초의 이론으로 간주되는 키케로가 제시한 이론과 체계적인 이론으로서 창시기에 발표된 드라이덴(Dryden)과 티틀러(Tytler)의 이론을 살피고자 한다.

기원전 1세기 고대 로마에서 웅변가이자 정치가 또는 번역자였던 키케로는 그리스 문학이나 변론을 라틴어로 번역하고 있다. 키케로는 변론의 번역 방법에 대해서 '해석자(interpreter)'와 '웅변가(oretor)'를 대비해서 논하였다.[3] 여기서 '해석자'는 기점 텍스트의 각 단어에 상응하는 단어를 찾아 순서대로 옮기는 축어역(literal)을 하는 번역자인 데 반해, '웅변가'란 기점 텍스트에서 다루어진 내용을 우선시하여 목표어의 표현형식에 맞춘 번역을 한다는 점에서 차이가 있다.

키케로 자신은 웅변가로서 번역을 한다고 했다. 변론에 있어 말해지는 내용뿐만 아니라 언어를 어떻게 사용하여 미적이고 기교적으로 사물을 표현하는가 하는 수사법이 중요하다. 이에 목표 텍스트는 라틴어로 번역된 변론을 수용할 청중을 고려하며, 감동시키는 언어로 번역하기 위해 노력할 필요가 있다. 키케로는 기점 텍스트의 문체(general style)가 지닌 힘(force)을 목표 텍스트에 재현하기 위해서, 또는 원전과 '경쟁'하는 의식을 가지고 기점 텍스트보다도 탁월한 수사법을 사용함으로써 독자들을 즐겁게 하는 것까지 했다.

키케로가 번역한 목표 텍스트를 읽는 독자는 그리스어를 이해할 수 있는 지식인들이었다.[4] 그들은 키케로의 번역 작품을 읽을 때도 그리스어로 쓰인 기점 텍스트를 이미 읽어서 알고 있기 때문에 기점 텍스트의 본래 내용이나 형식을 아는 것은 번역 작품을 읽어야 할 목적이 아니었다. 그러므로 키케로는 독자적 수사법을 구사함으로써 목표 텍스트 독자로 하여금 즐겁게 하는 데에 중점을 두었을 것이다.

2) 드라이덴(Dryden, J.)

기원전부터 17세기에 이르러 자신의 번역 경험을 바탕으로 선호하는 번역 방법을 기술함과 아울러 번역 과정에서 선택할 만한 번역 방법을 규범적으로 제시한 번역

---

[3] Cicero, M. T.(52B. C. E.? /2002). The Best Kind of Orator(E. W. Sutton, & H. Rackham, Trans.). In D. Robinson(Ed.). Western Translation Theory from Herodotus to Nietzsche(2nd ed.). Manchester: St. Jerome, pp.7–10.

[4] Bassnett, S.(2002). Translation Studies(3rd ed.). London: Routledge/ 김지원 옮김(2004). 『번역학 이론과 실제』. 한신문화사.

이론이 발표되었다. 영국의 시인이며 번역자였던 드라이덴은 번역 방법을 '치환역(metaphrase)', '환언역(paraphrase)', '모조역(imitation)'의 세 가지 범주로 분류하였다.[5]

치환역은 기점 텍스트와 목표 텍스트 사이에 단어 단위(단어 대 단어), 또는 행 단위(행 대 행) 번역 형식을 중시한 방법이다. 환언역은 기점 텍스트에서 사용된 단어나 형식보다는 전달하고자 하는 의미를 중요시하기 때문에 어느 정도 자유로운 방식의 번역을 하더라도 의미는 바뀌지 않는 의미 대 의미 번역과 비슷하다. 또 모조역은 이제 번역이라고 할 수 없을 정도의 번역 방법이며, 기점 텍스트의 형식과 의미와 멀어질 뿐만 아니라 그 두 가지를 모두 버리는 방식이다.

이것은 단지 기점 텍스트에서 몇 개 본질을 집어내고 그것을 기반으로 목표 텍스트를 생산한다는 '번안(adaptation)'이라[6] 불리는 번역 방법이다. 드라이덴은 치환역은 어리석은 방법이고, 또한 모조역은 기점 텍스트 저자에 대한 잘못된 태도라고 주장하여 치환역과 모조역을 피하고 의미를 대응시키는 환언역을 선택할 만한 번역 방법이라고 주장하였다.[7]

3) 티틀러(Tytler, A. F.)

18세기에는 스코틀랜드의 역사학자 티틀러는 '좋은 번역'이란 어떤 것인가라는 물음에 대해서 목표 텍스트 독자 입장을 고려하며 논하고 있다.

좋은 번역이란 기점 텍스트의 가치가 다른 언어에 완전히 주입된 것이고, 기점 언어권 화자가 기점 텍스트의 가치를 분명히 이해하고 깊은 감명을 느낀 것과 같이 목표 텍스트 독자도 그 가치를 분명히 이해하고 깊은 감명을 받게 되는 것이라고 한다. 따라서 목표 텍스트 독자가 어떻게 수용하는지가 중요하고 수용하는 방식을 기점 텍스트 독자와 목표 텍스트 독자 사이에 동등한 효과를 부여해야 하는 것이 좋은 번역을 위한 조건이라 생각한 것이다.

또한 티틀러는 '좋은 번역' 정의에서 도출되는 세 가지 번역의 '법칙(lows)' 또는 '규칙(rule)'을 다음과 같이 제시하였다.

(1) 기점 텍스트의 아이디어를 완전히 재생해야 한다.
(2) 문체와 표현양식은 기점 텍스트와 동일한 특징을 지녀야 한다.
(3) 기점 텍스트의 작품처럼 자연스러워야 한다.

(1)은 기점 텍스트가 가지는 의미에 주목한 것으로 목표 텍스트어서 의미의 재현을 중시한 것이다. (2)는 기점 텍스트의 문체와 형식적 측면을 목표 텍스트에 그대로 살리는 번역방법을, (3)은 기점 텍스트의 명료함과 우아함 등을 목표 텍스트에 그대로 옮겨야 한다는 번역방법을 지지하는 것이다. 이 법칙은 중요도에 따라 (1)>

[5] Dryden, J.(1680/2004). From the Dryden, J.(1680/2004). From the Preface to Ovid's Epistles. In L. Venuti (Ed.). The Translation Studies Reader (2nd ed.). London: Routledge, pp.38-42.
정연일·남원준 옮김(2006: 22)에서는 '옮겨 쓰기, 바꿔 쓰기, 모작'이라고 칭한다.

[6] '번안'이란 번역자가 목표 언어권의 기대에 부응하기 위해서 기점 언어의 사회문화적 내용을 목표 언어의 문화적 현실, 예를 들어 풍속, 인명, 지명 등 세부 사항을 자기 나라 식으로, 또한 시대에 맞게 바꾸는 번역전략이다.
Delisle, J.·Covey, J.·Lee-Jahnke, H.·Cormier, M. C.(1999). Terminologie de la traduction. John Benjamins/이연향 옮김(2005). 『번역 용어집』. 한국문화사.

[7] 다만 드라이덴은 그 후, 치환역과 환언역의 양 극단 사이의 한 지점에서 번역하는 것이 옳다고 한 생각을 바꾸었다.

(2)> (3)의 순으로 나열된다. 그런데 모든 법칙을 달성할 수 있다면 좋겠지만 그것이 어려울 경우, 우선 (3)을, 그 다음 (2)를 희생(gain)하더라도 (1)의 법칙을 지켜야 된다고 주장하였다. 이와 같이 티틀러는 단순히 이상적인 번역방법을 기술한 것에 머무르지 않고 세 가지 법칙을 제시하여 각 법칙에 따른 중요도 위계를 나타냄으로써 번역자가 여러 가지 상황에 있어 어떤 판단을 내리면서 실천해 나가야 한다는 점까지 논한 것이다.

3. 번역학 '도해'

1) 번역학의 용어와 성질

홈즈(Holmes, J. S.)의 'The name and nature of translation studies'는[8] 번역 연구를 독립적인 학문 분야로 확립시키기 위한 비전을 제시한 기념비적 논문으로 알려져 있다. 이것은 1972년 국제응용언어학회에서 홈즈가 발표한 것을 기반으로 1988년에 논문집으로 출판된 것이다. 그 안에서 홈즈는 번역에 관한 것을 연구하는 학문 분야를 영어로 'translation studies(번역학)'로 부르는 것을 제안했다. 또한 번역학에서는 어떤 연구를 하는지, 그 범위와 분류에 대한 틀을 논하고 있다. 그 후로 기술적 번역 연구에 관한 저서[9]에서 홈즈가 제안한 번역학의 체계와 분류를 도식화해서 소개한 사람이 투리(Toury, G.)[10]이다. 이것이 번역학의 '도해(Map)'로 널리 알려졌고 번역학의 시작점이라고 생각되고 있다.

2) 투리에 의한 홈즈의 '도해(圖解, Map)'

투리가 도식화한 번역학의 '도해'는 아래와 같다.

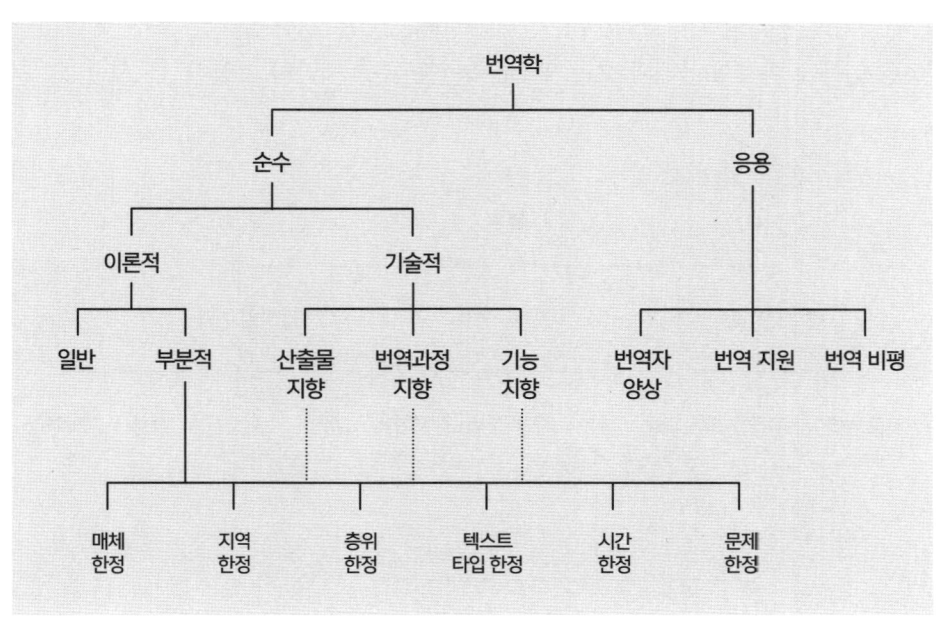

<그림5> 홈즈의 번역학 '도해' (Toury 1995:10)

우선 '순수'와 '응용'이라는 크게 두 가지 주요 영역으로 구분한다. '순수'는 기초연구이며, '응용'은 기초연구를 바탕으로 번역에 관련되는 실천적인 문제를 다루는 연

[8] Holmes, J S.(1988/2004). The Name and Nature of Translation Studies. In L. Venuti (Ed.). The Translation Studies Reader. London & New York: Routledge, pp.180-182.

[9] Toury, G.(1995/2012). Descriptive Translation Studies and Beyond. Amsterdam & Philadelphia: John Benjamins.

[10] 이스라엘 텔아비브대학교 번역학 명예교수

구이다. 이 '도해'에서는 응용분야로 번역사 양성, 번역 실무 지원(번역 보조 도구와 사전 등), 번역 비평 등의 하위분야가 있다.

한편, '순수'는 우선 '이론적'과 '기술적'으로 나뉜다. '기술적'은 투리가 중심으로 발전시킨 '기술적 번역 연구'라 불리는 연구 접근법에 이어지는 것이다. 이것은 다시 번역 텍스트(번역결과물), 번역 과정, 사회에서의 번역 위치와 번역 목적(번역 기능)에 초점을 맞추는 세 가지로 분류된다. 모두 연구 대상을 묘사, 분석, 설명한다는 연구방법이다.

'이론'은 '일반'과 '부분적'으로 나뉜다. '일반'은 번역 전반을 대상으로 한 이론이고 '부분적'은 번역의 어떤 측면에 초점을 둔 이론 연구이다. '부분적'은 다시 '매체 한정(번역의 주제가 인간에 의한 번역인지, 기계에 의한 자동번역인지 등)', '지역 한정(특정 언어 또는 문화 집단에 초점을 둠)', '층위 한정(단어 또는 문장 등의 특정 층위에 초점을 둠)', '텍스트 타입 한정(문학, 비즈니스, 기술번역 등의 특정 텍스트 타입에 초점을 둠)', '시간 한정(특정 시대 또는 기간에 초점을 둠)', 그리고 '문제 한정(특정 논점 또는 문제에 초점을 둠)'로 하위분류된다.

3) 응용분야의 새로운 제안

번역학 입문서의 저자로 알려진 먼디(Munday, J.)는 앞서 살펴본 '도해'에 나타난 '응용'분야에 대해서 아래와 같은 새로운 하위분류를 제안하고 있다.

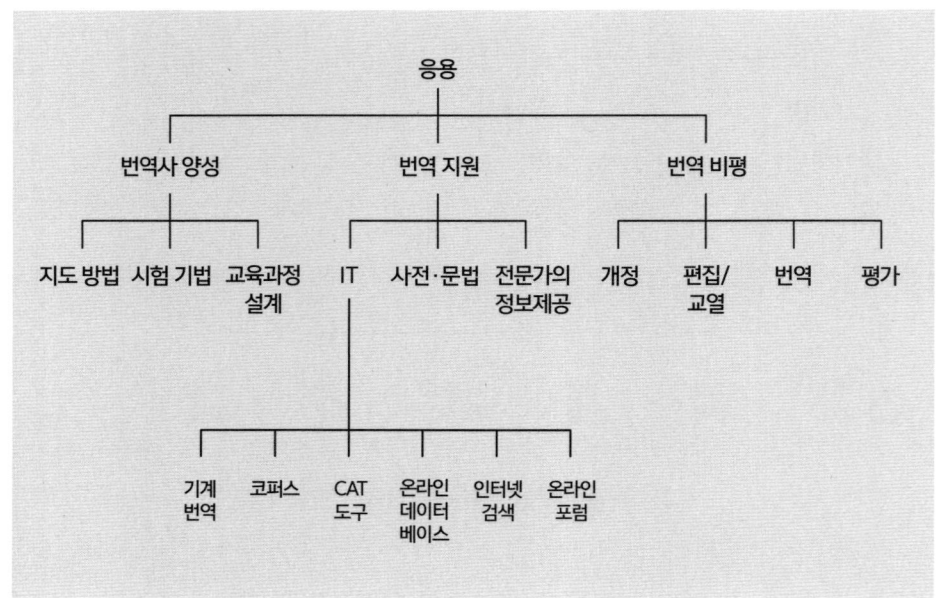

[11] 'CAT 도구'란 번역 메모리 시스템과 같은 컴퓨터 번역 보조 도구(computer-assisted translation tools)를 가리킨다(Munday 2001; 2012:19). -역자주

<그림6> 먼디에 의한 새로운 응용분야 (출처: Munday 2012:19)[11]

'지원'의 하위에 테크놀로지 관련 항목이 추가되어 '비평' 하위에 개정, 편집 등을 포함한 것은 번역지원 도구의 발달과 다수의 사람으로 작업을 분담하는 번역의 증가라는 번역 실천 현상이 반영된 것이라고 할 수 있다.

4. 언어의 의미와 번역의 불확정성

1) 도대체 언어의 의미란 무엇인가

"お疲れさまです(수고하세요)"는 도대체 어떤 의미를 가지고 있을까?

우리가 아무 생각 없이 말하고 있어서 요즘에는 인사 대신에 쓰는 사람도 많아졌다. 그러나 만나자마자 이런 말을 들으면 "수고? 아니, 수고하지 않는데, 아침부터 왜?" 그렇게 여기는 사람도 많을 것이고,[12] 필자도 그렇게 생각하는 사람 중의 한 명이다.

이것이 바로 '언어 의미의 불확정성(不確定性)'의 문제이며, 이것은 듣는 사람이 말하는 사람의 의도와 다르게 해석한 것이다. "아니, 그런 의미로 말하는 것이 아닌데…"라고 쓰라린 경험을 한 적이 있는 사람이 많을 것이다. 그것은 보낸 말의 의미가 말하는 사람과 받는 사람 사이에서 어긋나고 일치하지 않기 때문이다. 그러면 원래 언어의 의미란 무엇인가?

우선 자의(字義)적인 의미를 번역 방법을 통해 생각해 보기로 한다. '수고하세요.'는 주어 you를 보완해서 상대방의 상황을 추측해서 관찰하는 의미가 담겨서 'You must be tired.'로 될 것이다. 그러나 이 예문에서 발화자는 이러한 의미가 아니라 가벼운 인사로서의 의미로 이 말을 사용하고 있다고 생각된다. 즉 자의적인 의미(meaning)와 사용의 의미(sense)는 같지 않다. 그런데 이 예문에서 받는 사람은 자의적인 의미로 해석하여 "별로 수고하지 않은데…"라고 조금 불쾌히 여기고 있다. 또는 다른 상황에서 자신이 존경하는 선생님이 "수고"라고 말을 해서 그 선생님은 가벼운 마음으로 말했을지도 모르는데, 받는 사람은 기쁜 나머지 펄쩍 뛰었을지도 모른다. 즉 사용의 의미, 또는 해석되는 의미는 자의적 의미에 얽매이면서도 무한히 넓어져 있다고도 할 수 있다.

여기서 의미를 기술하는 방법으로 (1) 사전적 의미, (2) 백과사전적 의미[13]의 두 가지를 들면, 수고한다는 것의 자의적인 의미는 사전적 의미일 것이며, 인사라는 의미는 백과사전에 실려 있는 것일지도 모른다.

또 언어의 의미가 어디에 있는가에 대해서 생각해 보면 (a) 외재설, (b) 내재설, (c) 구성설로 나눌 수 있다. (a) 외재설은 사전에 쓰여 있는 것과 같은 의미가 언어(음성이나 글자)에 붙어 있다는 견해, (b) 내재설은 언어의 의미는 사람의 마음속에 있다는 견해, (c) 구성설은 언어의 의미는 그때 그때의 커뮤니케이션에 따라 달라진다는 견해이다. 어느 것이나 일리는 있다.

'수고하고 있음에 틀림없다.'라는 자의적인 의미는 사전이나 백과사전에 실려 있는 제한된 외재설에 해당될 것이다. 내재설이라면 '수고하고 있음에 틀림없다.', '단순한 인사'라는 의미를 머리로 기억하고 있다고 파악한다. 그러나 커뮤니케이션의

---

[12] 鳥飼玖美子(2013). 『戰後史の中の英語と私』. みすず書房, pp.220-223 참조 'お疲れさま(수고하세요)'란 원래 '상대방의 노고를 위로하는 뜻으로 사용하는 말'이다(大辞泉, 小学館).

[13] '달'을 예를 들면, 달의 사전적인 의미가 '지구를 도는 천체이며 지구의 유일한 영구적인 자연 위성'이라고 하면 백과사전적 의미는 '월면 착륙, 달구경/완월, 달에서 절구와 절굿공이로 떡을 치는 토끼, 구약성서 고대 바빌로니아 달의 신화' 등과 같은 달을 둘러싼 다양한 지식의 총체를 가리킨다.

상호 행위에서는 발화자의 의도와 청자의 사고가 함께 의미를 구축한다. 이것이 바로 '의미의 사용', '해석되는 의미'가 된다. 이렇게 해서 그때마다 말하는 사람뿐만 아니라 상대방도 함께 상호작용하면서 '구성'해 가는 것이라고 생각된다.

2) 언어 의미의 불확정성

그래서 이 '구성설'은 언어의 의미를 '기억 연쇄를 서로 끌어넣음'으로 파악한다. 커뮤니케이션이라는 상호 행위 사이에서 언어는 받는 사람의 기억을 연쇄적으로 활성화시킨다. '수고하세요.'의 예에서 말하자면 젊은이들의 단순한 인사라는 기억이 활성화되면 불쾌감을 느낄 것이다. 그 말을 한 사람이 존경하고 있는 사람이라면 자의적 의미가 활성화되어 노고를 위로해 주었다고 생각할 것이다. 이것이 바로 말에 대해서 '의미 부여' 행위이다. 이 행위는 말과 의미의 결합을 불확정한 것으로 만든다. 그리고 같은 말을 사용해도 받는 사람은 상황이 다르거나 상대방 또는 자신의 그때 감정 상태가 다르면 말의 의미도 변화한다. 즉 발화자가 어떤 의미 혹은 의도를 가지고 말을 해도 그것을 받는 사람이나 쓰는 사람이 어떤 의미를 부여하는가는 불확정한 상태에 놓여 있다고 할 수 있다. 이것을 '의미의 수신자 의존성'이라고 한다. 언어에 어떤 의미를 부여해도 그것을 상대방이 어떻게 받아들이는지는 상대방(수신자)에게 달려 있다는 것이다.

3) 번역의 불확정성

번역이나 통역도 언어를 사용하는 행위인 이상, '의미의 불확정'의 논의가 적용된다. (1) 원저자·발화자가 한 말을 어떻게 의미 부여하는지, (2) 그것을 번역한 텍스트가 독자나 청자에게 어떻게 의미 부여될 수 있는가 라는 이중의 불확정한 상태에 놓여 있다고 볼 수 있다. 이것이 '번역의 불확정성'이다.

우리는 I love you를 어떻게 번역할까? 후타바테이 시메이(二葉亭四迷)는 '저는 (당신과 함께라면) 죽어도 돼요(死んでも可いわ)'(러시아어로 Я люблю вас.)[14]로, 나쓰메 소세키(夏目漱石)는 '달이 참 아름답네요(月が綺麗ですね)'로 번역했다고 한다.

또 빌 클린턴(Bill Clinton) 전(前) 미국 대통령이 오랜 세월 동안 함께 지낸 힐러리(Hillary) 부인에게 연단에서 'I love you.'라고 했는데, 방송통역자는 일순간 망설인 후, '아이 러브 유, 힐러리.'로[15] 동시통역하였다.

이렇듯이 번역이나 통역은 불확정한 것으로 알 수 있다. 번역의 '등가'는 번역하는 사람, 또한 상황이나 시대, 역사에 의해 변하는 것이고, 번역이란 원리적으로는 번역자에 의해 당분간의 의미가 부여된 결과라고 할 수 있다.

[14] 일본의 특유한 내세사상에 의한 궁극적 사랑의 형태다. 이것은 남녀가 서로의 사랑을 변함없는 영원한 것으로 맹세하기 위한 동반자살(신주 心中)을 암시적으로 나타내고 있다. -역자주

[15] 상하 양원에서 클린턴 대통령이 연설했을 때의 이야기다. 그는 연설 중에 힐러리 부인에게 말을 걸었다. 백악관 인턴 사원이었던 모니카 르윈스키(Monica S. Lewinsky)와 부적절한 관계가 밝혀져, 클린턴과 힐러리의 관계가 몹시 불편한 상태이기 때문에 '언제나 고마워 힐러리'가 보다 적당하지 않을까라는 의견도 있었다고 한다. 또 '수고를 끼쳤구나, 힐러리'도 가능할 수도 있다. 新崎隆子 (1999) 放送通訳最前線, 『総合ジャーナリズム研究』, 1999年春季号, 東京社. 참조

5. 등가

1) 등가란 무엇인가

　기독교의 'God'은 일본어로 어떻게 번역하면 될까? 만일 '신(神)'으로 번역하면 일본 민족 신앙에서의 모든 신과 동일화될 것이다. '상제(上帝)'나 '천주(天主)'라는 번역어도 위화감을 느낀다. 이렇듯이 서로 다른 언어 사이에 똑같은 의미로 번역한다는 것은 하나하나 단어의 대응관계를 자세히 보면 원리적으로 불가능하다. 하지만 '원문의 의미를 훼손하지 않고 번역문에 재현한다'라는 일종의 노력 목표를 나타내는 용어가 필요하다. 그것이 '등가(equivalence)'이다.

　두 언어 간에서 동등한(equal) 가치(value)를 실현하도록 하는 것이 번역이며, 이 가치는 '의미'로 바꿔 말할 수 있다. '등가'라는 개념은 번역을 배우고 실천하여 연구하는 과정에서 필요불가피한 개념이며, '번역은 등가로 시작하고 등가로 끝난다.'라고 할 수 있다.[16] 따라서 여기서는 번역 등가에 대해서 생각해 보고자 한다.

2) 번역 단위와 등가

　등가를 논함에 있어 논의를 쉽게 하기 위해서 (1) 단어 차원, (2) 연어와 관용구 차원, (3) 문법 차원, (4) 텍스트 구성 차원, (5) 어용론(화용론)적 차원의 다섯 가지로 분류해서 생각해 본다.[17]

(1) 단어 차원의 등가

　영어 'table'을 '테이블'로 번역하는지, '밥상'으로 번역하는지에 따라 환기되는 이미지와 상황이 다르고 어느 쪽이 원문의 상황에 적합한지, 또한 어느 쪽이 더욱 등가를 실현하는지를 검증하는 것이다.

(2) 연어와 관용구 차원의 등가

　'同じ釜の飯を食う(한솥밥을 먹다)'라는 표현은 영어의 언어습관에 어울리도록 'live under the same roof'로 번역하는 것이 마땅하다고 생각된다. 하지만 경우에 따라서는 일본의 고유한 표현을 소개하기 위해서 억지로 'eat rice out of the same rice cooker'로 번역하는 것도 가능하다. 그 외에 'take advice'를 직역하면 '어드바이스를 잡다'이지만 일본어로 자연스럽지 않다. '조언'을 '얻다/듣다' 등 일본어에서 자주 사용하는 표현을 번역어로 선택함으로써 등가를 실현해야 한다.

---

[16] Chesterman A.(1989). Readings in Translation Theory. Helsinki: Finn Lectura. pp. 99; Bassnett, S.(2002). Translation Studies. London: Routledge, pp.30—36 참조

[17] Baker, M.(1992/2011). In other Words (2nd ed.). London: Routledge. 곽은주 외 옮김(2005). 『말바꾸기』. 한국문화사.

(3) 문법 차원의 등가

'My doctor stressed the importance of reducing stress to control my blood pressure.'는 '주치의는 스트레스를 줄이는 것이 혈압을 억제하는 데 중요하다고 강조하였다'로 번역할 수 있다. 여기서 'stressed the importance'는 '중요함을 강조하였다'라는 의미인데, '중요하다고 강조하였다', 즉 영어로 'stressed that it is important' 식으로 품사를 전환하여 더욱 알기 쉬운 번역을 지향하는 것이 문법 차원의 등가 예이다.

(4) 텍스트 구성 차원의 등가

(4)는 정보를 어떻게 배열하는지에 관련된다. 예를 들어 'After a long discussion, we were about to leave, when I had a great idea.'를 <종속절→ 주절> 순으로 번역하고 '한참 논의한 후, 좋은 생각을 떠올렸을 때에 우리는 떠나려 하고 있었다.'로 번역하면 사건이 일어난 시간적 순서에 위반한다. '한참 논의한 후, 우리가 떠나려고 할 그 때에 좋은 생각이 떠올랐다.'와 같이 원문의 정보와 동일한 순서로 번역하는 것으로 텍스트 차원의 등가가 실현된다.

(5) 어용론적[18] 차원의 등가

(5)는 구체적인 문맥 안에서 언어가 사용될 때의 의미 차원이다. 일본어로 'すみません(죄송하다/미안하다)'가 그 좋은 예인데, 영어로 바꾸면 'I'm sorry.'이지만, 사과뿐만 아니라 감사를 나타내는 경우에는 'Thank you.'로 번역하는 것이 좋은 경우도 있다. 이와 같이 번역 연구에서는 구체적인 번역 행위에 있어 다양한 차원의 등가를 분석하는 한편, 번역교육에서는 등가를 고려한 주체적인 선택과 결단이 요구된다.

3) 동적 등가[19]

그렇지만 '언어 간 번역은 어떤 언어의 메시지(의미)를 다른 언어 개개의 코드 유닛(code unit)[20]으로 옮기는 것이 아니라 메시지 전체를 옮기는 것이다.'라는[21] 점도 중요하다. 즉 텍스트 전체로 '등가'를 고려해야 한다는 생각이다. 이것은 네 가지 '번역의 기초요건',[22] (a) 의미가 통하는 것, (b) 원문의 정신과 태도를 전달하는 것, (c) 자연스럽고 쉬운 표현을 사용하는 것, (d) 유사한 반응을 이끌어내야 하는 것(등가 효과)으로 제시되어 있다. 이들을 근거로 '등가'를 크게 두 가지 유형으로 나눌 수 있다.

[18] 화용론이라고도 한다.

[19] '역동적 등가', '동태적 등가'라고도 한다.

[20] '코드 유닛'이란 번역을 하는 데의 언어 단위를 말한다.

[21] Jakobson, R.(1959/2004). On Linguistic Aspects of Translation. In L. Venuti (Ed.). The Translation Studies Reader (2nd ed.). London: Routledge.

[22] Nida, E.(1964). Toward a science of Rtanslation. Leiden: Brill 참조

[23] '형태적 등가'라고도 한다.

(1) 형식적 등가(formal equivalence)[23]
(2) 동적 등가(dynamic equivalence)

기점 언어를 지향하는 것이 형식적 등가이다. 한편 목표언어 수용자의 언어적 필요(linguistic needs)와 문화적 기대(cultural expectation)에 부합해야 하고, 전적으로 자연스러운 표현(원문 메시지와 가장 가깝게 자연스러운 등가)을 목표로 한 번역을 '동적 등가'라고 한다. 현대 일본에서의 지배적인 번역방식은 '자연스러운 일본어', '읽기 쉬운 번역문', '의미 중시', '수용자 중시'라는 특징을 가지며, 이러한 특징은 '동적 등가'를 중시하는 경향이라고 할 수 있다.

6. 변이와 전략

1) 번역 변이

영어로 쓰인 것을 모두 일본어로 옮기려고 하면 어려울 경우가 있다. 예를 들어 애덤 스미스(Adam Smith)가 저술한 'The Wealth of Nations'이라는 책 제목의 번역에 대해서 생각해 보기로 한다.

일반적으로 『국부론(國富論)』으로 번역되어 있으나 'Nation'의 복수형을 반영시키려고 하면, 복수를 나타내는 단어를 붙여서 번역해야 하는데, 『국부론』이라고 번역하면 글자에서 보는 바와 같이 복수형이 나타나지 않는 형태가 된다.[24] 이와 같이 '기점 텍스트를 목표 텍스트로 옮기는 과정에서 발생하는 형태적 대응으로부터의 이탈'을 '번역 변이(shift)'라고[25] 한다.

이를테면 영어의 관사(a, an, the)는 일본어에는 없다. 이와 같이 언어에 따라 특정 문법 항목이 존재하는 언어도 있고 존재하지 않는 것도 있다. 그래서 어떤 언어를 다른 언어로 번역하면 무엇인가가 사라지거나 무엇인가가 추가되는 것이 꼭 발생한다. 따라서 번역 변이는 어느 정도 필연적으로 일어난다. 이러한 번역 변이는 대부분 언어의 문법 구조를 중심으로 나타난다. 예를 들으면 아래와 같은 것들이 있다.

(1) 층위의 변이(shift of level)

예를 들어, 러시아어 'Slgrat(놀이를 마치다/to finish playing)과 같은 완료를 나타내는 동사가 영어에서는 동사 'finish'으로 번역된다. 이것은 어떤 언어에서는 문법 항목으로 나타나는 것이 다른 언어에서는 어휘(lexis)로 나타나는 경우이다.

(2) 범주의 변이(shift of category)

영어 'The rain prevented us from going out'이 일본어 '雨が降ったので、外出できなかった(비가 와서 외출할 수 없었다.)'로 바꿀 수 있다. 명사 'the rain'이 일본어에서는 '雨が降ったので(비가 와서)'로 절(節)이나 문장으로 번역되는 경우이다. 또한 영어 'What made you so angry?(무엇이 그렇게 너를 화나게 해?)'를 일본어로 바꾸면 'なぜ そんなに 怒ったの(왜 그렇게 화가 났어?)'가 된다. 영어와 일본어 문장을 비교해 보면 영어의 명사 'what(무엇)'이 일본어 부사 'なぜ(왜)'로 품사를 전환해서 번역하는 경우와 같이 문법상의 차이를 생긴다.

'번역 변이'에 대한 지금까지의 연구는 상세한 문법적 변이에 한정된 논의가 중심이었다. 또한 그것은 원래 서양 언어들 간의 분석이었기 때문에 일본어-영어와 같이 멀리 떨어져 있는 언어쌍은 대상으로 포함되지 않으며, 그들은 꼭 보편성을 지

---

[24] 일본에서는 'Nation'의 복수형을 살려 『諸国民の富(제국민의 부)』(大内兵衛・松川七郎 訳 1959)으로 번역된 것도 있다. -역자주

[25] 이 용어는 Catford, J.C.(1965). A Linguistic Theory of Translation. Oxford: OUP에 유래한다. 또 번역 변이에 대한 설명은 캣포드(Catford)의 개념에 따른다.
Munday, J.(2012) Chapter4 pp.92~94
캣포드는 번역 변이를 'departures from formal correspondence in the process of going from the SL to the TL'이라고 정의하였다(Catford, J. C. 2000:141).

닌 분석이었다고 할 수 없다. 하지만 이러한 분석을 객관적으로 분석한 것은 번역에 있어 과학적 연구의 선구로서, 또한 번역이란 무엇인가를 학문으로 논할 때에 중요한 이론이기도 하다. 원래 이 논의는 문맥을 배제하여 머리속에서 생각해 낸 번역 예를 바탕으로 문장 단위를 분석하는 것이었다. 그러나 번역 등가를 생각할 때 단순한 문법 항목 등의 언어적인 기준만으로는 불충분하다. 이를테면 시의 운(韻)을 어떻게 재현할지, 또 문학작품 문체[26] 등을 어떻게 변화시킬지를 포함하여 포괄적으로 논할 필요가 있다. 또한 번역되는 목표 언어의 사회·문화적인 상황 등의 특징에도 주의를 기울여야 한다. 한편, 번역자 입장에서 번역을 할 때 어떻게 원문을 변이시키면 되는지, 그 방식이나 방침을 생각해야 한다. 그것이 번역전략이다.

2) 번역전략

번역전략(strategy)이란 번역자가 의식적으로 변이를 일으키거나 혹은 변이를 최소화하거나 하는 '전환 조작'을 말한다. 원문에서 어느 정도 변이시켜야 하는지에 관한 '기법'이라고도 한다. 이 번역전략에는 세부적인 것에서부터 번역 전반에 대한 자세나 목표에 이르기까지 다양하게 제시되어 있다. 주된 것은 아래와 같다.

- 번역에 관련되는 전체적인 방침·전략·자세
- 기점언어에 충실하게 번역하는지, 또는 목표언어에 충실하게 번역하는지, 번역에 대한 자세[27]
- 번역 작업에서의 개별 문제에 대처하기 위한 상세한 방법
  직접적 번역[28]과 간접적 번역, 텍스트 전체·문장 또는 그 이하의 단위에 대한 전략, 문법·의미·화용론적 의미에 관한 전략[29]

구체적인 예를 보자. 'Angelina Jolie joined her partner Brad Pitt at the London premier of his latest movie.'를 '안젤리나 졸리는 <u>사실혼 배우자인</u> 브래드 피트를 <u>수행하여</u>, 런던<u>에서 개최된</u> 피트 주연의 최신 영화 시사회<u>에 참석하였다</u>.'로 번역할 수 있다. 원문에서 'husband'가 아니라 'partner'이기 때문에 '사실혼 배우자'로 설명을 추가하였고, 또한 'join'을 '수행하여 참석하였다'라고 설명을 덧붙여 번역하였다. 그리고 'London premier'를 '런던(에서 개최된) 시사회'로 추가적인 설명을 하고 있다. 또 'his latest movie'는 직역하면 '그의 최신 영화'이지만, '피트 주연의 최신 영화'라고 번역하고 있다. 이렇듯이 독자나 시청자에게 필요하다고 생각되는 정보를 '추가·보완'한다는 전략은 번역을 할 때에 자주 사용되고 있다.

---

[26] 소위 '문체'(작가의 글 특징이나 경향, 사용하고 있는 기법 등)의 변이를 다룬 연구도 있다.

[27] Venuti, L.(1995). The Translator's Invisibility; A History of Translation. London & New York: Routledge에서는 이국화를 선택하는지, 또는 자국화를 선택하는지 하는 전략에 대해서 논하고 있다.

[28] 직역과 같이 기점언어를 그대로 목표언어로 옮기는 번역방법이다.

[29] Chesterman A.(1997). Memes of Translation: The Spread of Ideas in Translation Theory. Amsterdam: John Benjamins 참조

7. 기능주의적 접근(스코포스 이론)

1) 스코포스 이론의 시작

기점 텍스트와 대조하면서 목표 텍스트를 분석해서 등가의 유무나 종류에 대해서 논하는 접근법에서 벗어나 목표 텍스트의 목적, 즉 번역이 무엇을 위해서 사용되는가에 초점을 맞추는 것이 기능주의적 접근이다. 따라서 번역 방법은 그 번역이 어떤 커뮤니케이션을 목적으로 사용하는가에 따라서 결정된다는 생각이다.

그 주요한 제창자이였던 페르메어(Vermeer, H)[30]는 '목표/목적(aim)', '의도된 기능(function)'을 의미하는 '스코포스(Skopos)'라는 그리스어를 사용해서 이 접근법을 '스코포스 이론(Skopos theory)'이라고 불렀다. 1970년대 후반부터 1980년에 걸쳐서 주로 독일어권에서 발전한 이론이다. 그때까지의 기점 중시 접근에서 벗어난 것을 의미했기 때문에 기점 텍스트를 '왕좌에서 내려놓은' 이론이라는 견해도 있다.

[30] 독일 하이델베르크 대학의 교수이자 언어학·번역학 연구자
'페어메어'로 표기되기도 한다.

2) 번역의 목적

기능주의적 접근에 따르면 기점 텍스트가 하나라고 해도 번역의 목적에 따라서 몇 가지 방법으로 번역이 가능하게 될 것이다. 예를 들어 하나의 문서를 30분 후에 시작되는 회사에서의 회의 자료용으로 번역하는 것, 일반 사람들이 접근 가능한 웹사이트용으로 번역하는 것, 재판 증거서류로 번역하는 것과는 선택되는 번역 방법도 달라질 것이다. 일단은 요점만 알기 쉽게 번역하기, 세련된 스타일을 사용해서 번역하기, 혹은 하나하나의 단어 또는 구를 빠짐없이 번역하기 등 다양한 번역 방법을 생각할 수 있다. 커뮤니케이션의 목적이 다르면 번역 결과물도 다르게 나타나는 것이다.

경우에 따라서는 기점 텍스트의 목적과 목표 텍스트의 목적이 다를 경우가 있을 수 있는데, 핌(Pym, A.)은[31] 아돌프 히틀러(Adolf Hitler)의 『나의 투쟁(Mein Kampf)』을 예를 들어 설명하고 있다. 기점 텍스트의 목적이 독자로 하여금 극가사회주의로 전향하게 하는 것이었을지도 모르지만 현재 그것을 번역해야 한다고 하면 그 목적을 '역사 학습의 참고문헌으로 사용하는 것'으로 설정할 수도 있다. 그리하면 각주 등으로 역사적 배경이나 히틀러 사후에 생긴 일에 대해서 설명을 더 붙이는 번역도 가능하다.

[31] Pym, A.(2010). Exploring translation theories. New York: Routledge.

3) 누가 스코포스를 결정할 것인가

번역의 스코포스는 어떻게 결정되는 것인가? 기점 텍스트의 성질(예를 들어, 정보를 전달할 뿐인 문서, 행동을 하게끔 하기 위한 문서 등)에 의존한다고 생각하면 기점 텍스트에 달려 있을 것이다. 반면, 기능주의자들은 의뢰자에 의한 지시가 즉 번역의 목적을 표명하는 것이며, 그에 따른 것이 번역자가 해야 하는 일이라는 견해를 내놓았다. 의뢰자의 지시 혹은 업무 설명에는 텍스트의 서식 외에도 목표 텍스트 독자, 무슨 목적으로 번역이 사용되는지 등의 정보가 포함된다. 이것은 기능주의적 접근이 주로 문학작품을 대상으로 해온 기존의 번역 연구와 달리 실무적인 번역까지 관심을 기울이는 것, 그리고 직업으로서의 번역이란 관점에 의거해서 번역을 의뢰자와 최종 수용자 등이 관련되는 사회적 행위로 보고 있음을 의미한다.

4) 평가와 응용

기능주의적 접근은 목표 텍스트의 목적에 초점을 두고 번역을 직업적 측면에 주목한다는 점에서 그때까지의 기점 텍스트를 중시하는 견해와 번역의 언어학적 특징을 분석하는 접근법에서 벗어난 것이었다. 그러나 기능주의에서 중심적인 개념인 '커뮤니케이션의 목적을 달성하기 위한 행위'는 매우 당연해서 부정할 여지가 없고 '이론'이라고 보기 어렵다. 한편으로 통·번역 훈련의 현장에서는 기능주의적 접근이 유용하다는 견해가 있다. 우선 목표 텍스트가 사용되는 목적을 강조함으로써 통·번역이 단순히 언어전환이 아니라 커뮤니케이션을 중개하는 행위임을 설명할 수 있다. 즉 훈련생들은 목적 의식 없이 통·번역을 하는 것이 아니라 커뮤니케이션의 목적을 의식한 번역을 하는 것이 요구되어 있는 것이다. 또한 유일무이한 옳은 통·번역, 혹은 옳은 번역방법은 존재하지 않는다는 것도 설명이 가능하다. 목적에 따라서 번역 방법이 달라지고 복수의 통·번역이 가능하다는 것을 보여줄 수 있다. 교사가 번역 과제를 주거나 통역 실습을 시킬 때도 예측가능한 독자와 청자, 통·번역의 목적에 관한 정보를 보여주는 것이 필요하다.

1980년대에 발전한 기능주의적 접근이지만 이제 번역 기술의 발전에 수반되는 상황에도 응용할 수 있다. 기계번역과 번역 지원 도구, 또 클라우드소싱이 보급되는 상황에서 그러한 지원 도구와 구조를 적절하게 사용하는 것이 중요하다. 이것은 번역 목적에 따라 번역 방법을 선택해야 한다는 의미로 기능주의적 접근과 합치하는 것이다. 기계번역에 대해서도 기능주의에서의 '충분한 번역(good enough translation)'이란 관점에서 논할 수 있을 것이다.

8. 번역의 텍스트 타입

1) 텍스트 타입과 기능

독일의 연구자 라이스(Reiß, K.)는 기능주의적 접근에 의한 텍스트 타입과 연관 지어 번역을 논하였다. 라이스는 언어로 표현되는 텍스트마다 각각 기능을 가지고 있다고 보았다. 이 '기능'이란 독자와의 커뮤니케이션 목적을 가리키는 것이다. 또 텍스트에는 복수 타입이 있으며 타입에 의해서 우세되는 기능이 다르다고 주장하였다. 텍스트 타입은 그 특징에 따라 '정보형(informaitive)', '표현형(expressive)', '효력형(operative)' 세 가지 타입과 보완적으로 한 가지 더 '청각 매체(audio medial) 텍스트'로 세분해서 분류할 수 있다.[32]

'정보형' 텍스트는 참고자료나 보고서, 취급 설명서 등이 있다. 이 타입의 텍스트에서 우세를 보이는 기능은 '서술 기능'에 해당하는 정보나 지식, 의견 등의 사실을 명료하게 전달하고자 하는 것이다. '표현형' 텍스트는 시나 연극, 기타 문학작품 등을 예로 생각할 수 있다. 표현형 텍스트가 지니는 기능 중, 우세한 것은 '표출 기능', 즉 저자가 두드러지게 눈에 띄는 창조적인 구성을 활용하는 것이고, 메시지의 형식이 중요하다.

'효력형' 텍스트는 광고나 선거 연설, 종교가의 설교 등이 있다. 우세한 기능은 '호소 기능'으로 독자에게 호소해서 어떤 행동을 하도록 하기 위한 것이다. 또한 보완적 텍스트 타입으로 들 수 있는 것이 '청각 매체 텍스트'이다. 이것은 언어 외의 매체(그림, 음악, 영상 등)가 들어 있는 텍스트를 말하고, 라디오나 텔레비전, 연극처럼 음성과 영상이 함께 사용되는 대본 등이다. 이 텍스트 타입은 서술, 표출, 호소 기능 중 하나가 텍스트별로 우세해진다.

2) 텍스트 타입과 번역 방법

라이스는 기점 텍스트의 텍스트 타입에 따라 번역 방법이 결정돈다고 생각해서 기점 텍스트의 기능을 재현하는 번역 방법을 선택해야 된다고 주장하였다. 정보형 텍스트일 경우는 기점 텍스트의 정보를 평이한 산문체에 의해 완전히 전달할 수 있는 목표 텍스트를 생산해야 된다. 기점 텍스트가 표현형일 경우, 기점 텍스트의 예술·창조적 형식을 목표 텍스트에서도 전달할 필요가 있으며, 원저자의 관점을 살리면서 목표 텍스트 독자에게 유사한 미적 효과를 전달해야 한다.

또한 효력형 기점 텍스트의 경우, 기점 텍스트가 독자에게서 끌어내려고 하는 행동과 같은 반영을 유도할 수 있는 목표 텍스트를 생산해야 한다. 청각 매체 텍스트는 영상이나 음악으로 글자를 보완하기 때문에 글말과 음악이나 영상과의 연관성을 유지하게끔 번역된다.

---

[32] Reiß, K.(1971/2000). Translation Criticism – The Potentials & Limitations: Categories and Criteria for Translation Quality Assessmant. (Rhodes, E. F., Trans.) Manchester: St. Jerome.

[33] 이 관용표현은 각각 단어의 의미를 그대로 옮기면 '찻잔 안의 대소동'이 되지만 전환하여 '보잘 것 없는 일로 난리', '헛소동'을 의미한다.

[34] 라이스는 'a tempest in a teapot'을 독일어로 번역하는 경우를 예로 제시하고 있다.
Reiss, K.(1971/2000) ibid. pp.38.

예를 들어 영어의 관용표현인 'a tempest in a teapot'을[33] 일본어로 번역할 경우를 생각해 보자.[34] 만약에 기점 텍스트가 정보형 텍스트라면 'つまらないことでの大騒ぎ(사소한 일로 일어난 큰 소동)'이란 산문으로 더 알기 쉽게 기점 텍스트의 의미를 전달하도록 번역한다. 기점 텍스트가 표현형 텍스트인 경우, 예술적인 형식을 살려 전달하기 위해 목표 텍스트에 있어도 비슷한 의미를 가지는 비유적 표현을 사용해 번역해야 한다. 일본어의 관용표현 중에서 '大山鳴動してねずみ一匹(태산에서 쥐 한 마리)'이란 표현을 선택해서 번역하면 기점 텍스트의 비유에 가까운 의미를 가지는 표현이 된다.

3) 번역 비평

번역의 비평, 즉 어떤 목표 텍스트가 좋은지, 나쁜지, 또 개선 방법 등에 대해서 논하는 것도 텍스트 타입과 그 기능의 대응을 바탕으로 할 수 있다. 만약에 기점 텍스트와 목표 텍스트의 텍스트 타입이 같으면 기점 텍스트가 지닌 기능 중에서 중요한 것은 목표 텍스트에서 재현되어 있는지 어떤지가 비평해야 하는 점이 되는 것이다. 텍스트 타입이 같은 경우에 한정한 것은 번역을 통해 텍스트 타입이 달라지는 것도 있기 때문이다. 예를 들어 풍자소설의 텍스트 타입은 효력형으로 어떤 인물이나 세력에 대한 비판을 통해서 독자에게 특정한 행동을 유도하는 호소 기능을 가지지만 번역되었을 때 풍자적 요소가 사라져 오락소설, 즉 표현형 텍스트가 될 수도 있다.

4) 비판과 중요성

모든 텍스트를 네 가지의 타입, 세 가지 기능을 기반으로 분류하는 것은 불가능하지 않을까라는 비판도 있다. 예를 들어 인사말이 쓰인 편지에는 편지를 받는 상대방과의 관계를 만들어 내고 유지해야 하는 기능이 있다고 여기기 때문에 라이스가 제시한 어느 텍스트 타입에도 들어맞지 않아 보인다. 또 텍스트 타입 차별화에 대한 어려움도 비판의 대상이 되고 있다. 기업연차 보고서를 예로 들면, 매출이나 실적 등을 기재하고 주주에게 보고하는 텍스트이니까 정보형 텍스트라고 생각된다. 그러나 동시에 주주와 투자자에게 자사주를 구입시키기 위한 효력형 텍스트이기도 하기 때문이다.

이와 같은 비판이 있어도 텍스트 타입 접근은 결코 경시할 것이 아니다. 텍스트가 가진 기능과 번역 방법과의 연관성에 주목한 점은 중요하다. 텍스트가 가진 기능에 대응해서 번역 방법을 바꾼다고 생각하는 것으로, 유일하고 절대적으로 옳은 번역 방법을 상정하는 대신에 번역을 상대적으로 텍스트와 독자 사이의 커뮤니케이션의 관점에서 파악할 수 있는 것이다.

9. 번역적 행위

1) 번역과 번역적 행위

번역(translation)은 기점 텍스트를 목표 텍스트로 변환하는 작업이지만 꼭 번역자 한 명이 단독으로 하는 것은 아니다. 그래서 번역에 관련되는 사람들의 행위(action)의 총체로 번역 행위를 이해하려고 하는 것이 '번역적 행위(translational action)'로[35] 불리는 개념이다. 번역을 사회적, 문화적 맥락 안에서 위치를 부여해서 인간의 상호행위로서 번역을 다루고자 하는 것이다. 커뮤니케이션 이론과 행위 이론에[36] 기초하기 때문에 번역은 '기점 텍스트로의 번역 행위(translational action from a source text)'이며, '일련의 역할(role)과 참여자(player)와 관련된 의사소통 과정'이라고 생각한다.

2) 이(異) 문화 커뮤니케이션에서의 번역

이(異) 문화 간에서 의사소통을 할 때도 외국어를 할 줄 알면 통역자는 필요없으며, 외국어 책을 원문 그대로 읽을 수 있다. 그러나 자기 스스로 의사소통을 할 수 없을 경우, 누군가에게 중개를 부탁할 필요가 생긴다. 거기서 비로소 번역이 요구된다.

번역이란 수단을 사용해서 의사소통을 취하는 상황을 상세히 보고자 한다. '번역적 행위'는 문학번역이 아닌 광범한 분야에서 일하는 많은 전문 번역자도 염두에 둔 개념이기 때문에 다음과 같은 여러 가지 역할과 참여자가 관련된다고 파악된다.

(1) 개시인(initiator): 번역이 수행되기 위해서는 번역을 필요로 하는 의뢰인이 있다. 보통은 기업이나 개인이다.

(2) 의뢰자(commissioner): 기업이면 담당 부서의 누군가가 번역회사에 연락을 한다. 번역 비용 등 조건을 교섭하는 것도 있을 것이다. 따라서 연락원도 번역에 관련된 관계자이다.

(3) 기점 텍스트 작성자(ST producer): 원본이 되는 문서를 작성한 개인이다. 소설이면 그것을 쓴 작가다. 기점 텍스트 작성자는 목표 텍스트에 관여하지 않는 경우가 일반적이다.

(4) 목표 텍스트 작성자(TT producer): 번역자, 번역회사, 기업 내 번역부서 등이 해당된다. 또한 번역을 확인하는 교열자, 편집자 등도 여기에 포함된다.

---

[35] 홀츠-맨테리가 제시한 개념이다. 행위이론(action theory)을 도입해서 번역 과정을 텍스트 기능(번역 행위)에 한정하지 않고 사회적 기능주의 시점에서 설명하였다.
영어로 번역된 'translatorial action'은 한국어로 번역하기가 어려운 특수한 용어다. 『번역학 입문』(Munday, J./정연일·남원준 옮김 2006)에서는 이것을 '번역 행위'로 번역하고 있지만, 본서는 'translational'이 아닌 'translatorial'이란 용어를 구별하기 위해서 '번역적 행위'로 하기로 하였다.
Holz-Mänttäri, J.(1984). Translatorisches handeln: Theorie und method. Helsinki: Suomalainen Tiede akatemia.

[36] '행위 이론'에서는 어떤 기능은 그것에 관여하는 사람들의 행위를 통해서 구체화되어, 각각 행위는 개개의 목적에 따라 실행된다고 생각한다.

(5) 목표 텍스트 이용자(TT user): 목표 텍스트를 사용하는 개인이다. 예를 들어 번역된 교재를 사용하는 교사, 번역된 매뉴얼을 사용해서 판매 활동을 하는 영업담당자도 있을 것이다.

(6) 목표 텍스트 수신자(TT receiver): 번역된 텍스트의 최종 수신자다. 번역된 소설의 수신자는 일반 독자이다. 또 번역된 외국어 교재를 수업에서 사용하는 수강생이나 번역된 매뉴얼(사용 설명서, 안내서 등)을 받고 읽는 소비자도 이에 해당된다.

이렇듯이 번역이 수행되는 일련의 과정에는 수많은 관계자가 개입되어, 각각 특정한 목적과 목표를 가지고 그 역할을 해낸다. 번역은 다른 참여자들의 행위를 통해서 달성된다. 번역을 둘러싼 관계자의 역할과 그 상호작용을 고려한 것이 '번역적 행위'라는 사고방식이다.

3) 목표 중시

'번역적 행위'의 사고방식은 수신자 입장에서 기능적으로 소통적인(communicative) 목표 텍스트를 생산하는 데 주안을 두고 있다. 즉 기점 텍스트의 내용과 형식을 단순히 옮기는 것이 아니라 목표언어의 문화 속에서 적절하게 기능하는 것이 중요하다. 그리고 무엇이 기능적으로 적절한지는 번역자가 결정해야 한다. 번역자는 번역적 행위의 전문가이고, 번역자의 역할은 이(異) 문화 간의 전환이 과부족이 없이 실현할 수 있도록 노력하는 것이다.

4) 실무 번역과 번역적 행위

번역적 행위라는 개념은 실무 번역과 산업 번역에 특히 적합하다고 할 수 있다.[37] 실무 번역의 현장에서는 번역의 발주자와 번역자 이외에 번역회사의 코디네이터나 프로젝트 매니저 등 다양한 사람들이 업무에 종사한다. 그 때문에 실제 번역작업을 시작하는 데 조건을 교섭하고 번역의 목적이나 소재를 확인할 필요가 있다. 이와 같이 번역자는 번역에 관련되는 관계자와 의사소통도 하여 기점언어·문화를 목표언어·문화로 표현하는 전달자(communicator)로서의 역할을 맡고 있다.

'번역적 행위' 이론은 지금까지 주류이었던 언어학적인 접근에 이론(異論)을 제기했다고 할 수 있다. 그와 동시에 직업으로서의 번역이 지속적으로 변해 가고 있는 상황을 이론화하려고 했다고 생각된다. 요즘의 번역 업무는 세분화되어 복잡화하고 있는 것이 사실이다. 복수 번역자가 동시에 작업을 하는 현지화(localization)와

[37] 과덱(Gouadec, D.)은 번역 과정을 '번역 전, 번역, 번역 후'의 3가지로 나눠, 각 단계에서의 번역자 역할에 관한 중요성을 설명하고 있다. Gouadec, D.(2007). Translation as a Profession. Amsterdam/Philadelphia: John Benjamms.

같은 대규모 프로젝트가 있고, 용어집 작성의 전문가인 술어학 학자(terminologist), 번역의 지침을 결정하는 원로 언어학자(senior linguist)처럼 번역자가 번역 이외의 (또는 그것이 전문직화된) 업무를 하는 것도 요구된다. '번역적 행위' 이론은 번역과 번역에 관련되는 직업을 포괄적으로 이론화하려는 시도이기도 한다.[38]

[38] Pym, A.(2010). Exploring translation theories. New York: Routledge

10. 다원 시스템 이론

1) 사회적 맥락 속의 번역

이스라엘의 학자 이븐-조하르(Even-Zohar, I.)가 제안한 '다원 시스템 이론(polysystem theory[39])'은[40] 목표 텍스트와 목표 텍스트를 수용하는 사회에 주목한다. 번역자와 번역된 텍스트를 번역하고 읽히는 사회적 맥락(사회에 속하는 사람과 문화, 사상, 역사, 경제 등의 요소를 포함한 상황)과의 관련성을 파악하는 것을 가능하게 하는 이론이다.

2) 시스템 개념

이론의 명칭에 포함하는 '시스템'의 개념은 티냐노프(Tynjanov)에 따른 것이다.[41] 티냐노프는 문학작품을 플롯(plot)과 문체, 리듬, 어휘 등의 복수 요소에 의해 구성된 하나의 시스템이라고 파악한다. 그리고 개개의 시스템(작품)이 서로 관련되어 문학 장르를 형성하고 그러한 시스템이 더 모여서 어떤 사회에 존재하는 복수의 층위를 가진 큰 문학 시스템을 형성하고 있다고 주장한다.

티냐노프는 문학작품 간의 상호작용뿐만 아니라 다른 사회적 요소와의 관련도 상정해서 각종의 요소가 서로 영향을 끼치는 가운데 문학 시스템이 진화·변화해 간다고 생각한다. 이러한 생각에서 문학작품을 고립시켜 연구할 수가 없기 때문에 외국어 문학과의 관련도 포함해서 문학연구는 다양한 요소를 고찰의 대상으로 하는 것이다. 이러한 사고방식에 착상해서 이븐-조하르는 문학작품의 번역에 대해서 이론을 전개하였다.

3) 문학적 다원 시스템에서의 번역문학 시스템

이븐-조하르는 문학시스템 내에 있는 시스템 모두를 결합해서 '문학적 다원 시스템(literary polysystem)'이라고 불렀다. 문학적 다원시스템 내의 각 시스템들은 동등한 관계가 아니라 계층성이 있다. 이 시스템 간의 우위와 열위라는 연관성은 고정적이지 않고 끊임없이 유동한다.

문학적 다원 시스템에는 번역 문학도 하나의 시스템으로 존재하여 다른 시스템과 (1) 번역하기 위해 어떤 작품을 선택하는지, (2) 특정한 규범·행위·관습을 어떻게 목표 텍스트에 받아들이는지, 이 두 가지 관점과 연관된다.

예를 들어 문학적 다원 시스템에서 판타지라는 장르의 문학 시스템이 우위의 계

---

[39] Even-Zohar, I.(1978/2004). The Position of Translated Literature within the Literary Polysystem. In L. Venuti(Ed.). The Translation Studies Reader (2nd ed.). London: Routledge, pp.199–204.
; Even-Zohar, I. (1990) Polysystem Theory. Poetics Today, 11(1) (Spring): 9–26
; Even-Zohar, I. (1990) The "Literary System". Poetics Today, 11(I) (Spring): 27–44.

[40] '폴리시스템', '다층체계 이론'이라고도 한다.

[41] Tynjanov, J.(1927). O literaturnoj èvoljucii. Na literaturnom postu. 4: 137-148/ 松原明 訳(1988). 文学の進化について. 桑野隆·大石雅彦[編]『ロシア·アヴァンギャルド6 フォルマリズ: 詩的言語論』. 国書刊行会, pp.189-202.

층을 차지하는 경우, 번역하기 위해서 외국어로 쓰인 같은 장르의 작품을 선택하기 쉽게 될 것이다. 문학적 다원 시스템 내에 있는 복수의 시스템 안에서 번역문학 시스템도 포함한 것이 중요하다. 왜냐하면 번역문학의 고찰을 통해 다른 장르 작품과의 관련과 변해 가는 사회적 맥락과의 관계를 고려할 수 있기 때문이다.

4) 번역문학 시스템의 위치

문학적 다원 시스템 내에서 복수 시스템과의 연관성은 유동적이라고 하였다. 그러면 문학적 다원 시스템 내 번역문학 시스템이 차지하는 위치도 변하게 된다. 많은 경우, 번역문학 시스템은 주변적인 열위에 있어 제한된 경우에만 주요한 위치를 차지할 가능성을 가진다고 한다. 그 번역문학 시스템이 우위를 차지할 가능성이 생기는 경우는 다음과 같이 세 가지로 나누어 설명할 수 있다. 첫 번째는 새로운 문학이 확립될 때, 번역 문학을 통해서 이전부터 있던 문학이 가지는 유형을 사용하는 경우다. 두 번째는 어떤 문학 시스템이 '약한' 상태에 있어 번역 문학에서 문학 기법 등을 유입함으로써 그 문학 시스템 내에서 번역문학이 대두하는 경우다. 세 번째는 그때까지의 문학이 젊은 세대에 허용되지 않아서 전환기를 맞이하는 것 때문에 발생하는 문학적 진공상태를 번역문학이 차지하는 경우다.

번역문학 시스템의 위치는 번역 실천도 관련된다. 번역문학 시스템이 우위를 차지하면, 번역자는 목표언어·문화적 관습에 반한 번역 방법을 취할 수 있다. 예를 들어 기점 텍스트의 표현형식을 재현하는 것을 지향하여 그 결과 난해한 목표 텍스트를 생산할 수도 있다. 또한 만약에 번역문학 시스템이 열위를 차지할 경우, 번역자는 목표언어·문화적 관습에 따른 목표 텍스트 산출에 힘쓴다고 한다.

위에서 언급한 세 가지 경우는 단순히 사회적 맥락과 번역문학의 상관성의 경향을 가리키는 것으로 이러한 경우는 반드시 번역문학 시스템이 우위를 차지하는 것은 아니다. 그러나 사례로 거론할 수 있는 경우도 당연히 있으며, 일례를 들면, 일본 메이지(明治) 시대 문학적 다원 시스템에서 번역문학 시스템이 우위를 차지한 것을 헤아릴 수 있다. 당시는 근대화를 꾀하고 언어와 문장 쓰기법의 변화와 함께 문학도 큰 전환기를 맞이하고 있었기 때문에 앞서 살펴본 세 번째의 경우에 해당한다. 그러한 시대에 있어 번역문학이 강한 힘을 가진 것으로 번역자는 기점 텍스트의 표현법을 목표 텍스트에 이입해서 그 결과 창작문학이나 일본 문장 쓰기법·언어 등에 영향을 끼친 것이었다. 이와 같이 문학계의 상황을 포함한 사회적 맥락과의 관련되어, 또한 영향력에 관련되어 어떠한 번역 방법이 취해지는지 등의 연구에 본 이론을 사용할 수 있다.

11. 기술적 번역연구와 번역 규범

1) 기술적 번역연구의 시작

번역자나 사상가가 자신의 경험, 관찰, 직감, 억측 등을 기반으로 '번역이란 어떤 것인지, 어떤 방법으로 번역해야 하는지' 라고 하면 정확한 이론이 아닌 경험적으로 '그렇게 해야 하다'는 견해를 기술하는 것은 대부분의 나라에서 있었다

또한 기점 텍스트와 비교를 통해서 목표 텍스트에서 등가가 어떻게 달성되어 있는가를 어구나 텍스트 차원에서 논하는 연구도 많다. 그에 대해서 기술적 번역연구(Descriptive Translation Studies: DTS)에서는 번역이 어떠한 것인지에 대해서 기술하고 분석한다. 또 번역을 목표문화에 지배되는 것으로 파악하여 목표 텍스트와 문화에 초점을 둔 연구를 하는 것이 큰 특징이다.

DTS는 우선 1970년대에 이스라엘과 네덜란드 등의 학자가 중심이 되어 제안한 것으로, 1980년대부터 1990년대에 걸쳐 크게 발전하였다. 당초 논의의 대상은 주로 문학작품이었지만 지금은 다양한 분야의 번역이나 통역 연구에서 DTS적 접근이 사용되고 있다.

2) 상정되는 '번역', 환상으로서의 '등가'

DTS의 발전, 나아가 학문으로서의 번역·통역학의 확립에 가장 공헌한 학자 중에서 잘 알려진 사람은 투리(Toury, G.)[42]이다. 투리는 의사(疑似)번역(pseudo-translation, 번역을 가장한 원서)[43] 등에 대해서 언급하여, '번역으로서 제시된 것은 모두 번역'이라는 도전적 논의를 하였다. 즉 투리에게는 기점 텍스트는 존재한다고 '상정되는' 것이고, 번역이라고 하면 등가는 당연히 존재한다는 것이다. DTS 접근에서는 등가의 유무와 분류 등, 이전부터 활발하게 진행해 온 논의의 존재 의의가 희박해지고 말았다.

투리는 번역이 어떤 것인가를 결정하는 것은 목표문화라고 해서 목표 쪽에 초점을 두고 번역결과물, 과정, 기능, 사회적·문화적 측면 등을 엄격한 방법론에 의거해서 묘사, 분석, 설명하는 연구를 제시하였다. 번역자·통역자의 사회화와[44] 복수 언어·문화 간에 존재하는 권위(prestige) 차이도 주목한 투리에 의한 혁신성은 그 후로 문화 연구(cultural studies)와 사회학적 접근에 따른 번역연구의 진전으로 이어졌다.

3) 번역 규범

투리가 1970년대 후반부터 전개한 규범에 관한 논의는 번역 연구 중에서 가장

---

[42] 이스라엘 텔아비브대학 번역학 명예교수이다.

[43] 예를 들어 『日本人とユダヤ人』(陳雄基 옮김 1982)은 이스라엘인 이사야 벤-다산(Isaiah, Ben-Dasan)이 원저자이며, 야마모토 시치헤이(山本七平)가 옮긴 번역서로 1971년에 출판되고 베스트셀러가 되었다. 그러나 사실 벤-다산은 가공의 인물이며, 이 책은 야마모토가 직접 쓴 것, 즉 벤-다산은 야마모토의 필명이라고 한다.
陳雄基 옮김(1982). 『일본인과 유태인』. 汎友社.

[44] 신규 참가자가 번역자·통역자 커뮤니티의 규범을 익히고 구성원이 되는 과정을 말한다.

획기적이고 영향력이 있는 이론의 하나이다. 쉽게 말하면 이 이론은 번역을 '규범 (norms)' ('적절성'에 대해서 사회나 집단이 공유하는 가치관이나 견해이고 개인의 행위와 판단의 근거가 되는 것)에 영향을 받는 사회적 행위로 보고 있는 것이다. 규범은 '규칙'이 아니지만 그에 따르지 않으면 '제재'가 부과될 것이다.

예를 들어 외국영화를 영화관에서 볼 때, 일본어 자막은 한 줄에 13자, 두 줄까지 허용되어 있다. 이것은 반드시 따라야 할 '규칙'이 아니지만, 자막번역 관계자들 사이에서 '적절'하다고 비공식적으로 합의된 방식이다. 이에 자막 번역자는 이 규범에 따라야 한다. 자막이 세 줄이 되거나 한 줄에 18자가 되거나 하면 '비판을 받음', '수정 요청을 받음', '일이 끊어짐' 등의 제재가 번역자에게 생길지도 모른다.

번역규범을 추출하기 위해서는 번역 그 자체, 번역자 후기, 번역 비평, 번역서 출판 목록 등, 번역에 관련되는 여러 가지 측면의 데이터를 관찰하고 규칙성을 살펴본다. 그리고 그 규칙성, 즉 규범이 왜 존재하는지를 사회적, 문화적, 정치적 상황 등에 비춰 분석하며, 규범이 변화하는 상황(예를 들어 자막이 한 줄 15자가 되는 것 등)에 대해서도 논의할 수 있다.

4) 통역 규범

번역 규범은 통역 연구에도 응용되어 왔다. 실제로 투리 자신도 규범의 개념을 기초로, 정식 훈련을 받지 못한 이중언어 사용자가 통역자가 되는 과정을 설명하고 있다. 그에 따르면 통역이 필요한 자리에 있게 된 이중언어 사용자 자신의 통역에 대해서 발화자, 청자에게서 피드백을 받은 경우, 그것은 그 자리에서 무엇이 적절하고 무엇이 적절하지 않은가를 가리키는 규범을 반영하고 있다. 그 피드백을 받아들여 규범에 따름으로써 통역자의 기능하고 인정을 받게 될 것이다(이 과정은 '사회화'라도 불린다.) 반대로 피드백, 즉 규범에 반한 것을 하면 일이 정지되는 것 등의 제재가 발생한다.

통역 규범과 번역 규범 사이의 큰 차이는 통역 규범은 통역자가 직면하는 인지적 부담(정보처리를 하는 데 필요한 집중력의 부담 등)에 대처하기 위해서 생긴 측면이 있다고 한다. 예를 들어 동시통역의 경우, 일본에서는 보통 통역자 2~3명이 약 15분 교대로 통역하는데, 이것은 '규칙'이 아니라 일반적으로 적절하다고 생각되는 '규범'이라고 할 수 있다. 이 '규범'이 생긴 이유는 긴 시간 동안 동시통역을 하게 되면 통역자가 지치고 통역의 질이 떨어진다는 인지적 문제에 대처하기 위해서라는 설명이 가능하다.

12. 보편적 특성

1) 번역의 보편적 특성과 법칙

번역된 언어는 처음부터 목표 언어로 쓰인 언어와 달리 다른 언어와 접촉할 때에 생기는 특징을 포함한 것이 종종 있다. 소위 '번역투(translationese)'나 '번역어'[45]라고 하는 것이다. 또한 번역하게 되면 기점 텍스트에 없던 표현과 어구가 부가되는 것도 있다.

번역의 보편적인 특성은 '원작에 쓰인 언어가 아니라 번역 텍스트에 전형적으로 일어나는 특정한 언어 시스템으로부터의 간섭 결과가 아닌 특징'[46]이다. 어떠한 이유에 의해 번역자가 의식적 또는 무의식적으로 조작하고 첨가·변용한 특징이라는 것이다. 최근에 번역 코퍼스를 사용한 연구 등에서 서서히 이러한 번역 텍스트에 대한 특성이 밝혀지고 있다.

2) 보편적 특성의 사례

우선 구체적으로 그 특성의 사례를 살펴보고자 한다.

(1) 명시화 (explicitation)

기점 텍스트에서 암시적으로 표현되어 있는 단어와 구를 목표언어에서는 명확하게 기술하는 것이다. 예를 들어 기점 텍스트에는 쓰이지 않지만 '그래서', '하지만', '그러니까'와 같이 접속어가 목표 텍스트에 빈번히 나타나는 것이 있다.[47] 두 언어 간의 특질 차이와 문화 차이에 의해서 원문에 나타나지 않으나 번역문에 명시하지 않으면 독자는 이해할 수 없다고 판단될 경우에 명시화는 피할 수 없다.

(2) 간소화 (simplification)

기점 텍스트보다 적은 단어 수로 번역하는 것이다. 어휘 레벨로 하면, 기점 텍스트(영어)에서는 세 가지 다른 단어 'nature', 'wilderness', 'scene'로 쓰이는 데도 불구하고 일본어로 번역하게 되면 기점 텍스트의 다양성이 사라지고(간소화되어) '자연(自然)'이라는 한 단어로 집약해 버린 사례가 이에 해당한다. 이런 경우, 동일한 단어를 반복해서 사용하는 것을 마다하는 영어를 일본어로 번역할 때, 하나하나 다른 단어로 번역되면 오히려 이해하기가 어려워지기 때문에 일본어답게 같은 단어를 반복해서 사용되는 것이다.

---

[45] Toury, G.(1995). Descriptive translation Studies and Beyond. Amsterdam/Philadelphia: John Benjamins, pp.223-250.

[46] Baker, M.(1993). Corpus Linguistics and Translation Studies: Implications and Applications. In M. Baker et al.(Eds.). Text and Technology: In Honor of John Sinclair. Amsterdam: John Benjamins, pp.223-250.

[47] Blum-Kulka S.(1986). Shifts of Cohesion and Coherence in Translation. In J. House & S. Blum-Kulka (Eds.). Interlingual and Intercultural Communication. Tübingen: Gunter Narr Verlag, pp.17-35.

(3) 정상화/보수화(normalization/conservatism)

목표언어의 특징을 과장해서 전형 패턴에 근거하는 경향이다. 예를 들어 기점 텍스트에 불완전한 문장이나 비문법적인 표현이 있더라도 목표언어에서는 완전한 문장으로 고쳐 쓰고, 또한 비문법적인 문장구조를 회피하는 것이다. 이러한 특성은 기점 텍스트와 목표언어의 조합에 관계 없이 어떤 언어의 번역에서도 생길 가능성이 있으므로 보편적이라고 할 수 있다.

3) 법칙과 발생 이유

번역의 특성을 '번역의 법칙'이라고 표현하고 발생 원인에 '다원시스템 이론'를 사용해서 거시 사회학(macro sociology)적인 설명을 하는 연구도 있다. '번역의 법칙'에는 두 가지 유형이 있다.

첫 번째는 '표준화 진행의 법칙(law of growing standardization)'이다. 위에서 언급한 '간소화'가 일어나는 원인은 문학과 사회 시스템 사이에서 보는 시점으로 설명할 수 있다. 번역 문학의 지위가 목표 문화의 문학과 비교해서 중심적이 아니라 주변에 놓여 있는 경우, 번역되는 텍스트는 목표언어에서 이미 확립되고 관습화된 표현에 적용하려고 한다는 분석이다. 앞서 예로 든 '자연(自然)'이라는 번역어는 이미 일본어에서 확립되고 사람들에게 인지되어 있는 단어이며, 일본어의 관습에 준거하기 때문에 굳이 기점 텍스트에 있는 어휘를 축어적으로 번역하지 않는다.

두 번째 법칙은 '간섭의 법칙(law of interference)'이다. 기점언어에 있는 구조를 목표언어에서 관습적이 아닌 경우라도 받아들이는 경향이다. 즉 번역투의 어색한 번역문이라도 목표문화에서 받아들일 가능성이 있다는 법칙이다. 이것이 기점과 목표 문화 사이의 세력의 차이에 의해 결정된다고 보는 것이다. 만약 기점 텍스트의 구조를 그대로 모방한 듯한 목표 텍스트가 목표 문화에서 받아들인다고 하면 그것이 기점 문화의 지위가 높다고 목표문화에서 생각되기 때문이라는 해석이다.

보편적 특성의 원인에 대해서는 이 외에도 다양한 연구가 있다. 목표언어를 중시하는 기능주의적 입장에서는 번역의 목적(스코포스)에 적합하던 번역자는 '애매모호한 기점언어에 주목을 돌리는 것'이 요구된다는 설명도 있다.[48] 이것이 '명시화'의 부분적 설명이 된다. 나이다(Nida, E.)의 '동적 등가'처럼 기점언어와 목표언어의 독자에게서 동등한 반응을 끌어내기 위해서 번역자가 목표 텍스트를 조작하고 있을 가능성도 있다. 어떠한 언어의 번역에도 해당하는 보편적 특성을 밝히고 그 이유나 원인을 분석하는 것은 번역의 본질을 생각하는 데에 큰 의미를 가진다고 할 수 있다.

[48] Chesterman, A.(2004). Beyond the Particular. In A. Mauranen & P Kujamäki (Eds.). Translation Universals: Do They Exist?. Amsterdam: John Benjamins, pp.33-49.

13. 독일의 번역론

1) 괴테(Goethe, J. W. v.)

독일의 고전적 번역론 중 현대의 번역 연구자에 의해 많이 언급되는 세 가지 이론의 각각 일부 본질을 뽑아서 소개하기로 한다. 한정된 것이지만 독일에서는 번역에 관련해서 어떠한 견해를 밝히고 있는지 확인하고자 한다.

시인이자 작가인 괴테(1749-1832)는 번역에는 세 가지 방법이 있다고 하였다.[49] 첫 번째는 목표 텍스트 독자가 자신의 감각으로 이국적인 것에 대해서 알 수 있는 번역이며, 이런 종류의 번역에는 간소한 산문 번역이 가장 적합하다고 본다. 기점언어 독자의 시적(詩的) 요소는 재현하지 않고 목표 텍스트 독자에게 알기 쉽고 익숙한 번역이다. 두 번째는 다른 나라의 개념과 감각을 흡수해서 목표언어 사용자의 감각, 즉 목표언어에 의한 시적(詩的) 표현을 재현하려는 번역이다. 세 번째는 목표 텍스트와 기점 텍스트가 같은 작용을 하는 것이다. 이러한 번역은 목표언어의 관습을 이탈하기 때문에 독자가 이질적 표현이나 사상을 이해할 수 없어 목표 텍스트를 받아들이기 어려워지지만, 기점 텍스트의 수사와 리듬, 운율 등의 이질적 요소를 이입하는 것으로 목표언어를 풍부하게 한다.

세 가지 번역 방법은 역사의 시기와 대응해서 어떤 작품은 시대에 따른 독자와 상황에 맞춘 방법으로 번역된다. 세 가지 번역 방법 중에서 어느 것이 선택되는가는 '원을 그리는 것'처럼 반복되거나 또는 같은 시기에 모든 번역 방법을 다루기도 한다. 괴테가 이 논고를 기술한 19세기 초는 독일이 세 번째 번역이 이루어진 상황에 놓여 있었던 것이 아닐까라고 주장한 바 있다. 기점 텍스트의 특색을 살린 이질성을 가진 번역이 받아들여진 시기로 보았기 때문이다.

2) 슐라이어마허(Schleiermacher, F.)

신학자·철학자·번역자인 슐라이어마허(1768—1834)는 '번역의 여러 가지 방법에 대해서'라는 강연에서[50] 현대 번역연구에도 영향을 주는[51] 번역 이론을 발표했다. 슐라이어마허는 번역자는 기점 텍스트 저자와 목표 텍스트 독자 사이의 관계를 구축해야 한다고 여기고, 그를 위해서는 번역자가 취해야 하는 두 가지 방법을 제시하였다. 첫 번째 방법은 '저자를 가능한 한 제자리에 두고 독자가 저자에 접근하도록 해야 한다'고 하는 것이고, 다른 하나는 '가능한 한 독자를 제자리에 두고 저자가 독자에게 접근하도록 해야 한다'는 방법이다. 첫 번째 방법은 번역자가 기점 텍스트를 읽고 얻은 인상을 원저자가 사용한 표현 형식을 포함해서 전달하는 것으로 목표

---

[49] Goethe, J. W. v.(1819). West-östlicher Divan/三ツ木道夫 編訳(2008). 翻訳さまざま(『西東詩集』への注解と論考 1816~19年より). 『思想としての翻訳: ゲーテからベンヤミン、ブロッホまで』. 白水社, pp.18—23.

[50] Schleiermacher, F. (1813). Ueber die verschiedenen Methoden des Uber-setzens/三ツ木道夫 編訳 (2008), pp.25-71.

[51] 현대의 번역연구자인 베누티는 슐라이어마허의 이론을 뒷받침으로 해서 자신의 이론을 전개하고 있다.

텍스트 독자는 이질적인 표현과 사상을 느끼게 된다. 두 번째 방법은 기점 텍스트 저자를 독일 독자가 있는 세계로 끌어놓는 접근법이며, 마치 처음부터 목표언어로 쓴 듯한 자연스러운 목표 텍스트를 생산한다.

슐라이어마허는 문학작품의 번역 방법으로 첫 번째 접근법을 옹호하였다.[52] 번역을 통해서 이(異) 문화에서 목표문화·언어의 습관과는 다른 요소를 가져오고 이질적인 그대로 목표 텍스트 독자에게 전달하는 것을 중시한 것이다. 축어역이나 직역을 하면 이질적인 인상을 독자에게 줄 수 있다. 이렇게 하면 목표 텍스트는 읽기 어려워질 가능성이 높고, 비판을 받을지도 모른다. 하지만 그래도 이질적인 요소를 이입하는 것으로 목표(독일의) 언어·문화가 발전될 가능성을 원해서 첫 번째 접근법을 취해야 한다고 주장하였다.

3) 벤야민(Benjamin, W.)

사상가·비평가인 벤야민(1892—1940)은 번역자이기도 한데, 자신의 번역서[53]에 달린 서문 '번역의 과제'에서[54] 밝힌 견해가 유명하다. 벤야민은 번역자가 해야 할 것은 기점 텍스트가 가지는 의미를 전달할 만한 목표 텍스트를 생산하는 것이 아니라 이(異) 언어와의 만남을 통해서 목표언어를 변화시키는 것이라고 생각하였다. 언어를 정적인 것이 아니라 변화하는 것으로 여긴 다음에 '순수 언어'(pure language)로 불리는 '보편 언어(lingua universalis)'에 대해서 논한다. 이 개념은 일본어와 영어 등의 현재 지구상에 존재하는 자연언어(개별언어)[55]와 다른 모든 언어를 포괄할 수 있는 '더 광범위한 언어'를 의미한다. 벤야민은 독일어 등의 여러 언어는 서로 다른 방법으로 대상을 지향하고 있다고 여기고 번역을 통해서 여러 언어가 서로를 보완하고 조화가 이루어지는 것으로 보았다. 서로 대립하는 지향 방식의 차이가 해소되어 순수 언어를 형성할 수 있다고 한다.[56]

'순수 언어'에 대한 기대를 가지는 벤야민이 생각하는 번역자가 해야 되는 것은 여러 언어를 순수 언어에 가까워지기 위한 번역을 하는 것이다. 그것을 위해서는 기점 텍스트의 높은 축어성을 가진 목표 텍스트가 필요하다고 생각하였다. 예를 들어, 축어역은 목표언어의 문장구조를 깰 수 있다. 그 결과, 목표언어의 단어 배열방식과 달라지면서 그때까지와 다른 언어, 순수 언어로 바뀌어 간다고 생각한 것이다. 괴테나 슐라이어마허와 비교하면 이유는 크게 다르지만 벤야민도 기점언어의 이질성을 목표 텍스트·언어에 도입해서 목표언어에 변화를 가져오는 것을 번역자의 과제로 중시한 것이다.

[52] 슐라이어마허는 두 가지 번역 방법을 동시에 취한다면 신뢰할 수 없는 번역이 된다고 하였다.

[53] 원저는 프랑스의 비평가이자 시인인 보들레르(Baudelaire, C. P.)이다.

[54] Benjamin, W.(1923). Die Aufgabe des Übersetzers/ 三ツ木道夫 編訳(2008) pp.187-207.
최성만 옮김(2008). 번역자의 과제. 『언어 일반과 인간의 언어에 대하여: 번역자의 과제 외』. 길.

[55] '자연언어'란 컴퓨터 프로그래밍 언어(기계언어)와 상대하는 개념이다. 일반 사회에서 자연히 발생한 언어이고, 인간이 일상생활에서 커뮤니케이션하기 위해서 사용되는 언어를 가리킨다.

[56] 벤야민은 순수언어가 '맹아적'으로 형성되기 때문에 인간은 순수언어로 도달하기가 곤란이라고 생각한다.

14. 이질화와 수용화(번역자의 불가시성)

1) 이질화 전략과 수용화 전략[57]

번역된 것이라고 알아차리지 못한 채로 번역 텍스트를 읽고 있었던 적이 있는 반면, 조금만 읽어도 어색함을 느끼는 번역 텍스트도 있다. 이러한 번역 텍스트에 나타난 익숙함과 어색함에 대해서 베누티(Venuti, L.)가 논하고 있다.[58] 베누티는 미국과 영국 문화의 문학번역에 관해서 번역자가 목표문화의 가치관에 맞춘 번역을 해야 하는지 어떤지 고찰하였다. 번역을 사회, 문화, 사상과 관련한 접근법에 대해서, 또는 번역을 하기 위한 작품선택 방법 등에 대해서 논하는 중에 슐라이어마허의 이론을 뒷받침하여[59] '이질화(foreignization)' 전략과 '수용화(domestication)' 전략이라는 두 가지 개념을 제시하였다.

번역자가 수용화 전략을 취한 경우, 기점 텍스트가 가진 이질성은 존중되지 않는다. 이질성이란 목표 텍스트 독자들 사이에 존재하는 규범이나 가치관과는 다른 성질이며, 표현법과 문장 구조, 또한 작품 주제 등에서 독자가 어색함을 느낄 듯한 것이다. 본래 이(異) 문화에 속하는 기점 텍스트는 목표 텍스트 독자에게는 이질성을 주게 된다. 이질성을 없애는 번역이 이루어진 경우, 목표언어와 문화에 익숙한 텍스트가 산출되는 것이다. 자신의 언어와 문화에 맞추어 번역된 목표 텍스트는 자연스럽게 읽어 나갈 수 있기 때문에 독자는 번역된 텍스트라고 인식하기가 어려워진다.

한편 이질화 전략이 다루어진 경우 번역자는 목표언어의 규범에서 벗어난 번역을 하고 번역 작품을 선정할 때는 목표문화의 취향과는 다른 작품을 선택하게 된다. 그렇게 하니 목표 텍스트 독자는 텍스트를 읽었을 때 이질성이나 신기성을 느끼고 번역된 것으로 분명히 인식한다. 그러한 번역 텍스트는 읽기 어렵다고 여겨져 독자가 꺼릴 수도 있기 때문에 이질화 전략은 번역자가 수용되기 쉬운 것을 우선적으로 생각하는 경우는 취하지 않는 전략이다. 하지만 목표언어와 문화에 새로운 요소를 가져오고 언어와 문화를 변화시키고 싶다고 생각할 경우에 이질화 전략이 효과적이다.

2) 미국·영국에서의 이질화·수용화 전략과 번역자의 불가시성

베누티는 미국과 영국에서의 번역 상황을 염두에 두고, 이질화·수용화 전략에 대해서 논하고 있다. 양국에서 사용된 주된 언어는 영어이기 때문에 베누티의 이론에서 상정되는 목표언어는 영어다. 지구상에서 존재하는 여러 언어가 가지는 권력[60]은 동등하지 않고 비대칭적이며 영어는 현대 사회에서 절대적인 권력을 가진다. 이

---

[57] 베누티가 도입한 용어 'foreignization, domestication'은 '이국화·자국화', '이질화·수용화', '타지화·현지화', '외국화·자국화' 등 다양하게 번역되고 있다.

[58] Venuti, L.(2008). The Translation's Invisibility; A History of Translation (2nd. ed.). London: Routledge.

[59] 슐라이어마허는 목표 언어인 독일어가 발전하는 것을 목적으로, 이질성을 가지는 목표 텍스트 생산을 권장한 점에서 베누티와 다르다.

[60] 언어가 가진 '권력'은 언어마다 사용자 수 또 사용자가 놓여 있는 정치·경제·문화적 지위 등으로 결정된다. 권력을 가진 언어는 권력이 약한 타언어보다 우위의 입장에 있고 타언어와 타언어 사용자를 압박하기도 한다.

에 미국과 영국에서 이루어지는 번역의 대부분은 열위에 있는 언어에서 우위에 있는 영어로 번역된다. 그러한 경우, 권력을 가진 영어라는 목표언어가 열위에 있는 기점언어의 영향을 받는 것, 즉 기점언어의 이국성이 도입되어 변화하는 것은 일어나기 어렵다. 영어가 가진 권력은 절대적이기 때문에 자문화 중심의 수용화 전략을 취하게 되는 것이 많아진다.

앞서 수용화 전략에 의해서 만들어 낸 번역 텍스트는 번역된 것으로 알기 어렵다고 하였다. 그러한 번역 텍스트를 읽을 경우, 독자는 자신이 가지는 텍스트 산출에 있어 번역자가 개입되어 있는 것을 알아차릴까? 베누티는 미국과 영국에서 수용화 전략이 우세한 것, 또 그 일에서 번역자가 '불가시성(invisibility)'의 높은 존재가 되어 있는 것을 지적한다. 번역자의 불가시성이라는 것은 직업으로서 번역을 하고 있는 번역자의 존재, 또한 번역이라는 행위 자체가 독자나 사회에서 인식되지 않거나, 인식된다고 해도 경시되는 것으로 이어진다.[61] 이러한 상황을 타파하기 위해서 베누티는 수용화 전략을 비판하고 이질화 전략을 지지한다. 이질화 전략을 취하면 번역 텍스트 독자들은 그것이 번역된 것으로 인식하게 된다. 그렇게 되면 번역자는 보이지 않는 것이 아니므로 독자와 사회에서 인정받는 존재가 될 수 있다. 더불어 이질화 전략에 의해 지금까지 받아들이지 않았던 표현법과 주제의 작품 등을 받아들이고 즐길 수 있기 때문에 영어라는 목표언어(그리고 그 문화)에서의 다른 것을 배제한다는 절대적인 권력이 약해질 것이라고 할 수 있다.

3) 일본에서의 이질화 전략과 수용화 전략

일본에서의 번역에 대한 이질화·수용화 전략을 고찰하면 기점언어와 목표언어 간의 연관성을 잘 생각할 필요가 있다. 일본에서 이루어지는 번역은 다양한데, 그 중에서 목표언어가 일본어이고 기점언어가 영어일 경우를 살펴보기로 한다.

일본어가 가진 권력은 영어와 비교하면 약한 편이다. 그렇게 하니 목표언어 간에 있는 권력 차이는 베누티가 상정한 것과 반대가 된다. 즉 베누티의 이론에서는 약한 언어로부터 강한 언어로 번역된 것이지만 일본의 경우는 강한 언어에서 약한 언어로의 번역에 해당한다. 따라서 기점 텍스트의 이질성을 도입하는 접근법이 일본에서 취하게 되어도 목표언어인 일본어의 힘을 약하게 하거나 번역자의 입장을 강하게 하는 목적이 있다고 간주하기 어려울 것이다.[62] 기점·목표언어 간의 권력관계가 크게 다를 경우, 이질화·수용화 전략 개념을 사용해서 일본에서의 번역을 논할 때는 충분히 주의해야 한다.

[61] 미국과 영국에서는 번역자 이름이 번역본 표지에 기재되지 않는 것은 별로 드문 일이 아니다.

[62] 예를 들어 일본에서는 특히 메이지 시대부터 영어를 중심으로 한 서구어 번역을 통해서 적극적으로 일본어를 발전시키려고 하는 경향이 있었다. 이것은 기점 언어의 이질성을 받아들임으로써 일본어를 강화하려고 한 것이다.

15. 식민지 지배와 번역

1) 식민지주의와 번역

　인간의 역사에 있어 어떤 공동체와 국가가 다른 지역에 들어가 본래 거기에 살고 있던 사람들의 토지와 생활수단을 빼앗고 정치적, 경제적, 문화적으로 지배하는 것은 끊임없이 반복되어 왔다. 하지만 보통 '식민지주의(colonialism)'라고 하는 경우는 15세기말부터 시작하고 20세기까지 이르는 근대 유럽 열강에 의한 영토 확장과 함께 전개된 식민지 지배의 현상을 가리킨다. 당초 양대 국가인 스페인과 포르투갈이 중심이었던 시대부터 네덜란드, 프랑스, 영국이 치열한 식민지획득 경쟁을 한 시대를 거쳐 19세기에는 이들 유럽 열강에 의해 아프리카, 아시아, 남북미 대륙은 식민지로 대부분 분할, 지배되었다. 20세기에 들어 거기에 새롭게 미국과 일본 등의 세력이 가해졌다. 일본은 지역적으로는 유럽은 아니지만 식민지획득 경쟁에 늦게 끼어들어 아시아태평양 지역을 식민지로 지배한 역사를 가진 것은 주지의 사실이다.

　식민지주의에서의 문화적 지배·피지배에는 언어가 큰 역할을 했다. 다른 언어와 문화의 만남에는 필연적으로 '번역'이라는 실천이 수반된다. 그리고 식민지주의 하에서는 번역이 큰 권력 관계 속에서 실천될 수밖에 없다. 피식민지 사람들은 원하지 않아도 식민지 종주국의 언어를 이해하지 않으면 안 된다. 또한 지배하는 측도 자신의 지배를 강화하기 위해서 피식민자들에게 종주국 언어의 사용을 강요하였다.

　식민지주의와 번역의 관계에 대해서 니란자나(Niranjana, T.)는 '실천으로서의 번역은 식민지주의 하에서 기능하는 비대칭적인 권력 관계를 형성함과 함께 그 관계 속에서 자신을 형성하기도 한다'고[63] 하였다. 즉 영국과 인도의 관계에서 전형적으로 볼 수 있듯이 현지의 언어를 영어로 번역하는 과정에서 영국은 식민지 지배를 정당화하는 것처럼 번역하는 책이나 문서를 선정하고 번역을 통해서 '동양'의 이미지를 만들어 간 것이다. 동시에 식민지화된 사람들도 종주국에 의해서 만들어진 자신의 모습을 영어를 통해서 어쩔 수 없이 받아들일 수밖에 없었다. 이러한 동양의 이미지 구축과 고정화에 큰 영향력을 가진 문서는 교육이나 역사, 철학, 사상까지 이르렀다. 특히 문학번역이 커다란 역할을 완수하였다.

[63] Niranjana, T.(1992). Siting Translation: History, Post-structuralism, and the Colonial Context. Bereley: University of California Press, pp.2.

2) 포스트콜로니얼리즘과 포스트콜로니얼 문학[64]

　'포스트콜로니얼리즘(postcolonialism)'이라는 말을 들어 본 적이 있는가? 이것은 '포스트(이후)'라는 말이 가리키는 바와 같이 20세기 후반에 그때까지 식민지였던 제3세계의 많은 국가가 서방 국가에서 독립을 달성한 후에 경험한 역사의 한 단

[64] '탈식민주의', '포스트 식민지주의'라고도 한다.

계를 가리키는 데 사용된다. 그러나 이 말에는 식민지주의 '후'라는 의미 이상의 것이 포함되어 있다. 왜냐하면 이 구(舊)식민지 국가들은 독립한 후에도 식민지주의가 끝을 알리는 것이 아니라 구종주국의 정치적, 경제적, 특히 문화적인 권력 관계가 뿌리 깊게 보이지 않는 상태로 살아 있기 때문이다. 따라서 포스트콜로니얼리즘은 서양의 식민지주의, 그리고 그 여파가 독립 이후의 문화적 상황에 끼친 영향에 초점을 맞춘 것이다.[65]

애쉬크로프트(Ashcroft, B.)는 과거의 식민지주의에서의 경험이 현궤까지 여전히 식민지화된 국가 사람들의 인식에 얼마나 영향을 끼치고 있는지를 포스트콜로니얼 문학을 해독하며 유럽의 언어, 특히 영어가 가진 권력성이나 포스트콜로이얼적인 상황에서 사람들의 정체성 위기에 대한 문제를 제기하였다.[66] 한편, 인도의 러슈디(Rushdie' S.)와 케냐의 응구기(Ngũgĩ, w. T.), 트리니다드의 네이폴(Naipaul, v. D.) 등의 작가에 의한 포스트콜로니얼 문학은 독립 후의 사람들 생활을 모순과 갈등이라는 시점뿐만 아니라 그 이점(利點)과 해방이라는 시점에서 그리고 있다.[67]

3) 포스트콜로니얼 번역 연구

포스트콜로니얼리즘은 번역학에도 큰 영향을 주고 식민지 독립 후의 불균형한 권력 관계가 현대 사회에서 지배적 언어인 영어와 다른 지역 언어 간의 불평등한 대립, 항쟁 안에서 전개하며 그 항쟁이야말로 번역이라는 인식에서 '포스트콜로니얼 번역연구'라는 새로운 연구 영역을 탄생시켰다. 이 시점에서 번역은 세 가지 중요한 역할을 한다. 우선 과거에서의 강력한 식민지화 수단으로서, 현재에서의 포스트콜로니얼적 행위로서, 마지막으로 미래 포스트콜로니얼 수단으로서의 역할이다.[68] 또한 포스트콜로니얼 입장에서 베누티(Venuti, L.)는 영어로 번역할 때에 요구되는 '읽기 쉬운 번역', 또는 번역자의 '투명성'이 가지는 폭력성을 '수용화'라는 번역 전략과 연결해서 논하고 있다.

위에서 언급한 것은 서양에서의 시점에 대해서 살펴봤기 때문에 그것을 그대로 아시아에 적용하기가 어려울지도 모르지만, 근대 일본의 식민지주의와 언어, 번역, 구식민지에서의 번역 문학을 고찰하는 데 중요한 시사점을 던져 주는 것이다. 앞으로 비유럽국가의 시점을 통한 연구가 진전되기를 기대된다.

[65] Bhabha H K.(1990). The Location of Culture. Routledge/ 나병철 옮김(2002).『문화의 위치: 탈식민주의 문화이론』, 소명출판.

[66] Ashcroft, B.·Griffiths, G.·Tiffin H.(1989). The Empire Writes Back: Theory and Practice in Post-colonial Literatures. London: Routledge 이석호 옮김(1996).『포스트 콜로니얼 학이론』. 민음사.

[67] Rushdie, S.(1981). Midnight's Children. New York: Penguin Books. 김진준 옮김(2011).『한밤의 아이들』. 문학동네.

Ngũgĩ W. T.(1966). Weep not, Child. London: Heinemann. 김윤진 옮김(1998).『아이야 울지마라』. 벽호.; 황가한 옮김(2016).『울지 마, 아이야』. 은행나무.

Naipaul, V. S.(1971). In a Free State. Vintage/李明 熉 옮김(1989).『자유의 나라에서』. 친우; 오승아 옮김(1996).『자유 국가에서』. 문학세계사.

[68] Robinson, D.(1997). Translation and Empire: Postcolonial Theories Explained. Manchester: St. Jerome.

16. 번역과 권력·이데올로기

1) 문화적 전환

　번역학은 1990년대에 큰 전환기를 맞이하였다. 그것은 종래 번역학이 연구 기반으로 간주하고 있었던 언어학의 영역을 넘어 번역과 문화의 상호적인 관계를 더욱 광범위한 사회적·문화적·역사적 상황에서 고찰하려는 움직임이 일어났다. 이러한 현상을 가리켜 번역학에서는 '문화적 전환(cultural turn)'이라고[69] 부르고 있다. 그 직접적인 계기가 된 것은 20세기 후반, 영국에서 시작되어 특히 1970년대 후반부터 급속한 발전을 이루고 다른 학문 분야나 각 지역으로 확대된 문화 연구의 번역학에 끼친 영향이다. 그리고 이 문화적 전환에 의해서 번역학에서는 그때까지의 단어와 텍스트 사이의 분석에서 번역을 문화 간의 행위로서 고찰 즉 문화와 관련된 정치, 권력, 정체성, 이데올로기[70] 등의 시점에서 번역을 취하는 것에 연구의 초점이 옮겨갔다.

2) 문화 연구

　그러면 번역학에 큰 영향을 끼친 '문화 연구(cultural studies)'란 어떤 학문 영역에 속하는 것일까? 일본어로 굳이 번역하면 '문화 연구'가 되지만, '문화'에 대한 '연구'가 아니라는 것을 주의해야 한다. '문화'를 어떤 사회적 집단이 원래부터 갖추고 있는 본질적인 것으로 보는 경우가 있지만 문화 연구는 어떤 특정한 역사적, 사회적 상황에서 이루어진 것으로 문제화한다.[71]

　거기에서는 어떻게 해서 어떤 문화가 다른 것을 배제하여, 다시 말하면 '자기'가 아닌 '타자'를 주변화해서 어떻게 '문화'를 구축해 가는지에 대한 물음을 던진다. 따라서 초점이 되는 것은 자기와 타자의 정체성이나 이데올로기 사이의 대항, 권력 관계, 즉 정치성이다. 그리고 이러한 권력 관계나 이데올로기는 언어의 사용을 통해서 다양한 모습으로 나타난다. 문화연구에서는 이러한 언어 사용에 주목한다.

3) 번역학에서의 권력과 이데올로기

　번역학에서는 문화적 전환 이후, 번역이라는 언어 사용에 뿌리 내린 권력이나 이데올로기에 커다란 관심을 집중하게 되었다. 현재 번역이 결코 중립적인 언어 사용이 아니라는 인식이 많은 연구자 사이에서 공유되고 있다. 왜냐하면 어떤 텍스트가 다른 언어로부터 번역될 경우, 이 두 언어의 배경에 있는 문화 내에서의 권력 관계

---

[69] 슈넬-혼비(M. Snell-Hornby)가 명명한 말이다. -역자주

[70] 번역학(cultural studies)에서 이데올로기(ideology)란 어떤 시대의 문화나 사회에서 존재하는 개개의 주체에 대한 가치판단을 좌우하는 지배적인 사고와 말을 가리킨다.

[71] 문화 연구(cultural studies)의 연구 대상은 그 사회의 지배적인 문화뿐만 아니라 대중매체, 대중음악, 패션, 만화 등의 서브컬처(subculture)도 포함된다.

와 함께 이(異) 문화 간에 가로막는 권력 관계가 어떠한 텍스트를 선택하는지, 또한 그 텍스트를 어떻게 번역, 표현하는가에 큰 영향을 끼치기 때문이다. 특히 인권과 민족, 혹은 사회 계층, 젠더 등 권력 관계가 깊게 관련되는 번역에 대해서 근래 연구가 활발하게 진행되고 있다. 또 번역자가 번역할 때 어떠한 선택을 하는지, 또한 목표 문화권 독자들에게 번역이 어떻게 받아들여지는지 하는 문제와 이데올로기와의 관계성에도 관심이 쏠리며, 이를 통해서 번역자에 대한 윤리 문제도 제기되고 있다.

르페브르(Lefevere, A.)는 번역을 누가 봐도 분명히 알 수 있는 '다시쓰기(rewriting)'의 전형이라고 한다.[72] 문학 번역은 어떤 작품이 쓰인 문화의 경계를 넘어, 그 작품의 원작자와 작품 자체의 이미지를 투영하기 때문에 목표 문화에서 큰 영향력을 가지게 된다.[73] 그렇기 때문에 일반 독자는 이러한 다시쓰기, 환언하면 어떤 의미에서의 조작이 드러나고 있다는 점을 깨달아야 한다. 예를 들어 안네 프랑크(Anne Frank)에 의한 『안네의 일기(원제: Het Achterhuis)』[74]는 원래의 일기도 본인에 의해서 바꿔 쓰여 있었을 뿐만 아니라 본인이 세상을 떠나고 제2차 세계 대전 이후, 각국 언어로 번역되는 과정에서도 바꿔 쓰기가 많이 이루어졌다. 소녀의 이미지에 영향을 미치는 성적 관심(sexuality)에 관한 부분과 독일인 또는 독일과 관련해서 정치적으로 미묘한 묘사 등 번역과정에서 다양한 변화가 추가되었다고 한다. 거기에는 번역자들의 이데올로기와 목표 문화의 지배적 시론(poetics)이 크게 영향을 끼쳤다.

4) 번역과 주체

번역은 이렇듯이 사람들이 일반적으로 인식하고 있는 듯한 중립적인 행위가 아니라 현실 사회, 문화, 역사적인 상황에서 이루어진다. 거기에는 정치 제도, 출판사, 기타 여러 가지 권력 관계가 얽히는 요인이 있다. 그들은 번역자에게 영향을 줄 수밖에 없으므로 번역자도 자신이 속한 문화, 사회 속의 권력 관계와 이데올로기의 영향을 받는다. 그러나 번역자 자신은 한편으로 그러한 권력과 이데올로기에 대해서 도전하고 저항하는 방법도 모색해 왔다.

그런 의미에서 번역자는 항상, 무의식적으로 또는 의식적으로라도 스스로 원문의 해석과 그에 대한 태도를 번역문 안에 새겨 넣는 '주체'이기도 한다. 하만스(Hermans, T.)는 '번역자는 중립으로 있을 수 있는가?'라고 묻는다. 번역은 원작의 저자가 아닌 사람(번역자)이 원작을 읽는다는 행위를 통해서 번역이라는 작품을 창출하고 원작과는 다른 문화쪽으로 내보내는 것이다. 그런 의미에서 번역자의 주체성이 번역문에 새겨진다고 말할 수 있다.

---

[72] '다시쓰기(rewriting)'란 번역의 창조적 측면을 강조하기 위해서 '번역'의 대체어로 Lefevere가 만든 용어다. 그가 제시한 다시쓰기는 '번역, 편집, 비평, 문학선집의 구성, 역사 기술' 등을 포함하고 있으며(藤濤文子 外 2013: 195), 그것들이 동일하게 기본 과정에 작용된다고 주장한다. 특히 번역은 다시쓰기의 강력한 형태로서 문학사조, 즉 시론(詩論)을 전달하는 역할을 맡는다. —역자주

[73] Lefevere, A.(1992). Translation, Rewriting, and the manipulation of Literary Fame. London: Routledge.

[74] 제2차 세계대전 때, 나치 독일 점령하에 있었던 네덜란드 암스테르담에서 비밀경찰의 눈을 피하기 위해 가족과 함께 숨어 살던 유대인 소녀가 그 생활을 엮어 쓴 것이고 세계적인 대베스트셀러가 되었다.

17. 문화의 번역

1) 이(異)문화와의 만남

　근래의 급속한 세계화로 다른 문화와의 접촉이 더욱더 빈번해짐과 함께 다른 문화와 공생이 현실적인 문제로 떠오르고 있다. 이러한 다른 문화와 언어 간의 의사소통은 서로의 문화를 이해하는 것이 필수적이다. 우리는 상대방을 이해하려는 과정에서 다른 타자의 이미지를 형성하여 자신 속에 받아들이고 또한 다른 사람에게 전달하려고 한다. 그때 언어가 큰 역할을 한다. 왜냐하면 언어와 문화는 서로 깊게 관련되는 행위이기 때문이다. 그것이 일상적으로 다른 타자를 맞이하는 우리 개개인의 모습이기도 하고, 다른 언어와 문화를 이해하는 주체로서의 번역자, 그리고 그것을 독자에게 독자의 언어로 보내는 번역자의 모습도 겹치는 것이다. 즉 사람들의 이(異)문화와의 만남에는 반드시 '문화'의 번역이 뒤따르는 것이다.

2) 인류학과 문화의 기술

　'문화의 번역(translation of culture)'이라는 언어 자체는 인류학이라는 학문 분야 안에서 만들어졌다고 해도 과언이 아니다. 인류학의 전개는 15세기부터 본격화한 서양 열강에 의한 식민지주의와 깊이 관련된다. 식민지 지배라는 현실적인 상황에서 서방 국가에서는 식민지 사람들의 문화와 습관에 대한 연구가 진행되었다. 인류학에서는 이렇듯이 다른 민족 집단과 사회, 다시 말하면 서양이 아닌 '타자'의 문화, 다른 문화에 대해서 자신이 속해 있는 서양 집단의 언어로 '민족지(ethnography)'를 쓰는 것이 인류학자들이 해야 하는 일, 사명으로 생각되어 왔다.

　'문화를 기술한다'고 하는 인류학자들의 일에는 네 가지 '번역' 작업이 동시에 진행된다고 한다. 우선 다른 언어, 문화 속에 있는 사람들의 이야기나 행동을 자신의 모어로 바꿔 쓰는 것, 다음으로 그것을 연구자들을 위해서 학문적인 언어로 고쳐 쓰는 것, 그리고 현지의 사람들에 의해서 '쓰이지 않는 것'을 적는 것, 마지막으로 현지 사람들이 '말하고 있지 않는 것'과 '하고 있지 않는 것'을 인류학자들의 해석을 통해서 추상적인 언어로 다시 정리하는 것이다.

　이러한 문화의 번역은 1970년대 무렵까지 기본적으로 비서구(非西歐)의 구(舊)식민지에서 서구 제국으로 일방적인 방향으로 이루어졌다. 즉 현지의 사람들은 자신에 대해서 번역된 민족지를 읽는 일은 없었다. 하지만 1970년대 후반부터 80년대에 걸쳐서 이러한 서구 사람의 시점에서 쓰인 민족지가 서구 이외의 지식인들에게서 비판을 받게 되었다.[75] '민족지를 쓴다'는 작업 자체는 이전의 종주국과 식민지 사이

[75] 그 배경에는 포스트콜로니얼리즘(postcolonialism)의 영향이 있음을 알아챌 수 있다.

에 가로놓인 불균형한 권력관계 하에서 이루어지는 것이고, 거기에는 번역자의 언어(주로 영어)와 번역되는 언어 사이의 권력관계가 숨어 있는 것이다.[76] 그것은 누가 번역하는 주체인가 하는 문제제기가 되는 것이기도 한다. 또한 여기서 중요한 것은 문화는 객관적으로 관찰, 기술되는 것이 아니라 연구자 자신에 의해서 해석되고 구축되는 것이라는 관점이다. 그리고 민족지가 '쓰기(writing)'인 한, 시나 문학에도 통용될 말한 '문학성'과 '창작성'이 수반되는 점도 지적받게 되는 것이다.[77]

3) 번역학과 문화의 번역

원래 다른 언어 체계의 근간을 이루는 사고와 개념을 다른 언어체계로 옮기는 것은 언어 간의 번역에 있어도 항상 따라다니는 행위이다. 하지만 번역을 위에서 언급한 바와 같은 과정으로 간주하면 다른 문화에 대해서 언어를 통해서 읽고 쓴다는 모든 언어 사용은 '문화의 번역'으로 취할 수 있으므로 모든 상황에서 우리는 번역을 실천하고 있는 것이다. 또한 거기에서는 문화의 번역 주체에 따라 다양한 해석의 가능성이 있으며 다양한 번역이 가능하다.

이러한 시점은 그때까지의 번역에 관한 생각, 특히 '등가'에 관련된 이론의 재고가 필요하기 때문에 번역 실천은 문화와 사회, 역사라는 상황(맥락) 안에서 고찰해야 한다는 번역학의 새로운 전개로 이어지게 되었다. 그리고 문화의 번역이 불균형한 권력관계 속에서 전개되는 이상, 번역자뿐만 아니라 우리 개개인도 이(異)문화 사회, 다문화 사회에 살아 있는 문화 번역자로서 과제를 추구해야 되는 것이다.

바바(Bhabha, H. K.)는 식민지 독립 후의 포스트콜로니얼적 상황에 놓인 이민자들(구식민지에서 종주국으로 이민한 사람들)의 정체성, 주체성 귀속의 문제를 들어 이주자가 이주라는 과정을 통해서 원래 그대로 있을 수 있는지, 아니면 새로운 문화에 동화되는 것인가를 묻는다. 그것은 문화의 번역이라는 문제를 넘어 '제3의 공간(a third space)'에서의 문화적인 '이종 혼효성(異種混淆性 hybridity)'과 그것에 관련되어지는 번역자의 중개적 입장, 행위, 그리고 번역이 넘어야 하는 문화적 경계의 문제로서 제기되는 것으로 이어졌다.[78] 이러한 포스트콜로니얼적 시점이 그 후의 포스트콜로니얼 번역 이론으로 전개되어 가는 계기가 될 것이다.

[76] Asad, T.(1986). The Concept of Cultural Translation in British Social Anthropology/春日直樹 訳(1996).『イギリス社會人類学における文化の翻訳という概念, 文化を書く』. 紀伊國屋書店, pp.261-301.

[77] Clifford, J. & Marcus, G. E.(1986). Writing culture: the poetics and politics of ethnography. Berkeley: University of California Press.
春日直樹·足羽与志子·橋本和也·多和田祐司·西川麦子·和邇悦子 訳(1996).『文化を書く』, 紀伊國屋書店.
이기우 옮김(2000).『문화를 쓴다: 민족지의 시학과 정치학』. 한국문화사.

[78] Bhabha H K.(1990). The Location of Culture. Routledge/ 本橋哲也·正木恒夫·外岡尚美·阪元留美 訳(2005).『文化の場所: ポストコロニアリズムの位相』, 法政大学出版局.
나병철 옮김(2012).『문화의 위치: 탈식민주의 문화이론』. 소명출판.

18. 소수언어와 번역

1) 언어의 다양성과 언어의 권리

지구상에 현존하는 몇 천 가지 언어의 대부분이 그 존속이 위태로운 위기에 놓여 있다고 한다. 무엇을 하나의 언어로 헤아리는지는 어려운 문제이지만 생태학적인 시점에서 '소수언어(minority languages)'라고 불리는 언어가 급속히 소멸하고 있으며, 그리고 그것이 현 시대의 과제인 문화의 다양성 유지와 다문화 공생에 깊이 관련된 문제임에 틀림없다.

UNESCO(유네스코, 국제연합 교육과학문화 기구)에서는 '지속가능한 개발을 위한 3E(Equality, Economy, Ecology)'를 내걸고 있는데, 소수언어 문제라는, 거기에서 제기되고 있는 언어의 '평등(Equality)', 모어를 사용하는 권리의 '평등'에 깊이 연관된 것이다.[79] EU(유럽 연합)도 '다양성 속의 통일'을 이념으로 내걸고 다언어주의 입장에서 전(前) 회원국 모든 언어를 공용어로 인정해서 번역 및 통역에 큰 비용을 할당하고 있다. 번역과 통역은 언어의 다양성 유지와 소수언어를 포함한 모든 언어의 평등, 언어 권리의 보장이라는 의미에서 중요한 실천이기 때문이다.

2) 소수언어란 무엇인가

그러면 소수언어라는 것은 구체적으로 무엇을 가리키는 것일까? 1992년에 유럽 평의회(Council of Europe)에서 채택된 '유럽 지방 언어·소수언어 헌장 (European Charter for Regional or Minority Languages)'에[80] 따르면 지역 언어·소수언어를(근래에는 다른 나라에서의 이민도 포함해서) 역사적으로 볼 때, 조약 체결국 국민에 의해서 사용되고 있고 다수자 언어 또는 공용어와 크게 다르거나 혹은 어느 지역에서 사용되고 있거나 국가 전체 안에서 언어적 소수자에 의해서 사용되고 있는 언어라고 해서 보호나 촉진의 대상으로 하고 있다.

그러나 아일랜드에서는 아일랜드어는 소수언어인데도 불구하고 국가의 제1 공용어이기 때문에 이 헌정의 대상이 되지 않는다. 이에 대해서 크로닌(Cronin, M.)은 소수인지 다수인지는 '상대적인' 것이며, 본질적인 것이 아니라고 의의를 주장하였다.[81] 또 만약 정의에 따른다면, 원래 일본에서 공용어가 정해져 있지 않기 때문에 아이누어(Ainu語)[82]나 류큐(琉球) 방언 등과 같은 지역 언어와 방언은 소수언어에 포함되지 않는다. 이렇게 보면 무엇을 '소수언어'로 삼는지는 그다지 명료한 것이 아니라는 것을 알 수 있다.

수화문화와 음성언어문화를 연구하는 시부야 토모코(澁谷智子, 2009)는 '청각 장

---

[79] UNESCO(2005) Teaching and learning for a sustainable future/ 阿部治·野田硏一·鳥飼玖美子 監訳(2005). 『持続可能な未来のための学習』. 立教大学出版会; 鳥飼玖美子(2011). 持続可能な未来と通訳翻訳学: 多様性の視点から. 『異文化コミュニケーション学への招待』. みすず書房, pp.385-402.

[80] http.//conventions. coe.Int/Treaty/en/ Treaties / II tm1/148.htm 참조

[81] Cronin, M.(1995). Altered States·Translation and Minority Languages. TTR, 8: 85—103.

[82] 아이누어는 일본 혼슈(本州) 동북 지방의 북반부에서 홋카이도(北海道), 쿠릴 열도, 사할린에 이르는 지역에서 쓰였으나 지금은 다수의 지명과 사냥꾼의 언어 가운데 그 흔적만 남아 있다 (국립국어원 표준대사전 - 역자주

애 문화 선언'이라는 글을 만났을 때에 받은 충격에 대해서 기술하고 있다. 이 선언은 소수언어를 생각하는 데 중요한 관점이 제시되어 있다. 즉 크로닌도 지적했듯이 소수언어에는 어느 시대, 사회, 문화에 있어 '상대적으로' 소수자가 달하고 있는 언어 및 다양한 이유로 그 존재가 충분히 인정받지 않거나 억압, 차별, 배제의 대상이 되었거나 해서 그 언어의 권리가 보장되지 못하고 때로는 언어로서의 존속이 어려워진 언어가 포함된다고 한다. 물론 거기에는 사회적, 지역적인 방언과 수화도 포함하고 있을 것이다. 그렇게 되면 그 사회에서 상대적인 권력관계와 관련되는 것은 분명하다.

3) 소수언어의 번역과 번역학

권력관계라는 시점에서 소수언어(피식민지국가의 여러 언어)와 다수파 언어(종주국 언어, 특히 영어) 간의 번역의 정치성, 불평등성을 거론한 것이 포스트콜로니얼 번역 이론이다. 니란자나(Niranjana,T.)는 포스트콜로니얼(식민지주의와 독립 후의 그 여파)라는 역사적 상황에서 유럽 열강의 여러 언어와 소수언어로서의 피식민지 여러 언어를 대비시켜서 그 사이를 가로막는 비대칭성과 불평등을 문제시하며 서양에서 발전한 번역학이 이와 같은 시점을 결여해 온 점을 통렬히 비판하였다.[83]

이에 대해서 크로닌은 이러한 포스트콜로니얼 번역 이론이 간과된 '유럽 내의 식민주의'를 들어 유럽 속에 존재하는 국민, 인권, 언어 간의 불평등성으로의 깨달음을 환기하였다. 예를 들어 아일랜드어는 전에는 아일랜드에서는 주요한 언어였고 영어는 소수언어였다. 그러나 영국의 식민지 정책으로 인해서 정치, 문화, 언어의 측면에서 아일랜드어가 억압을 당했고 19세기에는 주요한 언어의 지위에서 소수언어 지위로 전락하게 되었다. 이렇듯이 언어의 지위는 절대적인 것이 아니라 상대적인 것이므로 정치적, 경제적, 문화적인 요인에 의해서 좌우되어 항상 역동적인 움직임을 보여주면서 변동하는 것이다.[84]

그러나 이러한 문제가 제기되면서도 번역학에서 소수언어에 관한 연구는 지지부진하게 진행되고 있는 현황이다. 그 큰 원인으로 연구의 성과가 영어를 통해서 공유된다는 현실을 무시할 수 없다. 일본을 포함해서 세계 여러 지역의 소수언어와 번역에 관한 연구를 어떻게 번역학에 살릴 수 있을까? 소수언어에 대한 문제는 무엇보다도 소수언어와 주요언어 사이의 불균형한 관계를 직시하면서도 쌍방향적인 연구가 필요하다. 또한 소수언어 간의 번역도 고려하면서 다문화 공생과 언어의 다양성 유지 등 번역이 공헌될 수 있는 적극적인 역할이나 그 가능성을 살펴볼 것이 요구된다.

[83] Niranjana, T.(1992). Siting Translation: History, Post-structuralism, and the Colonial Context. Berkeley, CA : University Of California Press.

[84] Cronin, M.(2003). Translation and minority languages in a global setting. Translation and Globalization. London: Routledge, pp.138-172/ 風呂本武敏 編訳(2010). グローバルな環境における翻訳とマイノリティ言語.『翻訳とグローバリゼーション』. 大阪教育図書, pp.198-247.

19. 번역과 젠더

1) 젠더란 무엇인가

왜 번역이 젠더와 관련되는 것일까? 그것을 생각할 때 우선 '젠더란 무엇인가?' 라는 문제에서부터 출발하지 않으면 안 된다.

'젠더(gender)'란 생물학적, 신체적인 차이에 입각한 '성(sex)'에 대해서 역사적, 사회적, 문화적으로 구축된 성적인 차이를 나타내는 용어이다. 예를 들어 '남성다움' 과 '여성다움' 등 젠더에 관한 상투적 견해는 어떤 사회와 문화 속에서 형성된 것이다. 이와 같이 남녀를 이분법적으로 인식하는 것은 남성이 여성에 대한 우위성이나 '이성애(heterosexuality)'가 자연스러운 것이라는 사회적 개념 또는 기본적 생각을 넓히고 굳히는 것으로 연결되어 남성 중심의 사회나 가부장제를 옹호함으로써 이성애의 대상으로서 여성뿐만 아니라 남성 및 여성의 동성애(게이 및 레즈비언)의 배제, 차별로 이어져 왔다.[85] 이렇듯이 어떤 사회에서 지배적 통념을 형성, 유지, 재생산하고 마치 그것이 본질적인 것처럼 사람들에게 인식시키는 역할로서의 언어 사용 또한 스스로가 여성 혹은 동성애자라는 정체성 형성으로서의 언어 사용에 사람들의 관심이 집중하게 된 것은 20세기 후반이다.

2) 젠더 연구와 번역

젠더에 입각한 이분법적인 성차별을 비판적으로 분석하려고 한 것이 1970년대의 페미니즘 이론과 비평이다. 젠더가 역사, 문화, 사회에 따라서 구축된 것이라면 그것을 분석하는 것은 사회를 변혁하는 것이 될 수 있다. 젠더 분석은 특히 문학 연구와 문화 연구 분야에서 발전을 보여주며, 남성성의 연구로 연결되어 80년대의 게이 연구와 '퀴어 이론(queer theory)'의[86] 전개와 밀접히 결합하여 그 후 젠더 연구로서의 영역을 광범위하게 걸치면서 폭넓은 연구가 되어 왔다.[87]

젠더를 둘러싼 논의의 심화는 1990년대에 들어서 번역학에도 큰 영향을 끼치게 되었다. 그것은 무엇보다도 '문화의 유통은 번역의 역사'이기도 하기 때문이다. 젠더가 사회문화적인 산물이라면 정치나 권력과의 연관이 없을 리가 없다. 우리는 문학, 드라마, 영화, 매스 미디어 등에 의해서 제공되는 이야기에 둘러싸여서 생활하고 있다. 이러한 이야기에는 젠더에 관한 다양한 사고가 새겨져 있다. 그 이야기의 읽는 방법은 당연히 개개의 사람들에 따라서 달라지는 것이지만 정치적인 권력을 수반하면서 상품으로 세상에 유통되고 소비된다. 그리고 그것이 언어와 문화를 넘어 섰을 때, 거기에는 언어 및 문화 간의 권력 관계가 이중으로 더해진다. 즉 원문에 새겨

---

[85] 왜냐하면 이와 같은 사고방식은 가부장제 하에서 남녀는 이성(異性) 간의 욕망만이 정상적인 것일 뿐, 동성애는 비정상적인 것으로 배제하려는 사회적인 힘이 되어 기능하기 때문이다.

[86] '퀴어 이론'이란 게이에 대해서 그때까지 사용되고 있던 차별적인 명칭인 퀴어(변태)를 역으로 이용해서 그것을 사회에 되던짐으로써 그 말이 가진 의미를 변혁시키는 것을 목적으로 하는 이론 또한 비평이다.

[87] 버틀러(Butler J.)는 페미니즘 이론과 퀴어 이론의 교점에 위치하여 사회적으로 큰 영향을 미치고 젠더 연구 발전에 기여하였다.
Butler, J.(1990). Gender Trouble: feminism and the subversion of identity. New York: Routledge/ 竹村和子 訳 (1999)『ジェンダー・トラブル: フェミニズムとアイデンティティの攪乱』, 青土社. 조현준 옮김(2008).『젠더트러블: 페미니즘과 정체성의 전복』. 문학동네.

진 젠더의 이데올로기나 정체성을 어떻게 번역하는가는 목표문화에서의 작품 수용에 관련될 뿐만 아니라 번역자와 그 사회의 이데올로기와 정체성에도 반영된다.

제2차 세계대전 후의 미국에 의한 일본 점령하에서 아동 문학으로서 지금도 인기 있는 『빨강 머리 앤』과 『작은 아씨들』이 번역 대상이 되었다. 원래는 소녀가 성장해 가는 이야기였으나 번역이 결과적으로 여성을 가정에 속박하는 역할을 하였다는 연구도 있다. 한편 스피박(Spivak, G. C.)이 서양 중심의 페미니즘에 대해 언급한 내용을 보면 제3세계의 책이 언어적으로 권력을 가진 영어로 번역되기를 원하는 것이야말로 제3세계의 여성을 식민지화할 뿐만 아니라 서로 상이하고 복잡한 여성의 상황을 동질화시킨다고 비판하였다.[88]

3) 젠더와 번역 연구

젠더 시점에서의 번역 연구는 근래 계속해서 확대되고 있다. 역사나 문화 속에서 배제되거나 부정적으로 표현되어 온 소수 세력(minority)으로서의 젠더에 초점을 맞춤으로써 지금까지 쓰인 역사 문서와 그 번역, 저자, 번역자, 그리고 그것을 둘러싼 사회, 정치적 문맥, 그 영향 등의 재평가도 가능하게 되었다.

특히 여성 작가와 번역자가 완수한 역사적 공헌의 재발굴과 동시에 번역상의 다양한 왜곡, 조작, 바꿔 쓰기 등이 분석과 비판의 대상이 되었다. 또 지금까지 각광을 받지 못했던 게이와 퀴어 작가 또는 번역자의 작품을 찾아보려는 시도가 진행되고 있다. 한편 성서 등 종교에 관련된 번역도 주목을 받고 있다. 1970년개 후반에는 유럽 여러 나라에서 기존의 번역을 젠더의 시점에서 일부 재번역되었다는[89] 논의도 불러일으켰다. 또 젠더가 개개의 문화에서 어떻게 표상되며 번역을 통해서는 어떻게 드러나는가를 상세하게 기술, 분석하는 연구도 늘어나고 있다. 예를 들어 보부아르(Beauvoir, S.)의 작품 『제2의 성』이 프랑스어에서 영어로 번역되었을 때에 의도적인 검열이 이루어지고 보부아르의 사상이 왜곡해서 전달되었다는 연구[90] 등 번역이라는 시점으로 목표문화권에서의 번역과 젠더 문제를 제기한 연구가 진행되었다. 젠더 번역은 다양한 문화와 언어의 공생에 관련되는 현대 사회에서의 큰 과제이기도 하고 앞으로 번역 연구로 크게 기대되는 분야라고 할 수 있다.

---

[88] Spivak, G. C.(1993). The Politics of Translation. Outside in the teaching machine. New York: Routledge, pp.179–200/鵜飼哲・本橋哲也・崎山正毅 訳(1996). 翻訳の政治学, 『現代思想』, 24(8): 28-52. 태혜숙 옮김(2006). 번역의 정치. 『교육기계 안의 바깥에서』. 갈무리.

[89] 재번역이란 전에 번역된 텍스트가 같은 언어로 다시 번역되는 것을 말한다. –역자주

[90] Simon, M.(1983). The Silencing of Simone de Beauvoir: Guess What's Missing from The Second Sex. Women's Studies International Forum, 6(5): 559-564.

20. 중국의 번역론: 옌푸 『신달아』

1) 옌푸(嚴復)에 대해서

중국의 번역론을 논할 때 우선 필두로 들어야 하는 것은 근대 중국의 번역론인 옌푸(嚴復)의 '신달아(信達雅)'이다.

옌푸(1853—1921)는 중국 청나라 조정 말기부터 중화민국 초기에 활약한 계몽사상가이고 번역자다. 의사의 가정에서 태어난 옌푸는 어릴 때부터 사서오경(四書五經)[91]을 즐겨, 학문의 길을 목표로 하고 있었다. 그러나 14살 때 스승과 친부가 잇따라 세상을 떠났고 경제적 곤궁으로 인해서 과거시험[92]을 단념하고 푸저우선정학당(福州船政学堂)[93]에 입학하게 되었다. 선정학당에서 5년 동안 영어, 기하학, 수학, 천문학, 항해학 등의 지식을 배운 후 1877년부터 2년 동안 유학생으로서 영국에 건너간 옌푸는 서양사정, 자본주의의 구조, 해군기술 등, 폭넓은 사상(事象)을 공부하였다. 1879년 유학을 마치고 귀국한 옌푸는 이홍장(李鴻章 1823-1901)에게서 초빙을 받고 톈진(天津)의 해군학교에서 총장(總教習), 교장을 역임하였다. 하지만 모국이 청일전쟁에서 패배한 1895년 이후에는 서양 제도를 도입하면서 중국의 민의 향상과 조국 개혁에 뜻을 두고 근세 서양사상에 관한 원서를 다수 번역하면서 계몽사상 운동을 전개하였다.

---

[91] 사서(四書)는 유교의 네 가지 기본 경전인 '대학(大學)·중용(中庸)·논어(論語)·맹자(孟子)'를 총칭하며, 오경(五經)은 유교의 다섯 가지 기본 경전인 '역경(易經)·시경(詩經)·서경(書經)·예기(禮記)·춘추(春秋)'를 말한다.

[92] '과거(科擧)'란 수(隋) 시대부터 청대(淸代) 1905년에 이르까지 실시한 관리 등용시험이다.

[93] 청(淸) 왕조(1644-1912) 시대의 1866년, 푸젠 푸저우(福建福州)에 개설된 해군 학교이다. 선정학당에서는 외국인을 교수로 초빙해서 프랑스어와 영어를 원어로 가르치고 있었다.

2) 옌푸의 '신달아(信達雅)'론

옌푸는 토머스 헨리 헉슬리(Huxley, T. H.)의 저서 『진화와 윤리』의 번역본으로서 『천연론(天演論)』을 출판하고 서문 '번역 범례(譯例言)'의 서두에서 '신달아'라는 번역론을 발표하였다. '신달아'론은 오늘날에 이르기까지 중국 번역학에서 사람들의 입에 오르내리며 널리 알려진 이론으로 가장 많은 연구가 이루어지는 주제의 하나이다.

여기에서는 '신달아'에 대해서 언급한 본문을 발췌하여 인용한다.

譯事三難, 信、達、雅。求其信已大難矣，顧信矣不達，雖譯猶不譯也。則達尚焉。
(번역작업에는 세 가지 어려움인 '신·달·아'가 있다. 즉 내용에 충실한 것, 언어를 알기 쉽게 번역하는 것, 품위가 있고 우아한 문장으로 하는 것이다. 내용에 충실한 것만으로도 매우 어렵지만, 충실함에 집중해서 번역이 알기 어려워지면 번역한다고 해도 번역되지 않는 것과 같다. 그러므로 언어를 알기 쉽게 하는 것을 중시해야 한다.)

옌푸는 자신의 번역에 대한 견해를 '신·달·아'라는 세 글자에 담았는데, 오늘날 옌푸의 '신달아'론은 각각 서로 모순하지 않는 것을 전제로 한다고 간주되고 있다.

왕훙즈(王宏志, 2007)는 "처음부터 끝까지 즉, 신(信)부터 시작하고 달(達), 아(雅)로 이르기까지 옌푸는 '의미'에 중점을 두고 있었다"고 하듯이 '신달아'는 번역된 기점 텍스트를 목표언어로 전달한다는 기본적인 목표 달성을 위해서 만들어 낸 이론이라고 생각된다.

3) '신달아'론이 중국 번역학에 미친 영향

1895년 청일전쟁 패전 이후 옌푸 이외에도 캉유웨이(康有爲, 1858-1927), 량치차오(梁啓超, 1873-1929) 등 많은 계몽사상가가 '구국책'으로 서양사상의 문헌 번역에 관여하게 되었다. 또한 루쉰(魯迅, 1881-1936)과 동생 져우쭈워런(周作人 1885-1967), 마오뚠(茅盾, 1896-1981), 궈모뤄(郭沫若, 1892-1978) 등은 외국문학에서 여러 가지 새로운 문화를 배우고, 문학 운동을 통해서 새로운 사회의 구축을 목표로 한층 더 활발한 움직임을 보여주었다. 이 시대는 '구국제민(救國濟民)'(나라를 구하고 도탄에 빠진 백성들을 구하는 뜻)과 서양사상·문화·기술 도입이 번역을 통해서 이루어진 시기였다. 당시의 중국도 근대 일본과 마찬가지로 번역을 통해서 국가의 근대화, 서양문명의 도입이 행해지고 있었던 것이다. 또한 이 시대에는 서양의 사상과 문학뿐만 아니라 법률, 과학 등, 다양한 분야의 문헌이 중국어로 번역되었다. 이때 서양 문헌의 일본어 번역에서의 중역도[94] 많이 이루어졌다. 당시는 서양언어에서 중국어로 번역 가능한 인재는 제한되어 있었다. 따라서 서양언어를 직접 중국어로 번역하는 것보다 일본어에서 중국어로 번역하는 것이 중국인에게는 비교적 용이한 일이었다.

그 당시 루쉰, 취추바이(瞿秋白, 1899-1935)를 비롯한 문학자와 번역자에 의한 옌푸의 '신달아'론을 단서로 한 번역규범에 관련된 논쟁이 편지 교환이나 잡지 투고 등의 형식으로 활발해지면서 각각 독자적인 번역론을 전개하게 되었다. 문학의 번역론으로 알려진 천시잉(陳西瀅, 1896-1970)의 '삼사(三似)'론,[95] 푸레이(傅雷, 1908-1966)의 '신사(神似)'론, 린위탕(林語堂, 1895-1976)이 주장한 '충실(忠実),[96] 통순(通順), 미(美)'[97]도 모두 옌푸의 '신달아'론의 비판 및 검토를 바탕으로 이루어진 논고라고 여겨져 졌다.

현대에서도 예를 들어 지셴린(季羨林, 1911-2009)은 옌푸의 이론을 기반으로 "'신달아'는 불과 세 글자로 작품과 독자, 언어의 삼자간의 관계를 구현하고 있다."라고 말한 다음에 '신'은 원작에 충실한 것, '달'은 독자에게 충실한 것, 그리고 '아'는 문학언어에 대해 충실한 것이다."라고 정의하고 '원작·독자·언어'라는 관점에서 충실성을 추구하는 것이 번역 기준이 된다고 주장한다.

이와 같은 많은 연구에서도 옌푸의 '신달아'론은 오늘날의 중국 번역이론 연구에서 뺄 수 없는 논고이며 중국의 번역규범을 생각하는 데에 원점이 된다는 것을 알 수 있다.

---

[94] 중역은 A언어를 한번 B언어로 번역됐던 글을 C언어로 번역하는 일, 즉 한 번 번역된 텍스트를 번역 대상으로 하여 다른 언어로 번역하는 것을 말한다. 한편, 재번역은 A언어를 B언어로 번역했던 것을 다시 B언어로 번역하는 일, 즉 한 번 번역된 텍스트를 같은 언어로 수정·보완하여 다시 번역하는 것을 말한다. -역자주

[95] 陳西瀅(1896-1970)은 문학번역은 '信'이 규범이며, '信'에는 '형사(形似)·의사(意似)·신사(神似)'의 3단계 계층이 존재하고, 문학번역에 있어서 원저자의 개성과 원작이 가진 정신까지 번역하는 '神似'에 도달해야 한다고 주장하였다.

[96] '通順'이란 '조리가 서 있다, 매끄럽다, 순탄하다, 논리적이고 문법적이다' 등을 의미하는 말이다. -역자주

[97] 林語堂(1895-1976)은 『論翻译』(1932)에서 '번역자의 원저에 대한 책임'으로서의 '충실', '번역자의 독자에 대한 책임'으로서의 '통순', 그리고 '번역자의 예술에 대한 책임'으로서의 '미'란 번역서의 책임을 기반으로 한 3가지 기준 '충실·통순·미'를 주장하였다.
永田小絵 訳(2003). 翻訳を論ず林語堂.『マテシス·ウニウェルサリス』, 5(1): 93-110.

21. 일본: 메이지·다이쇼 시대의 번역론

1) 메이지(明治)·다이쇼(大正) 시대의 번역과 번역자

일본에서는 메이지 시대 이후, 서양의 서책을 다량으로 번역하게 되었다. 그 당시에 활약한 번역자 중에서는 자신이 취하는 번역방식, 또한 이상적인 번역에 대한 것 등 번역에 관한 견해를 활발하게 주장한 사람도 있었다. 여기서는 메이지 시대와 다이쇼 시대의 번역론을 들어 그 시대의 번역자들은 무엇을 생각하며 번역이라는 일을 하고 있었는지, 그 일부분을 살펴보고자 한다.

2) 쓰보우치 쇼요(坪内逍遥)

쓰보우치 쇼요(坪内逍遥 1859-1935)는 소설가, 극작가, 평론가로서 활동하면서 셰익스피어 작품의 번역자로 알려져 있다. 셰익스피어에 의한 희곡 번역본 『지유노타치 나고리노키레아지(自由太刀餘波鋭峰)』(1884)의 '부언(附言)' 안에서 쇼요는 자신이 취하게 된 번역방법에 대해서 설명하고 있다. 우선 기술하고 있는 것은 일본에서의 희곡 형식인 죠루리(浄瑠璃)의 원본체(院本体)[98]를 번역에 도입한 것이다. 쇼요는 기점 텍스트에 나타난 서양의 희곡 형식이 아니라 일본인 독자에게 익숙하고 알기 쉬운 희곡 형식을 취하였다. 또한 쇼요는 기점 텍스트의 '의미(意)', 즉 내용을 잃지 않도록 번역해야 한다고 생각하면서도 기점언어·문화와 목표언어·문화 간에 사상의 차이가 있기 때문에 '생략하거나 요점을 바꾸거나', 즉 번역하지 않거나 변경을 가한 부분이 있다고 기술하고 있다. 기점 텍스트에 나타난 사상을 일본인 독자에게 전달하는 것이 아니라 일본인 독자가 미리 지닌 사상에 맞춰서 번역해야 한다는 것이다. 즉 쇼요가 취한 번역 태도는 기점 텍스트를 경시하는 것은 아니지만 끝까지 중요시한 것은 목표 텍스트 독자였다고 할 수 있다.

[98] 원본(院本)이란 일본 전통 예능인 가부키(歌舞伎)의 각본 중에서 인형 조루리(人形浄瑠璃)의 악곡뿐만 아니라 극중 등장인물의 대사와 몸짓까지 담은 연극의 각본을 말한다. -역자주

3) 모리타 시켄(森田思軒)

문학 번역자이며 신문기자인 모리타 시켄(1861-1897)은 『번역의 심득(翻譯の心得)』(1887)이라는 수필에서 번역자가 번역을 수행할 때 알아야 할 점을 논하고 있다. 그 중 첫 번째, 두 번째, 세 번째의 마음가짐에 대해서 보기로 한다. 우선 첫 번째 마음가짐은 기점 텍스트의 정취를 그대로 전달하기 위해서 표현형식에 주의해야 한다는 것이다. 기점 텍스트의 관용구를 일본 문장에서 사용되는 관용구로 치환하지 않고 형식을 살려 번역해야 한다고 한다. 번역 실무가였던 시켄은 단일적인 번

역방법만으로는 실제 번역의 일을 할 수 없다는 것을 파악하고 있었다. 따라서 두 번째 마음가짐으로 기점언어의 어원과 목표언어의 어원에 차이가 있더라도 그 차이에 대해서는 눈을 감고 목표언어의 관습에 맞추도록 번역어를 선택할 필요가 있다고 주장하였다. 어휘나 표현에 나타난 세세한 차이에 신경을 쓰느라고 결과적으로 이해하기 어려운 번역문이 되면 안 된다고 생각했기 때문이다.

이어 세 번째 마음가짐은 '어떤 나라에만 특별한 의취사상(意趣思想)을 가진 성어', 즉 목표 언어에서 특유한 의미가 수반되는 관용구 종류가 아니면 목표 텍스트에 사용해도 상관없다는 것이다. 첫 번째 마음가짐에서 일본어의 관용구 따위는 모두 사용하면 안 되는 것처럼 보이지만 사실은 그렇지 않다. 시켄은 기점 텍스트의 특유한 표현이라면 그것을 살리기 위해서 조심스럽게 번역해야 된다고 생각하였다. 또한 목표언어의 특유한 관용구에 대해서는 기점 텍스트의 의미와 사상에서 벗어나기 때문에 안이하게 사용하면 안 된다고 여겼던 것이다. 시켄이 주장한 번역론은 유연성을 가지며, 즉 기점 텍스트의 형식이나 사상을 중요하게 다루면서도 형식만 중시하는 번역이 아니라 목표 텍스트 독자에게 수용될 것까지 고려한 것이었다.

4) 이와노 호메이(岩野泡鳴)

마지막으로 다이쇼 시대부터 소설가, 평론가, 시인 그리고 번역자이기도 한 이와노 호메이(1873-1920)의 견해를 소개한다. 호메이는 자신의 번역서 『표상파의 문학운동(表象派の文學運動)』(1913, 원저: 시먼즈)의 '예언(例言)'과 '역자의 서(譯者の序)'에서 영어로 쓰인 원서를 번역했을 때 취한 번역방법을 설명하고 있다. 우선 '예언' 안에서는 상투적인 일본어의 사용을 가능한 한 피하고 기점언어의 형식에 가까운 표현법을 취한 것을 기술하고 있다. 호메이는 기점 텍스트에 드러난 새로운 사상을 목표 텍스트에 재현하기 위해서 일본어에서 오랜 세월 동안 사용되어 온 표현 대신에 새로운 어법이 필요하다고 기술하고 있다. 이것은 앞서 살펴본 모리타 시켄의 첫 번째 마음가짐과 유사한 견해이다.

또한 호메이는 '역자의 서'에서 '봉역(棒譯)'이라는 번역전략을 다루고 '애써서 원문 순서 그대로 번역했다'고 기술하고 있다. '봉역'이란 결국 기점 텍스트의 형식을 강하게 의식한 번역방법이며, 기점 텍스트 내에 제시된 구(句)의 순서를 목표 텍스트에서도 같은 순서로 번역하는 방식을 말한다. 호메이는 그렇게 번역하는 것으로 기점 텍스트에 나타나는 '어조'와 '관습'을 충실히 유지할 수 있다고 보았다. 또 상투어에서도 기점 텍스트의 형식을 살린 번역에 유의하고 있었던 호메이는 '구가 제시된 순서'라는 더욱 엄밀한 관점에서도 기점 및 목표 텍스트 간의 형식을 유사하게 하는 것을 목표로 하고 있었던 것이다.

22. 일본: 쇼와·헤이세이 시대의 번역론

1) 쇼와(昭和) 시대의 번역론

『어린 왕자』[99]가 일본어로 처음 번역된 것은 1953년(쇼와 28년)이었다. 번역자 나이토 아로(內藤濯)는 자신의 번역을 '인상역(印象譯)'이라고 칭하여, "번역은 단순히 언어를 옮기는 것이 아니다. 원작자가 생각을 담은 문장을 적확한 일본어로 표현해야 하는 것은 물론이지만, 독자가 소리를 내어 읽을 때 매끄럽게 읽을 수 있도록 번역하지 않으면 안 된다."라고 하며 감성에 호소하는 듯한 표현을 많이 사용하였다.

쇼와 시대부터 헤이세이(平成) 시대에 걸쳐 번역론의 대표적 연구자인 야나부 아키라(柳父章)는 근대 일본에서의 번역이 일본 문화와 언어에 영향을 끼친 것을 논하고 있다. 야나부는 A라는 언어·문화를 B라는 언어·문화로 번역하는 행위는 기점 언어·문화가 가진 이질적인 요소를 목표언어·문화에 이입하는 것이기 때문에 결과적으로 A도 아니고 B도 아닌 C라는 새로운 언어·문화가 완성될 것이라고 생각하였다. 언어·문화 C는 A와 B의 요소를 가지면서 A에도 B에도 없는 미지적, 이질적인 요소를 지닌다고 생각하였다. 예를 들어 서구어에서 일본어로의 번역을 통해 '그(彼)', '그녀(彼女)'라는 '3인칭 대명사'가 생기며, 일본어·일본 문화가 변화해 갔다고 야나부는 지적하였다.

2) 『백경(白鯨)』 번역 논쟁

헤이세이(平成) 시대의 번역 논쟁으로 멜빌(Melville, H.)의 『백경』[100]을 들 수 있다. 『백경』은 일본어 번역본이 많이 출판되어 있으나 그 중에서 독자가 알기 쉬운 번역을 중시한 센고쿠 히데요(千石英世)의 번역[101]은 원문에 없는 설명을 문장에 짜 넣었기 때문에 멜빌의 문체와 리듬에서 멀어졌다는 비판이 나와서 그의 번역에 대한 평가는 찬반양론으로 나뉘었다. 이미 번역된 작품이 새로운 번역으로 등장하는 이유는 번역을 '해석적 행위'로 보기 때문이다. 따라서 번역자가 다르면 동일한 작품이라도 다르게 해석될 것이며, 여러 번 반복적으로 읽혀져서 새로운 해석을 낳는 작품이야말로 '명작'이라고 할 수 있다.

3) 헤이세이(平成) 시대의 번역론

번역론은 그 전부를 소개할 수 없을 정도로 많지만 최근에 발표된 것으로 시바타 모토유키(柴田元幸)와 무라카미 하루키(村上春樹)를 살펴보기로 한다. 작가이면서

---

[99] 생텍쥐페리(Antoine de Saint Exupéry, 1900-1944)의 『Le Petit Prince』(1943)는 세계 각국에서 번역되고 있다. 2005년 저작권 보호 기간이 소멸한 후, 일본에서는 새롭게 번역된 10여 편이 출판되었다.

[100] Menville, H.(1851). Moby-Dick, or the Whale. Richard Bentley.

[101] Melville, H. (1851) Moby-Dick ;or, The whale/ 千石英世 訳(2000). 『白鯨 モービイ・ディック』, 講談社文芸文庫; 盧熙燁 옮김(1955). 『白鯨』, 乙酉文化社; 최인학 옮김(2004). 『백경』. 효리원 등. 千石英世는 릿쿄(立教)대학 문학부 교수.

번역자인 무라카미는 소설을 쓰는 것은 '자아라는 장치를 움직여 이야기를 만들어 가는 작업'이라고 하였다. 이것에 비해 번역은 '텍스트가 반드시 외부에 있기' 때문에 '길을 잃거나 자기와의 균형을 잃거나 하는 것은 없다."라고 하였다. 이런 말에서 알 수 있듯이 무라카미는 기능한 한 기점 텍스트에 충실히 번역하는 것을 선호하였으나 실제로는 긴 문장을 짧게 끊은 경우가 있고 또한 그 반대인 경우도 있다. 그것은 그가 기점 텍스트에 나타난 '문장의 호흡, 리듬'을 자연스러운 형식으로 옮기려고 하였기 때문이다. 시바타는 번역의 기본으로 원어(기점언어)를 '정확하게 읽는 것에 대한 중요성'을 주장한다. 그에 따르면 번역자의 일, 즉 번역 작업이란 '독자가 기점 텍스트를 읽었을 때의 감각을 어떻게 다른 언어로 재생하는가'이며 원어민이 원문을 읽었을 때 얻는 느낌을 목표언어로 재현하는 것이 번역자의 사명이라고 하였다.

4) 번역 이론을 참조한 연구

지금까지 일본의 번역론에서 서구의 번역이론이 참조되는 것이 많지 않았으나 예외적이라고도 할 수 있는 것이 중국문학 연구자인 후지이 쇼조(藤井省三)의 연구이다. 그는 루쉰(魯迅)[102]의 『고향(故乡)/아Q정전(阿Q正传)』의 일본어 번역에서 베누티의 '이질화와 수용화'를 소개하여 '루쉰을 수용화, 즉 현대 일본어화(日本語化)한 것이 아니라 오히려 번역문을 루쉰화(魯迅化)함으로써 시대의 대전환기(大轉換期)를 살아 낸 루쉰의 깊은 고뇌를 전달하려고 애를 썼다'고 한다. 후지이는 베누티의 번역전략을 사용해서 무라카미 하루키 작품의 중국어 번역을 분석하는 등 서구의 번역이론을 적극적으로 활용하고 있다.

러시아어 통역자인 요네하라 마리(米原万里)의 저서 『부실한 미녀인가 정숙한 추녀인가(不実な美女か貞淑な醜女か)』[103]의 번역에서도 통할 수 있는 견해이다. 이 책 제목을 아름다운 번역문으로 쓰려면 원어에 대한 '부실'한 글이 되고 반대로 원어에 충실히 하려면 번역문은 추악해진다는 번역의 딜레마[104]를 맡하는 프랑스의 격언에서[105] 유래된다.

일본에서의 번역을 논하는 경우에 잊으면 안 되는 것은 일본어에서 외국어로의 번역이다. 최근 산업번역에서는 영어로 번역하는 것이 많아졌지만 문학은 이른 시기부터 활발하게 이루어져 왔다. 예를 들어 웨일리(Waley, A.)가 『겐지 이야기(源氏物語)』를 영어로 번역한 것은 쇼와 시대 초기였다. 또한 사이덴스티커(Seidensticker, E.)에 의한 가와바타 야스나리(川端康成), 킨(Keene, D.)에 의한 다자이 오사무(太宰治)와 미시마 유키오(三島由紀夫), 매클렐란(McClellan, E.)에 의한 나쓰메 소세키(夏目漱石) 등의 작품이 영어로 번역되고, 요시모토 바나나(吉本ばなな)의 『키친(キッチン)』은 이탈리아어 번역이 높은 평가를 받으면서 세계에 알려지게 되었다.

[102] 魯迅(1881-1936)은 중국 저장성에서 태어났다. 1902년에 일본에 유학하여 의학을 배우다가 문학으로 전환하였다. 1909년에 중국에 귀국한 후, 국민국가 성립을 위한 문학혁명운동에 참가하였다.

[103] 米原万里(1997). 『不実な美女か貞淑な醜女(ブス)か』. 新潮文庫. 김윤수 옮김(2008). 『미녀냐 추녀냐』. 마음산책.

[104] 이탈리아어에는 '번역자는 배신자/번역은 반역'(Traduttore, traditore)'이라는 격언이 있다.

[105] 프랑스어로 'Belles Infideles(부실한 미녀)'은 '아름답지만 원문에 충실하지 않은 번역'을 비유한 말이다. 즉 '부실한 미녀'는 의역을 가리키고 반대로 '정숙한 추녀'는 직역을 가리킨다. -역자주
辻由美 (1993) 『飜譯史のプロムナード』, みすず書房. /이희재 옮김 (2008) 『번역자 오디세이』, 끌레마.

5) 향후의 과제

　다방면에 걸친 외국어 책이 잇달아 번역되는 일본은 번역 대국이라고도 할 수 있다. 그리고 번역에 대한 다양한 논의, 특히 문학 번역을 둘러싼 논의가 이루어지고 있다. 단지 그것의 대부분은 경험에 근거한 개개의 '견해'로 멈추는 것이 지금까지의 경향이다. 일본의 번역 연구는 서구의 이론에 의거하고 있는 상황이지만, 번역이 일본이라는 사회·문화적 맥락에서 이루어짐을 생각하면 이제 개별적인 견해로부터 벗어나 체계적이고 이론적인 번역 연구가 일본에서도 진행되기를 기대하기도 한다.

23. 근래의 연구 동향

1) 과학기술의 활용

 근래 번역 연구자가 어떤 관점·방법에 의해서 연구를 하고 있는지, 극히 일부분이지만 구체적인 연구 사례를 들면서 소개하기로 한다. 번역 연구는 온 세계에서 이루어지고 있으며 다루는 언어도 다양하다. 여기서는 특히 일본의 상황과 관련된 것에 주목하기로 한다.

 번역하는 데 사용되는 번역 메모리 등의 과학기술에 관련된 연구가 활발하게 진행되고 있는 것과 더불어 연구자가 과학기술을 구사하고 번역 텍스트와 상황을 분석하는 연구도 증가하고 있다. 예를 들어 번역자가 번역을 할 때 어떤 것을 생각하고 어떤 절차를 걸쳐 번역해 나가는지를 고찰하는 과정 연구에서는 스크린 기록 소프트가 사용된다.[106] 이것은 번역자가 쓰는 컴퓨터 화면에 나타나는 모든 것이 동영상으로 기록되는데, 글자를 치는 속도나 수정 작업의 유무, 또 사전이나 웹 사이트 등을 사용해서 알아보았는지 등 번역자에 의한 조작(操作)을 자세하게 관찰·분석할 수 있다.

 또 코퍼스[107] 사용도 방대한 양의 언어 데이터를 조사할 수 있기 때문에 번역 작업에 유용하다. 수작업으로 종이를 넘기면서 한 글자 한 글자를 따라가면 시간이 걸릴 뿐만 아니라 누락이나 잘못 계산하는 것 등 불확실한 조사 결과로 이어질 위험이 있다. 그러나 코퍼스를 사용하면 컴퓨터상에서 검색이나 집계가 가능하며 효과적이고 정밀도 높은 연구를 할 수 있다. 기존의 코퍼스가 없을 경우도 인쇄된 텍스트, 예를 들어 스캐너 등을 사용하여 자기가 직접 간단한 코퍼스를 만들 수도 있다.[108]

2) 복안(複眼)적 연구

 번역 연구에서는 기점언어와 목표언어라는 두 언어 쌍을 고찰 대상으로 하는 것이 자주 수행된다. 하지만 다양한 언어 사용자가 복잡한 관계를 구축하는 세계적 현상을 비추어 보면 서로 다른 두 언어·문화 간 뿐만 아니라 세 가지 이상의 다른 언어·문화 간의 번역에 대한 연구도 필요하게 된다. 오래 전부터 세 가지 이상의 언어에 관련된 번역이 있기는 하지만 그러한 번역 상황이 더욱 늘고 있는 것이 지금의 실정이다. 또 통·번역학은 원래 학제적인 학문이었지만 더 관련되는 학문 분야, 예를 들어 언어와 사회·문화의 관계를 고찰하는 언어인류학이나 미디어 연구의 식견을 받아들인 연구가 있다. 보스니아 분쟁이 보도됐을 때의 세르보크로아트어에서 영어로, 그리고 영어에서 일본어로의 번역 과정 분석이 그것이다. 영어로 보도되

[106] 예를 들어, 다음과 같은 연구가 있다.
Yamada, M.(2011). Revising Text: An Empirical Investigation of Revision and the Effects of Integrating a TM and NT System into the Translation Process. PH. D. thesis, Rikkyo University Graduate School of Intercultural Communication.

[107] '코퍼스'란 연구를 하기 위한 언어자료이며, 컴퓨터를 사용해서 만들어진 데이터베이스이다.

[108] Meldrum, T. F.(2009). Translationese-Specific Linguistic Characteristics: A Corpus-Based Study of Contempotary Japanese Translationese. Invitation to Translation Studies in Japan, 3: 105–131.
일본 창작문학과 영어 문학 작품의 일본어 번역에서 코퍼스(말뭉치)를 수집, 데이터화하고 그것을 바탕으로 이루어진 연구이다.

면서 현지에서 전해진 뉴스 내용이 변해 가는 모습은 세 가지 언어권의 문화나 이데올로기 등의 요소를 포함한 분석을 통해서 치밀한 묘사가 가능하게 된다. 한 명의 연구자가 할 수 있는 것은 한정되지만 몇몇 연구자가 각자의 전문 분야·전문 언어에 맞추어 공동연구를 함으로써 복안적인 연구를 할 수 있다.

3) 번역자에 대한 주목

번역을 수행한 사람에게 초점을 둔 연구도 가능하다. 번역자 개인에게 주목하면 각 연구 사항에 대한 접근방법이 늘어날 것이다. 생존하는 번역자에 대한 연구이면 인터뷰나 설문조사를 통해서 번역자 개인이 가지는 생각이나 성질, 또한 속하는 문화, 통제 요소 등을 확인할 수 있다.[109] 과거의 번역자에 대한 연구이면 번역본에 첨부된 후기, 번역자에 의한 주석, 또는 수필이나 편지 등의 문장을 통해 그 번역자에 대해서 부분적으로 알 수 있다.[110] 번역자의 실제 모습을 파악한 다음에 그것과 관련시키면 번역자가 취한 번역 방법의 선택 이유와 선택의 필연성 등을 고찰할 수 있다.

4) 번역 이론의 보편성과 지역성

본서가 소개하는 번역 이론의 대부분이 서구의 연구자에 의해 제시된 것을 느꼈을 것이다. 일본의 번역 연구에서도 서구의 이론을 배우고 분석하는 것이 많이 사용되었지만 다른 지역에서 제시된 이론의 사용은 주의를 기울여야 한다. 기점언어와 목표언어의 쌍을 한정하고 또 문화와 사회적 요소 등을 어떤 지역인 것으로 한정해서 전개된 이론이 아니더라도 각 이론이 제시된 배경, 또는 이론의 전제는 명확히 파악할 필요가 있다. 미국과 일본의 경우를 예로 들면 기점언어와 목표언어의 쌍(영-일, 일-영)이 미국과 일본에서는 다르다. 기점언어와 목표언어의 쌍이 다르다는 것은 단순한 차이가 아니라 미국에서는 영어가 일본에서는 일본어가 목표언어가 되기 때문에 양언어가 가진 권력에는 큰 차이가 나타난다. 언어가 가진 권력이라는 번역 방법이나 번역의 목표, 그 외 다양한 요소와 관련이 있기 때문에 다른 지역을 연구 대상으로 제시된 이론을 무분별하게 선택하면 신뢰할 만한 연구결과를 가져올 수가 없다. 따라서 서구의 이론을 그대로 도입하여 그것을 당연시하는 대신에 비판적 검토를 실시한 후에 일본의 맥락에 적용해야 하며 또 독자적(獨自的) 이론을 전개할 필요성 등이 강하게 의식되고 있다.

---

[109] 예를 들어, 篠原有子(2012)는 자막번역자에게 실시한 인터뷰 조사를 포함한 연구를 발표하였다. 篠原有子(2012). 映画字幕は視聴者の期待にどう応えるか. 『通訳翻訳研究』. 12: 209-228.

[110] 예를 들어, 齊藤美野(2012). 『近代日本の翻訳文化と日本語: 翻訳王·森田思軒の功績』, ミネルヴァ書房.에서 수필 등의 글을 통해서 메이지 시대의 문학 번역자(飜譯士)가 가진 번역에 대한 견해를 살펴보고 있다.

XII 통역학

1. 통역학이란 무엇인가

1) 통·번역 연구와 통역학

통역학은 'interpreting studies'의 일본어 번역이며, 통역에 관련되는 사상(事象)을 연구하는 학문이다. 통역학은 일반적으로 'translation studies' 안에 있는 연구 분야의 하나로서 다루어지고 있다. 번역과 통역은 다른 언어 간의 커뮤니케이션을 중개하는 행위로서 공통되는 특징을 가지고 있는 것과 번역과 통역은 명확히 구분이 될 수 없는 행위인[111] 것 등의 사유로 통역학이 번역연구의 하위 분야로 간주되고 있다.

그러나 통역을 하는 사이에 통역자의 머릿속에서 일어나는 것(통역 과정에서 수반되는 인지적 측면)이나 대면적 커뮤니케이션에서의 통역자, 화자, 청자의 관계 등 통역 행위에는 특유한 사항이 많다. 그러한 통역의 특징, 통역자의 사회적 역할, 통역 교수법 등을 연구하는 것이 통역학이다.

[111] 예를 들어 시역(sight translation)은 듣는 대신 읽고 순식간에 통역하는, 즉 문어의 기점 텍스트를 구어의 목표언어에 옮긴다는 동시통역의 일반적인 훈련방법이며 번역적 요소와 통역적 요소가 모두 포함되는 행위이다.

2) 통역학의 시작

통역학의 기원은 20세기 초기 유럽으로 거슬러 올라간다. 1919년 파리의 강화 회의를 시작으로 국제연맹 등 국제무대에서 회의 통역자가 활약하게 되어 1930년대부터 1940년대에 걸쳐 유럽의 주요한 대학에서 통역자 양성이 시작되었다. 그런 와중에 심리학자들은 기억과 메모에만 의지하여 연설 내용을 통역하는 통역자에게 주목하여 통역의 인지적 측면과 훈련법에 관한 연구를 하게 되었다 제2차 세계대전 후 동시통역이 보급되면 동시통역에 대한 특징이나 훈련법의 연구가 늘어나 1960년대부터 1970년대에는 주로 심리학자에 의한 동시통역 통역자의 인지적 과정 연구가 발표되었다. 이어 1970년대부터 1980년대에 걸쳐서는 회의 통역자인 연구자들이 구축한 '파리학파'가 영향력을 가지게 되었으나 그 후 과학적 근거가 없다는 비판을 받았다. 그 대신 학술적 방법을 사용하여 통역 행위에 대한 관찰과 실험에 의거한 데이터를 분석하는 실증적 연구가 제시되었다. 그 후 언어학이나 심리학 등 인접 학문 분야의 이론과 방법을 받아들이면서 실증적 접근을 기반으로 한 통역연구가 활발하게 이루어졌다.

3) 연구 대상과 연구자의 확대

통역학은 '어떤 언어를 들으면서 다른 언어를 말한다'는 동시통역의 과정에 대한 호기심과 효과적인 통역자 양성법의 필요성이 주된 원동력이 되어 탄생했고 회의 통역의 연구에 초점을 두고 발전하였다. 그러나 1990년대에 들어 연구의 대상이 크게 확장되기 시작하였다. 세계화와 이민의 증가로 인한 다문화·다언어 공생사회가 진전되면서 사법 통역, 의료 통역, 공공서비스에서의 통역에 대한 연구가 급속히 확대된 것이다. 사법 통역과 커뮤니티(지역사회) 통역은 법률이나 행정에 관련된 통역이고, 동시통역의 부스 안에서가 아니라 대화 참여자와 관찰자 눈앞에서 통역이 진행된다. 그 때문에 이전부터 통역 연구자(회의 통역자나 심리학자)뿐만 아니라 사회학, 커뮤니케이션학 등의 연구자들이 여러 상황에서 수행되는 통역에 관심을 기울이게 되었다. 그러한 연구자의 상당수는 대화 참여자 사이에 나타나는 상호행위나 통역자의 역할 등에 초점을 두고 있다.

4) 일본에서의 통역 연구

일본에서는 1990년에 설립된 '통역이론연구회(通訳理論研究会)'가 모체가 되어 '일본통역학회(日本通訳学会)'가 2000년에 탄생하고(2008년 '일본통역번역학회(日本通訳翻訳学会)로 개명), 학회지 발간, 연차 대회, 정례회 개최 등을 통해서 통역 연구의 중심적 역할을 맡아 왔다. 해외의 상황과 마찬가지로 일본에서의 통역 연구도 동시통역의 인지적 과정이나 통역 훈련법에 대한 관심으로부터 시작되었다. 당초는 서구에서의 통역이론의 문헌연구, 또 통역교육에 대한 구체적인 사례의 공유 등이 주된 연구였다.

그 후 연구 대상과 방법론 등 여러 가지 측면에서 통역 연구는 다양화되었다. 학회지『통역번역연구(通訳翻訳研究)』(2007년까지의『통역연구(通訳研究)』) 게재 논문을 살펴보면 회의 통역과 일반 통역과 더불어 2003년 무렵부터 사법 통역이나 의료 통역을 대상으로 한 연구가 늘어가고 있음을 알 수 있다. 통역 과정을 설명하는 모델이나 이론의 구축을 시도하는 연구, 통역 결과물의 사례나 음성 코퍼스(대량 언어 데이터), 또한 인터뷰, 설문조사 등의 데이터를 기반으로 한 실증적 연구도 있다. 대상이 되는 언어도 영-일 언어쌍뿐만 아니라 중국어, 프랑스어, 한국어 등과의 쌍을 대상으로 한 연구가 이루어지고 있다. 또한 통역 결과물(언어 측면적 특징 등)과 통역 과정(인지적 측면, 전략, 노트테이킹 등)과 함께 통역자의 역할이나 정체성, 청자의 반응, 윤리 규정 등 '사람'이나 통역에 대한 직업으로서의 측면에 초점을 맞추는 연구가 활발하다.

특히 일본에서는 통역 교육에 대한 연구가 많다. 그렇다고 해도 통역자 양성을 위한 연구라고 하기보다는 일본에서 통역 훈련법이라고 일반적으로 불리는 것을 대학교 학부 수준의 외국어교육에 적용하려는 내용의 연구가 활발하지 진행되고 있다. 앞으로는 사법과 의료 현장에서 통역 요망에 호응하는 의미로 그러한 특정 분야에서의 통역 훈련법에 관련된 연구도 요구될 것이다.

2. 의미의 이론

1) 통역의 인지적 과정에 대한 관심

뉘른베르크 국제군사재판(Nuremberg International Military Tribunal)에서 동시통역의 본격적인 도입이 성공되고, 그 후 유엔(UN 국제연합)과 그 외의 국제회의 등에서 동시통역이 일상적으로 사용되기 시작하면서 통역자의 머릿속에서 어떤 것이 일어나는지 즉 통역 과정에서의 인지적 측면에 대한 관심이 높아졌다. 기점언어 발언이라는 외부 입력(input)을 통역자가 어떻게 처리하고 원 텍스트와 다른 언어로 어떻게 출력(output)하는가 하는 과정에 주목하는 움직임이다.

우선 1960년대부터 1970년대에 걸쳐 서구의 심리학자들이 동시통역에 관한 다양한 실험을 하고, 그 데이터를 바탕으로 통역의 인지적 과정을 해명하려고 하였다. 예를 들어 원 발언과 통역 사이에 시차(time lag)나 동시통역에서 오류의 종류와 빈도의 분석 등에 초점을 둔 것이다. 한편, 자신도 회의 통역자이면서 통역자 양성에 종사하는 연구자가 라이프치히, 모스크바, 파리 등의 대학에서 통역 과정의 구조나 통역 교수법에 관련된 논의를 전개하기도 했다. 그 중에서도 그 당시 특히 영향력을 행사한 것은 '의미의 이론(théorie du sens/Interpretive theory of translation)'을 제안한 '파리학파'라고 불리는 학자들이었다.

2) '의미의 이론'에 의한 번역 모델

'의미의 이론'은 파리 제3대학 통역번역대학원(ESIT) 교수였던 셀레스코비치(Seleskovitch, D.)[112]들이 주장한 접근법이고, 1970년대부터 1980년대 초에 '파리학파' 형성을 위한 기반이 된 것이다. 이것은 통역이 이(異) 언어 간의 단어를 단순히 옮겨 놓는 것이 아니라 단어 수준에서 벗어나 동일한 의미(sense)를 충실하게 전달하는 행위임을 강조한 이론이며 '해석에 의거한 통·번역 이론(théorie interprétative de la traduction, 해석이론)'이라고도 한다.

'의미의 이론'에 따르면 통역자는 '의미를 청취한다'고 한다. 이것은 통역자는 들은 발화의 내용을 자신이 가진 지식에 비추어 이해하고 그 의미 단위를[113] 골라내서 '탈언어화(deverbalization)'하면서 그것을 목표언어로 표현한다는 것이다. 즉 원 발언의 언어적 형식(어휘 또는 용법)이 아니라 의미에 초점을 맞춰 그 의미를 나타내는 심적 이미지를 목표언어로 표현한다는 견해이다. 이것을 도식화하면 <그림7>과 같다.

[112] 불·독·영·세르보크로아트어의 회의통역자이며, ESIT에서 통역이론과 실기 지도를 담당하였다.

[113] 레더러(Lederer 1994)는 '의미 단위'를 단어들의 의미 내용과 인지적 보충물이 하나로 된 것으로 정의한다(전성기 2001: 17). —역자 주

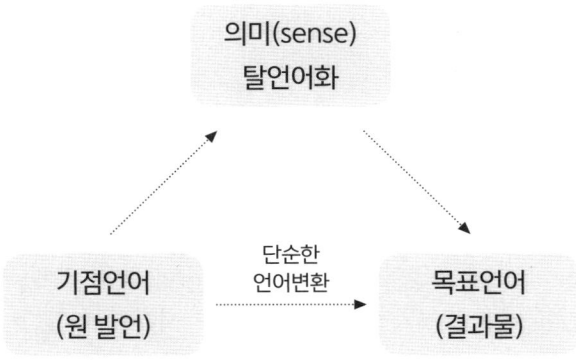

<그림7> '의미의 이론'의 삼각형 모델

위의 그림에서 보여주는 것은 기점언어에서 목표언어로의 직접적인 대응은 단순한 언어 변환(transcoding)이며, 탈언어화된 의미는 기점언어와 목표언어 사이에서 공통적으로 확인 가능한 사실과 사고의 이미지라는 것이 된다. 따라서 자연스러운 통역이란 이와 같은 심적 이미지를 목표언어 형식으로 표현하는 것이라고 본다.

3) 비판

1980년대 이후 파리학파를 직감적이고 비과학적이라고 비판하며 검정한 학문적 방법론을 따라 구체적인 데이터를 제시하는 실증적 연구를 주장하는 소리가 높아졌다. 의미의 비언어화 등을 증명할 수 없고 형식이 없는 의미는 있을 수 없다는 것을 비판하는 것이다. 또 '의미를 청취한다'는 말은 동시통역자가 원 발언의 언어적 세부 특징에 사로잡히는 것이 아니라 메시지와 이론의 흐름을 분석하면서 청취한다는 상황을 이미지로 표현한 것뿐이라는 비판도 받았다. 이러한 비판이 계기가 되어 인지심리학, 신경심리학 등의 이론, 개념, 방법론을 도입한 통역 과정을 모델화하는 제안이나 실증연구 시도가 진행되고 있다.[114]

3) 교육적 효과

과학성이 부족하다는 비판을 받으면서도 '의미의 이론'은 ESIT 뿐만 아니라 다른 통역번역교육기관에서 지금도 참조되고 있다. 그것은 문법번역식 외국어학습을 해 온 학생들에게 기점언어와 목표언어 사이에서 어휘의 상세한 대응과 문법 분석을 바탕으로 한 통·번역이 아니라 기점 텍스트의 요점과 메시지를 파악하는 중요성을 설명하는 데 수단이 될 수 있기 때문이다. 또한 '의미의 이론' 접근법은 기점 텍스트나 원 발언의 표면적인 뜻에 좌우되지 않고 목표언어의 자연스러운 표현을 촉구하는 데 도움이 될 것으로 생각되고 있다.

[114] 예를 들어 Misuno는 작업기억 연구를 응용해서 동시통역 과정을 모형화하였다.
Mizuno, A.(2005). Process Model for Simultaneous Interpretation and Working Memory. Meta, L(2): 739-752.

3. 노력 모델

1) '노력 모델'의 구성 요소

통역자는 어떨 때 통역 누락이나 오역 등의 오류를 범하는지 왜 동시통역은 어려운지 등의 의문에 대해서 통역하는 과정을 모델화해서 설명하려는 몇 가지 시도가 지금까지 있었다. 그 중에서도 질(Gile, D.)[115]이 제시한 '노력 모델(effort models)'은 국제적인 인지도가 높고 통역자 양성 현장에서도 적용되고 있다. 실제로 노력 모델은 인지심리학적인 연구를 위한 것이 아니라 통역자 양성이라는 교육목적을 위해 제안된 것이다. 노력 모델은 통역자가 통역 시 정보처리를 위한 일정한 노력들을 가정한다. '청취와 분석(listening and analysis; L)' '발화 생산(production; P)' '단기 기억((memory; M)'의 세 가지 작업[116] 단계로 나뉜다. 청취와 분석 노력은 원 발언(기점언어)를 듣고 정보를 분석하고 의미를 이해하기 위한 단계이다. 발화 생산 노력은 이해한 원 발언의 정보나 메시지를 목표언어로 표현하는 노력 단계이다. 또한 단기 기억 노력이란 원 발언에서 듣게 된 소리를 식별해서 분석할 때까지 단기적인 기억으로 축적되는 단계를 가리킨다.

2) 동시통역 및 순차 통역 '노력 모델'

질은 상기의 세 가지 기본적인 노력 요소와 더불어 동시통역은 그것들을 조정하는 노력(coordination; C)이 필요하다고 생각하였다. 따라서 동시통역 과정을 노력 모델로 나타내면 다음과 같다.

> 동시통역= 청취와 분석(L) + 생산(P) + 기억(M) + 조정(C)

또한 노력 모델은 순차 통역 과정을 '이해 단계'와 '발화 산출 단계'인 두 단계로 나누어 생각한다. 제1단계는 원 발언을 이해·분석하면서 경우에 따라서는 노트테이킹(Note-taking 메모쓰기; N)을 하거나 머릿속에서 처리하고 기억에 남기는 '이해'를 위한 단계이다. 제2단계는 기억으로부터 원 발언의 일부분을 상기하며(Rem) 기록된 정보를 읽고 처리하여(Read) 원 발언의 내용을 목표언어로 발화하게 된다. 즉 '목표언어 텍스트 생산 및 발화'가 이 단계에서 이루어진다. 순차 통역 과정을 노력 모델로 설명하면 다음과 같다.

---

[115] 파리 제3대학 통역번역대학원(ESIT) 교수이며, 전 수학자이고 일본어 연구의 박사 학위도 가진 과학기술 번역자, 영불 회의통역자이다.

[116] 이러한 통역과정을 단계별로 나누게 된 것은 라이프치히 학파에서 연유된다. -역자주

> **순차 통역**
> 제1단계: 이해 단계 = 청취와 분석(L) + 노트테이킹(N) + 단기 기억(M) + 조정(C)
> 제2단계: 발화 생산 단계 = 기억상기(Rem) + 노트 리딩(Read) + 생산(F) + 조정(C)

3) 통역의 어려움에 대한 설명

 질은 인간이 정보를 처리할 수 있는 용량(processing capacity)에는 한계가 있으며 통역 과정에서 각각 노력에 필요한 처리 용량이 처리가능 용량의 한계를 넘길 경우에는 통역이 이루어지기 어려운 상황이 생긴다고 한다. 또 각 노력 간에서 정보 처리용량이 고루 분포되지 못할 경우에도 통역이 어려워진다고 한다. 예를 들어 빠른 말이나 강한 사투리, 익숙하지 않은 화제에 대한 발화는 청취와 분석에 필요한 노력이 많아지고 더 많은 처리용량이 필요하게 된다. 하지만 전체 처리가능 용량에는 한계가 있어서 발화 생산과 기억하기 위한 수용가능 처리 용량이 적어지기 때문에 결과적으로 발화 생산이 원활히 이루어지지 않거나 통역 누락이 발생하거나 한다고 설명할 수 있다.

4) 문제 대처법

 통역자 양성 현장에서 노력 모델이 잘 적용되는 것은 통역훈련생들이 연습할 때 겪는 문제가 왜 발생하는지에 대해서 설명하고 대책을 생각하기 위한 도구가 되기 때문이다. 즉 노력에 필요한 처리용량이 매우 크거나 각각의 노력이 고루 배분되지 못해 문제가 발생하는 것이 파악되면 필요한 처리 용량을 줄여가기 위한 전략과 대처법을 생각하는 것이 가능하게 된다. 구체적인 예를 들면 통역할 주제를 미리 공부해서 준비하고 또한 발화자와 사전 협의를 통해서 상대방의 말투에 나타난 특징을 파악하는 것은 청취와 분석에 필요한 노력에 대한 부담의 경감과 관련시켜 설명할 수 있다. 질은 통역을 진행하는 사이에 부딪히는 문제에 대한 몇 가지 대처법을 제안하고 있다. 예를 들어 동시통역의 경우, 통역을 몇 초 늦춰서 이해와 생산하기 위한 시간 가지기, 옆에 앉은 동료 통역자에게 메모(숫자 등)로 도움 받기, 문장을 짧게 끊어 통역해서 단기 기억의 부담 경감하기, 참고자료를 곁에 두고 참조하기, 적절한 통역이 떠오르지 않을 경우에는 일반적인 표현으로 치환해서 설명하거나 바꿔 말하기 등이 그것이다. 모두 통역 과정에서 필요한 노력을 줄이기 위한 전략이다.
 이와 같이 통역에 수반되는 어려움을 설명하고 대처법을 제안하기 위한 도구로서 '노력 모델'을 이용하면 통역훈련생들이 자신의 과제를 분석해서 효과적인 연습을 자율적으로 할 수 있는 데 도움이 된다.

4. 통역자 역할과 정체성

1) 커뮤니케이션의 중개자

통역자의 역할이란 통역자가 관여하는 커뮤니케이션 참여자와 사회 일반에서의 기대에 기초해서 수행되는 통역자의 임무와 활동을 가리킨다. 가장 단순히 설명하면 서로의 언어를 이해 못 하는 사람이나 집단 간에서 커뮤니케이션 중개를 하는 것이 통역자의 역할이라고 할 수 있다. 그러나 통역의 직업화가 활발해지면, 예를 들어 '투철한 직업정신으로 정확하고 과부족 없는 통역을 한다' 와 같이 통역자의 역할을 보다 구체적으로 주장하는 움직임이 일어났다. 그 중에서 통역자는 기계처럼 어떤 언어를 다른 언어로 옮기는 공기와 같은 흑의, 즉 눈에 띄면 안 되는 존재라는 견해도 생겼다. 하지만 실제로 통역자가 하고 있는 것은 단순한 언어전환을 넘어서는 복잡한 행위인 것을 뒷받침하는 연구 데이터는 많다.[117]

2) 상호 행위의 조정, 문화적 개입

대면 커뮤니케이션 통역에서 참여자에 의한 발화의 타이밍과 순서를 통역자가 조정하면서 통역을 할 경우에는 수화와 구두 통역의 현장에서 관찰이 가능하다. 예를 들어 눈이나 제스처로 신호하거나 발화에 끼어들으면서 통역을 시작하거나 해서 발화의 시작과 끝을 통제하고 통역을 통한 커뮤니케이션이 원활히 진행되도록 하는 것이 있다. 또 말을 표면적으로 통역하는 것만으로는 듣는 사람과의 의사소통이 불가능하다고 판단한 경우 통역자가 그 말이 지닌 배경, 즉 문화적 측면 등을 보충 설명하는 경우가 있다. 예를 들어 '녹색의 날(みどりの日)'을[118] 말 그대로 영어 'Greenery Day'로 직역한다면 일본 달력에 익숙해지지 않은 사람에게는 그것이 공휴일인 것을 이해하기 어려울 수도 있다. 따라서 그것이 휴일이고 연휴를 구성한다는[119] 정보를 추가하면서 통역을 하는 경우도 있을 것이다.

결국 통역자가 자신을 필요로 하는 커뮤니케이션 현장의 목적은 무엇인가를 생각해서 그 목적에 맞는 통역 방법을 선택하고 필요에 따라서는 커뮤니케이션의 조정과 개입이 실제 현장에서 자연스럽게 행해지는 것은 부정할 수 없다. 또한 통역 의뢰자와 커뮤니케이션 참여자가 그러한 통역자의 관여를 받아들이거나 기대하는 경우가 있는 점도 보고되어 있다.

3) 권력 약자의 옹호와 분쟁 시의 통역

통역자로서의 역할의 범위는 분야에 따라서 또 동일 분야 내에서도 다양한 견해

---

[117] 대표적인 연구로서 수화통역(교육 현장에서)에 관련된 로이(Roy)나 대화통역에서의 참여자들의 언어 교환을 논한 와덴쇼(Wadensjö 1998)가 있다. Roy, C. B.(2000). Interpreting as a Discourse. Oxford: University Press. Wadensjö, C.(1998) Interpreting as Interaction. London & New York: Longman.

[118] 쇼와(昭和) 천황의 생일기념 경축일이다. -역자주

[119] 2007년 이후에는 '녹색의 날'을 5월 4일로 옮기고 기존 '녹색의 날'이었던 4월 29일은 '쇼와의 날(昭和の日)'로 지정되었다. 그 배경에는 황금연휴를 구성하던 공휴일의 폐지가 국민 생활에 영향을 미칠 것을 염려하였기 때문이다. -역자주

가 있으며 논란이 일어나는 점이기도 한다. 예를 들어 커뮤니케이션 참여자 사이에서 힘의 불균형이 있을 경우에는 통역자는 약자의 권리를 보호하는 것에 신경을 쓰면서 통역해야 한다는 견해가 있다. 이것은 의사와 환자, 난민인정신청자와 인정기관, 청각 장애인과 비(非)청각 장애인 사이에서 통역을 하는 경우이다. 이 경우 환자, 난민, 청각 장애인가 그 현장에서 권력 관계에 따라서 불리한 상황에 처할 뻔했을 때 통역자는 개입해서 그것을 바로잡으려고 노력해야 된다고 하는 것이다. 수화통역이나 의료 통역 단체 중에는 통역자는 청각 장애인, 환자의 권리옹호자이어야한다고 윤리 규정에 정한 조직도 있다. 한편 이것은 통역자의 역할 범위를 일탈하는 것이라고 이의를 제기하는 사람도 있다.

또한 전쟁이나 분쟁이 발발한 현지에서 일하는 통역자들의 역할도 복잡하다. 통역자이면서도 전투에 참가하는 경우가 있어서 통역자로서의 역할을 확실히 구분하는 것이 어렵고 또 국제조약으로 금지된 고문이나 전쟁 범죄에 통역자가 관여하는 경우도 있어서 윤리적 문제가 제기되는 영역이다.

4) 통역자의 정체성

통·번역학에서 텍스트(통번역 결과물)보다도 사람(통역자·번역자)에게 초점을 맞춘 연구가 계속해서 늘어가는 경향 가운데 '통역자가 통역이라는 일을 하는 자신을 어떻게 보고 있는가' 라는 통역자의 정체성에 대한 관심도 높아졌다. 대표적인 연구의 하나로 일본 선구적인 회의통역자의 인터뷰를 바탕으로 통역자의 정체성 등을 논한 도리카이 구미코(鳥飼玖美子)의 저서가 있다. 통역자의 정체성에 관해서 자주 말해지는 것은 혼효(hybrid)적인[120] 위치이다. 이것은 두 가지 문화적 배경을 지닌 통역자에게 주목하는 것이다. 이 혼효성을 기반으로 분쟁이나 대립적인 상황에서 통역자의 충성심이라는 시점에서 통역자의 정체성이 논의되는 것이 있다.[121]

또 통역자의 정체성은 사회에서 통역자의 지위와 자신이 어떤 커뮤니티에 속해 있는가 하는 의식과 관계가 깊다고 할 수 있다. 그러한 의식에 영향을 미치는 요소는 여러 가지이다. 의료, 교육, 비즈니스 등의 어느 분야에서 통역을 하고 있는지, 대학에서 정식적인 훈련을 받았는지, 인정자격을 가지고 있는지, 기능(技能)단체 회원인지 등에 따라서 자신의 직업에 대한 인식이 달라질 것이다. 또한 통역 서비스 수신자와의 관계 및 거리도 관련된다. 예를 들어, 지역사회에서의 마이너리티(소수파)와 이민을 위해서 통역을 하는 경우 자신도 그 구성원인지 어떤지 수화통역의 경우 자신이 청각 장애인 및 청각 장애 문화에 얼마나 가까운 배경을 가지고 있는지 등이 통역자의 정체성에 영향을 끼칠 가능성이 있다.

[120] 하이브리드(hybrid)란 원래 동물이나 식물 따위의 잡종, 혼종, 이종을 뜻하는 영어 단어였으나 최근에는 본뜻에서 응용해서 특정한 목표를 달성하기 위해 두 개 이상의 이질적인 기능이나 요소를 조합했음을 뜻하게 되었다. -역자주

[121] 武田珂代子(2008). 『東京裁判における通訳』. みすず書房.
이 책에서 제2차 세계대전 중 및 전후에 일본계 미국인 이세 통역자의 이원성(二元性)에 대해서 기술하고 있다.

XIII 인접 분야

1. 언어인류학

1) 언어인류학이라는 학문 영역

'언어인류학(linguistic anthropology)'은 그 이름 그대로 언어학과 문화인류학 중간에 위치한다. 한마디로 말하면 인간의 문화·사회에 대해서 언어와 커뮤니케이션이라는 관점에서 접근하려는 학문이다.[122] 조금 어려운 말이기도 하지만 언어구조(소위 '문법')와 실제 언어 사용(커뮤니케이션), 그리고 양자를 둘러싼 사회·문화·역사적인 맥락(콘텍스트)을 감안한 포괄적인 커뮤니케이션 연구 영역이라고 할 수 있다. 또 이 분야는 당초부터 번역에 큰 관심을 기울여 왔다. 원래 인류학자가 '타자인 이(異) 문화와 자문화 사이의 번역자'로 자리매김해 온 경위를 생각하면 의심할 여지가 없을 것이다. 여기서는 현대 사회 기호론적 언어인류학에[123] 초점을 맞추어 커뮤니케이션이 어떻게 파악되고 있는지를 살펴봄으로써 통·번역에 대한 새로운 접근법을 찾아보고자 한다.

> [122] 보애스(Boas, F.)에서 발단된 현대 미국 인류학의 4대 하위분야(생물인류학, 고고학, 문화 인류학, 언어인류학)의 하나다.

> [123] 현대 사회기호론적 언어인류학은 철학자 퍼스(Peirce, C. S.)가 고안했으며, 그 후 야콥슨(Jakobson, R.)에 의해서 언어학·문학연구로 이어진 기호론(semiotics)과 언어인류학과의 접점으로 전개되어 온 것이다.

2) 언어인류학의 커뮤니케이션 관점

커뮤니케이션이란 '메시지의 전달'이라고 들어도 특별히 위화감을 느끼지는 않을 것이다. 이와 같은 커뮤니케이션에 대한 견해를 '정보전달모델'이라고 하는데, 지금도 많은 사람 사이에서 공유되고 있는 가장 일반적인 견해라고 할 수 있다. 이 모델에서는 메시지는 처음부터 고정된 '의미'를 가지고 있다고 간주한다. 통·번역 행위도 이러한 정보전달모델에 의해서 A라는 언어에서 B라는 언어로 옮기는 단순한 언어로의 치환으로 받아들여지기 쉽다.

이와 같이 메시지의 의미를 고정화해서 살펴보려고 하는 정보전달모델에 대해서 언어인류학은 '의미'는 커뮤니케이션 현장에서 그 커뮤니케이션이 이루어지는 맥락(콘텍스트)과의 상호작용에 의해서 구축되는 것으로 본다. 이것이 '사건 모델(event model)'이고 이 모델에는 이미 정해진 '의미'가 존재하는 것은 아니다. 원래 커뮤니케이션의 '의미'는 무한한 해석 가능성을 내포하고 있으나 커뮤니케이션이 이루어지는 사회, 문화, 역사적 맥락을 비교해 봄으로써 특정한 '해석'이 가능하게 된다는 것이다.

3) '말하는 것'과 '행하는 것'

　맥락에서 구축되는 '의미'는 크게 두 가지로 분류된다. 즉 무언가에 대해서 '무엇을 말하고 있는가'와 그렇게 말하는 것으로 '어떤 행위를 행하고 있는가' 하는 의미이다.

　법정 통역 연구의 사례를 들면 재판에서는 피고인과 증인이 말한 내용이 신뢰할 만한 것인지 어떤지는 어떻게 말해졌는지에 의거해서 판단된다. 그 때문에 통역인은 '말한 것'과 '행한 것'과 관련되는 발화자 말투도 재현해서 통역하는 것이 이상적이라고 본다. 어떤 외국인 피고인 재판에서 통역인이 교체되자마자 퉁명한 말씨로 대답하는 것처럼 보였던 피고인이 갑자기 '~합니다'와 같은 정중한 말투가 되어 재판관이 그때까지 구축한 피고인에 대한 이미지가 싹 바뀌었다는 사례가 있다. 이것은 통역인이 통역을 할 때 통역인의 말하는 스타일이 통역에 아무래도 드러나기 때문에 말하는 스타일이 '어떤 것이 행해져 있는지'라는 의미의 구축에 영향을 미치고 나아가서는 커뮤니케이션에서 '행하는 것'이 '말하는 것'의 의미 해석에도 영향을 끼치게 되는 것을 나타낸다. 이처럼 커뮤니케이션은 언어 사용을 통해서 메시지가 전달될 뿐만 아니라 화자와 청자가 결합되거나 또는 소외되거나 정체성이나 권력 관계가 드러나거나 하는 등 다양한 것을 행하게 되는 것이다.

4) 통·번역 연구의 새로운 전개

　번역 연구는 '말하는 것'에 대한 '등가'에 초점을 맞추는 경향이 있으며 그러한 언어 사용에 따라서 '행하는 것'에 관심을 기울이는 일이 거의 없었다. 하지만 서서히 커뮤니케이션에서 말로 명시화되지 않는 전제, 신조, 역사적 배경, 문화적 지식 등을 포함한 다양한 맥락적 요소가 통·번역에 미치는 영향에 주목한 연구가 나오기 시작하였다. 예를 들어 스페인어 통역을 통한 재판원 재판에서 주고받는 말을 고찰해서 '말하는 것'뿐만 아니라 '상식' 등 말로는 드러나지 않는 문화적으로 고정된 견해가 어떤 방식으로 전제가 되어 법정에서 주고받는 말을 구축해 나가는지를 연구한 것이 있다. 또한 제3세계에서 일어난 분쟁을 다룬 보도 번역을 통해 현지의 정보가 영어 그리고 일본어로 번역되는 과정에서 서구 미디어와 일본 미디어가 전제로 하는 '근대 서구'적인 사고가 번역에 어떠한 영향을 미쳤는지를 고찰한 연구도 있다.

　통·번역은 언어와 문화의 장벽을 넘어 커뮤니케이션을 중개하는 행위이다. 그 때문에 언어와 커뮤니케이션이라는 관점에서 사회 및 문화를 탐구하는 언어인류학의 연구 방법은 통·번역의 실천과 연구에 큰 가능성을 제공해 줄 것이다.

2. 사회언어학

1) 사회에서의 언어 다양성

사회와 언어의 관계에 대한 물음, 바꿔 말하면 실제 사회에서 언어가 왜 다양한 형태(variation)를 취하는 것일까 하는 물음에서 사회언어학(sociolinguistics)이라는 학문 영역이 탄생하였다.

사회언어학은 언어의 다양한 형태를 '언어 변이'라고 하는데 세계에 눈을 돌리면 선진국이라고 불리는 국가들도 또 발전도상국이라고 불리는 국가들도 실로 다양한 언어 변이가 사용되고 있다. 하나의 국가 안에서도 표준어(또는 공통어)뿐만 아니라 많은 지역 방언이 있다. 또한 인종적, 민족적인 출생, 연령, 젠더(성별), 경제적 지위와 교육 수준의 차이 등의 사회적 요인에 의해서도 사용되는 언어는 많은 변이가 있다. 나아가 같은 화자라도 언제, 어디서나, 누구에게나 똑같이 말하는 것이 아니다.

이와 같이 사회언어학은 사회에서 다양한 언어 변이가 누구에 의해서 어떻게 사용되고, 어떤 영향과 효과를 사회에 미치고 있는지에 대해서 탐구한다. 연구 대상은 근래의 세계화 진전과 함께 더욱 확산되어 앞서 살펴본 언어 변이와 사회적 속성의 관계뿐만 아니라 현장과 상황의 변화에 수반되는 디글로시아(diglossia)[124]나 [125] 부호전환/언어 코드 변환(符號轉換, code-switching, 코드 스위칭),[126] 방언과 표준어, 이언어(二言語) 또는 다언어 병용의 언어접촉이 가져오는 여러 문제, 언어의 변용, 언어와 정체성에 관련되는 언어에 대한 인식, 제2언어 습득문제까지 광범위하게 미친다.

2) 언어 사용과 사회적 고정된 견해

본래 언어와 언어 변종 사이에 우열은 없다. 그러나 현실 사회에서는 선진국 언어와 발전도상국 언어 사이 또는 공통어·표준어와 방언 사이, 다양한 인종, 민족, 젠더, 사회적 계층 사이에서 사용되는 언어 간의 관계는 결코 평등하지 않다. 화법의 변이가 화자의 정체성(젠더, 출신지, 직업 등)을 나타낼 뿐만 아니라 사회적으로 높거나 낮다고 여겨지는 사회적 계급과 연결해서 평가의 대상이 되고 있는 것이 사회언어학의 연구를 통해서 밝혀져 왔다. 잘 알려진 것은 라보프(Labov, W.)의 연구이다.[127]

이러한 연구가 거듭되면서 화법의 변이에 따라서 말해진 것이 진실인지 화자가 신뢰할 만한 인물인지가 사회적 계급에 연결되는 방식으로 판단되거나 하는 현황

---

[124] 하나의 사회집단 속에서 어떤 장면이나 상황에 따라 다른 두 개 언어의 변종이 사용되는 상황을 가리킨다. 예를 들어 중세 유럽에서는 하급 언어로 프랑스어나 이탈리아어, 스페인어가 사용되고 있었으나 교회 미사에서는 상위 계층 언어로 간주되던 라틴어를 사용하였다. -역자주

[125] 사회언어학에서 중요한 개념이며, '양층언어'라고도 한다. 이것은 한 사회에서 두 개의 언어가 사용되는데 그 중, 하나는 상위계층(주로 지배계급 혹은 공식문건)에서 사용되고 다른 하나는 하위계층(주로 구어)에서 사용되는 상황을 말한다.

[126] 다언어(多言語) 화자가 언어를 바꾸어 사용하는 현상, 즉 대화에서 하나 이상의 언어 혹은 방언을 사용할 때 그것을 교체해서 사용하는 행위를 말한다.
통·번역에서는 기점언어와 목표언어의 전환을 가리킨다.

[127] 라보프(Labov)는 뉴욕 백화점에서 일하는 직원의 /r/발음 연구를 통해서 고급 백화점 직원일수록 /r/을 탈락하지 않고 발음하는 경향이 있음을 발견해서, /r/발음이 사회적 계층과 관련되는 것을 제시하였다.
Labov, W.(1972). Sociolinguistic Patterns. Philadelphia: University of Pennsylvania Press.

도 밝혀져 왔다.

재판에서의 증언에 관한 사례 연구를 소개하려고 한다. 그 연구에 따르면 법정에서 증인과 피고인이 말하는 스타일이 재판관과 배심원의 심증 형성에 영향을 준다는 결과가 발표되었다. 거기에서는 여성 특유의 화법이 법정에서는 젠더 차이에 의한 것이 아니라 오히려 사회적 지위와 교육 수준이 낮은 화자에 의해 사용되는 스타일이고 이와 같은 화법은 일반적으로 증언의 신용성이 떨어지는 경향이 있음을 밝힌 것이다. 반대로 의사와 변호사 등의 직업인이 법정에서 증언했을 때는 젠더 차이와 상관없이 보다 설득력이 있고 신뢰성이 높다고 간주되는 화법을 취하는 경향이 있음도 밝혀져 있다. 즉 증언의 내용이 동일하더라도 화법에 따라 신뢰성이 높다고 평가되거나 신뢰성이 떨어진다고 평가되는 가능성이 있다고 한다.

이렇듯이 언어 변이의 사용이 사회언어학적 고정된 견해 즉 이러한 사람들은 이러한 화법을 취한다는 고정적인 사고를 유지하거나 강화하거나 하는 역할도 맡고 있다. 그것이 또한 사회적인 차별로 이어지기 쉽고 언어 변이 간의 권력관계를 더욱 고정화할지도 모른다.

3) 사회언어학적 관점과 통·번역 연구

다양한 언어 변종을 어떻게 옮기는가는 실천에서 큰 어려움을 수반한다. 문학에서는 미국문학이나 영화를 번역하는 경우의 비표준적인 지역 방언과 남부 지역의 흑인영어를 어떻게 일본어로 번역하는지, 반대로 일본 방언이나 주어와 문말 표현에 나타나는 남성어나 여성어를 어떻게 다른 언어로 번역하는지는 반복해서 그 어려움이 지적되어 왔다. 텔레비전과 신문에서 자주 해외의 유명한 스포츠 선수, 영화 스타, 정치가 등의 인터뷰가 자막이나 인용이라는 형태로 번역되고 있지만 어떤 일본어로 번역되어 있는지 주목해야 한다. 짧은 말이라도 어떻게 번역하는지에 따라 그 사람에 대한 인상과 예측되는 속성이 상당히 달라지는지를 알게 될 것이다.

2009년부터 재판원제도가 도입되어[128] 일반 시민들도 재판원으로서 재판 심리 과정에 참여하게 되었다. 일본어가 서투른 피고인과 증인이 법정에 나올 경우에 그 증언과 진술을 통역하는 것이 법정통역자이다. 앞서 살펴본 바와 같이 법정에서 언어 변종의 사용이 재판에 참여하는 사람들의 심증에 영향을 끼치고 그 결과가 재판의 결과를 좌우한다고 하면 법정통역자가 직면하는 통역의 어려움과 책임은 큰 것이다.

사회언어학적 시점에서 본 연구는 우리에게 통·번역의 다층적 모습을 보여줄 뿐만 아니라 사회적 의의, 역할을 재고하는 계기를 제공해 주는 것이다.

[128] 배심원제도(국민참여재판)란 형사 사건에 있어서 법률 전문가가 아닌 시민들 중에서 선택된 배심원들이 심리 또는 기소에 참여하는 제도이다. 한국에서 2008년 1월부터 시행된 배심원 재판 제도는 만 20세 이상의 국민 가운데 무작위로 뽑힌 배심원 9~12명이 형사재판에 참여하여 유죄·무죄 평결을 내린다.

3. 어용론

1) 어용론이란 무엇인가

'언어'를 연구하는 학문은 '언어학'이다. 근대 언어학의 아버지라고 불린 소쉬르(Ferdinand de Saussure, 1857-1913)의 랑그(langue 언어구조/문법 등의 체계로서의 언어)와 파롤(parole 실제 개인의 언어 사용)이라는 분류에 따르면 '랑그'를 연구 대상으로 하는 분야가 '형식 언어학(Formal Linguistics)', '랑그'에 입각해서 '파롤'에 초점을 둔 연구 분야가 '어용론(Pragmatics)'이다.[129] 전통적 언어학은 '랑그'를 초점화한 연구가 이루어졌다. 하지만 '언어'라는 어떤 사회적 맥락에서 실제로 사용되는 것이며, 누가 어떤 상황에서 무엇을 어떻게 말했는지에 따라 의미와 해석이 달라지는 것이다. 그러한 언어가 사용되는 상황을 감안해서 실제 언어 사용에 대한 연구를 하는 것이 '어용론'이다.

'통·번역'도 확실히 실제 언어 사용의 하나의 형태이기 때문에 '어용론'과 밀접한 관계를 가지고 있다. 또 실제 언어 사용과 그 문화와 사회적 요인과의 관련을 연구하는 '사회언어학'이나 '언어인류학'도 '어용론'과 매우 가까운 학술분야이다. 여기서는 '어용론'의 주요 이론을 몇 가지 소개하면서 통역 사례와 관련지어 살피기로 한다.

2) 발화행위 이론과 통역

'어용론'의 주요 이론[130] 중에서 가장 기본적 개념인 '발화행위 이론'을 보려고 한다.

실제 언어 사용을 연구 대상으로 하는 '어용론'의 가장 중요한 논점은 사람은 '무언가를 말하는 것으로 무언가를 하고 있다' 즉, '행위로서의 말'이란 개념이다. 우리는 언어를 사용해서 의뢰·허락·동의·거절·요청·사죄·감사 등 다양한 행위를 수행한다. 이것을 '발화행위(speech act)'[131]라고 한다.

예를 들어 "이 방은 덥네요."라는 발화에 대해서 청자가 "그러네요. 에어컨을 켜 드릴까요?"라고 대답했다고 가정하자. 이 경우 이 방은 덥다는 발화는 그 방의 상태에 대해서 말할 뿐만 아니라 "더우니까 에어컨을 켜 주세요."라는 '의뢰'를 하고 있다고 해석할 수 있다. 그런데 같은 발화라도 청자가 "어서, 에어컨을 켜세요."라고 대답하는 경우는 "날씨가 더우니까 에어컨을 켜도 됩니까?"라는 '허락'을 구하고 있다고 해석된다.

이처럼 발화의 상황을 고려하고 무엇에 대해서 말하고, 어떤 행위를 수행하는가를 연구하는 것이 어용론의 '발화행위' 연구이다. 발화행위는 언어와 문화, 사회적 제약 등에 의해서도 달라진다. 예를 들면 일본어는 '감사'를 표현할 때 'すみません

---

[129] '화용론'이라고도 한다.

[130] '어용론'의 주된 이론에는 오스틴(Austin)의 '발화행위 이론', 그리이스(Grice)의 '대화의 협조 원칙', 스피박과 윌슨(Spivak & Wilson)의 '적합성 이론(관련성 이론)', 브라운과 레빈슨(Brown & Levinson)의 '공손 이론', 메이(Mey)의 '사회적 화용론' 등이 있다.

[131] '발화행위'에 관해서 S. C. Levinson (1983) Pragmatics. Cambridge University Press, Chapter 5/安井稔·奥田夏子 訳 (1990).『英語語用論』, 研究社出版, 第5章 /이익환 외 옮김(1992).『화용론』. 한신문화사, 제5장.
宍戸通庸·平賀正子 外 (1997[1996]).『表現と理解のことば学』, ミネルヴァ書房 등 참조

(죄송하다 또는 미안하다)' 이라는 '사죄'의 의미로 해석되는 발화를 하기도 한다. 이것을 통·번역의 관점에서 보면 'すみません'라는 발화는 항상 'I'm sorry'라는 사죄 표현으로 옮기는 것이 아니라 상황에 비춰 '사죄'인지 '감사'인지 어떤 발화행위인지를 판별해서 옮길 필요가 있다.[132]

3) 대화의 협조 원칙과 통역

다음으로 그라이스(Grice, P. 1975)의 대화의 '협조 원칙(Cooperative Principle)'을 살펴보려고 한다. 그라이스는 대화가 성공적으로 달성되기 위해서 대화 당사자들이 서로 협조해서 '양(Quantity), 질(Quality), 관계(Relevance), 양태(Manner)'라는 4대 격률(Maxim)을 준수할 필요가 있다고 한다.[133] 대화의 4대 격률은 문화나 사회에 따라서 그 기준이 다르다는 것이 지적되고 있다. 예를 들어 '양의 격률(Maxim of Quantity)'은 대화의 적절한 양의 정보를 제공한다. 그러나 영어와 일본어를 비교하면 영어는 보다 많은 정보를 명시적 언어로 발화하는 것을 선호하는 경향이 있는 반면, 일본어는 일반적으로 간결명료한 표현보다는 애매함이 중요하고 비교적 적은 양의 정보가 적절하다고 판단되는 경향이 보여진다.

1970년 닉슨(Nixon, R. M.)·사토(佐藤栄作) 미·일 정상 회담에서의 통역 사례를 보자. 일본의 섬유 수출을 자율 규제하도록 요구하는 미국 닉슨 대통령의 우려 표명에 대해서 사토 총리는 "前向きに検討しましょう。(잘 검토해 보겠습니다.)" 또는 "善処します。(선처하겠습니다.)"라고 대답하였다. 그것을 통역자가 "I will examine the matter in a forward looking manner." 또는 "I will do my best." 아니면 "I will take care of it."으로 통역되었다고 한다.[134] 이것이 오역인지 아닌지의 논의는 둘째치고 토리카이(2005)는 이 사례를 그라이스의 '대화의 격률'을 적용해서 분석하였다. 닉슨 대통령 측으로 보면 사토 총리의 발언은 '질의 격률(Maxim of Quality)'(거짓이라고 믿는 것을 말하지 말라)을 위반하고 있다고 이해될 것이다. 또한 설명·정보의 양이 부족하기 때문에 '양의 격률(Maxim of Quantity)'을 준수하지 않는 것으로 간주하기도 한다. 게다가 "선처하겠습니다"라는 표현은 불명료하고 애매하기 때문에 '양태의 격률(Maxim of Manner)'을 위반한 것이다. 하지만 사토 총리 입장에서 보면 "前向きに検討しましょう。(잘 검토해 보겠습니다.)" 또는 "善処します。(선처하겠습니다.)"는 일본식 커뮤니케이션이며 완곡한 거절을 표현하고 있는 것으로 이해가 가능하기 때문에 일본어 대화의 격률을 위반하지 않은 것이다.

이렇듯이 어용론적 시점에서 통역의 역할이 언어의 사용 방식 즉 커뮤니케이션 방식이라는 암묵적인 전제가 다른 사람들 사이의 커뮤니케이션을 담당하는 것임을 알 수 있다.

---

[132] '발화 행위'를 문화나 사회과의 관계에서 구명하려는 연구 분야는 '사회적 화용론'이라고 불리고 사람 사이의 권력관계와 문화 차이 등이 발화 행위에 어떤 영향을 미치고 어떻게 반영되는지 등을 분석한다.
사회적 화용론에 관해서는 메이(Mey,1993;2001) 등을 참조
Mey, J. L.(1993;2001). Pragmatics: An Introduction. Oxford Cambridge: Blackwell.
/小山亘 訳(2005). 『批判的社会語用論入門』, 三元社

[133] 그 후 1986년에 스페버와 윌슨(Sperber&Wilson)은 그라이스의 '대화의 4대 격률' 중에서 가장 중요한 원칙은 '관계의 격률'이라고 해서 '관련성 이론(relevance theory)'을 확립하였다.

[134] 비공개 정상희담이었기 때문에 공식적인 발언 기록은 남지 않아서 전문(伝聞) 기록에만 의한 것이다.

4. 사회학/국제관계론

1) 부르디외 사회학

통역이나 번역이라는 행위를 이해하는 데 사회학은 큰 역할을 한다. 그 중에서 중요한 것이 사회구조와 개인의 실천의 관계를 연구한 부르디외(Bourdieu, P.)이다. 부르디외는 '구조(structure)', '아비투스(habitus)', '실천(관습적 행동)(practique)' 등의 개념을 도입해서 사회에서의 인간의 행동을 설명하였다.

'아비투스'란 '갖고 있다, 가지다'를 의미하는 라틴어 'habere'의 파생어이고, '태도, 성격, 성향'을 뜻하는 단어이다. 부르디외는 이것을 '사회적으로 획득된 성향의 총체'를 의미하는 것으로 인간이 사회화되는 메커니즘(구조)을 설명하는 개념이다. 인간의 행위는 다양한 형태를 취하는 것처럼 보이지만 실제는 패턴화되어 있으며 그러한 행위를 산출하는 모체가 '아비투스'이다. 개인의 사고와 감각, 표현 그리고 행동을 산출하는 무한한 가능성인 '아비투스'를 구축하는 것이 역사적, 사회적인 상황이다.

통·번역학에서도 '아비투스'의 개념은 '옮긴다는 실천'과 '옮기는 주체로서의 통역자·번역자의 관계'를 해명하기 위한 분석으로 활발히 사용되어[135] 국제 심포지엄[136]도 개최되고 있다. '아비투스'는 '개인의 역사와 함께 가족과 계급 등 집단의 역사부터도 산출되는 것'이며 과거의 역사가 새로운 역사를 만들어 간다는 '아비투스'의 개념을 참조함으로써 통역자 또는 번역자가 옮기는 행위를 이해하는 데 도움이 될 수 있다.[137]

2) 미시사회학

미시적 시점에서 상호행위로서의 커뮤니케이션을 탐구한 고프먼(Goffman, E. 1922-1983)에 의한 '참여 프레임워크(participation framework)'는 많은 연구자가 통역 커뮤니케이션 분석에 사용하고 있다. '참여 프레임워크'에서 고프먼은 청자와 화자를 몇 가지 사회적 역할로 분류하였다. 청자는 발화를 받는 상대방인 '수신자(addressee)', '인정받은 청취자(ratified hearer)', '방청자(bystander)' 등 상이한 역할이 있다.

화자의 경우는 발성체로서의 '연기자(animator)', 발화를 만들어 내는 '작가(author)' 그리고 발화 내용에 책임을 지는 '발화 내용 책임자(principal)'로 나뉜다. 인간이 언어를 커뮤니케이션으로 사용할 때 일반적으로 이 세 가지 역할을 겸하지만 경우에 따라서는 어느 것이든 하나의 역할이 주를 이루는 것이 있다. 예를 들어

---

[135] 예를 들어 학술지 『The Translator』는 2005년 제11권 2호에서 "Bourdieu and the Sociology of Translation and Interpreting"이라고 제목을 내건 특집호를 발간하였다(Guest Editor: Moira Inghilleri).

[136] 2012년 4월, 오스트리아 그라츠 카를 프란츠 대학교 (Karl-Franzens-Universität Graz)가 주최한 심포지움 "Re mapping 'Habitus' in Translation Studies." University of Graz, Department of Translation Studies 등.

[137] '아비투스'를 해명하기 위해서는 오럴 히스토리 연구가 하나의 방법이다. 예를 들어 토리카이 구미코(鳥飼玖美子, 2007)는 일본 동시 통역 선구자의 오럴 히스토리에서 통역자의 아비투스를 탐구하였다.
鳥飼玖美子 (2007). 『通訳者と戦後日米外交』. みすず書房.

통역을 하고 있을 때 통역자는 '연기자'로서 남의 말을 다른 말로 발음하지만 어떤 통역어를 선택하는지 생각해서 표현하는 것은 '작가'가 되는 것으로 생각할 수 있다. 보통은 발언자 본인이 내용에 대해서 책임을 지지만 예외적으로 통역자가 '발화 내용 책임자'가 되기도 한다. 고프먼은 인간이 발화할 때 이 세 가지 입장을 오가는 것이 있다고 지적하며 '푸팅(footing)'이라고 불렀다. '푸팅'이 법정통역 현장 등에서 현실적으로 일어나는 것은 지금까지의 연구에서[138] 밝혀져 있다. 대화가 많은 법정이나 의료 등에서의 통역 연구에 사회적 상호행위로서의 커뮤니케이션을 고려하는 고프먼의 이론이 맡는 역할은 크다고 할 수 있다.

3) 국제관계론

통역과 번역은 외교 등 국제관계에 필수적인 것이지만 국제관계론 분야에서 통·번역과 언어적 커뮤니케이션에 대한 문제가 거론되는 것은 많지 않다. 그 중에서 외교에 관한 통역을 논한 롤랜드(Roland, R.)의 연구가 있다.[139] 통역의 역사를 고대부터 현대에 이르기까지 서구, 중동과 아시아에서도 자료를 수집하여 세밀히 더듬고 있다. 롤랜드는 동남아시아 전문 정치학자이고 정치사(政治史)에서의 'missing link(숨은 정보와 단서)'로 '언어의 개입'을 거론해서 국제관계가 기능하는 데 언어가 중개하는 역할은 불가결한데도 불구하고 그 존재가 보이지 않는 것과 역사가의 시야에 들어오지 않는 것을 지적하고 있다. 외교통역은 민간 통역자가 의뢰를 받는 것도 있고, 또 미국 국무부와 같은 언어 부문을 설치하고 각 언어의 전문가 집단을 조직하고 있는 경우도 있지만 국가기밀 문제로 외교관이 통역을 수행하는 경우가 있다. 일본 오키나와(沖繩) 반환과 섬유 교섭을 둘러싼 1969년, 1970년의 미국 닉슨 대통령과 일본 사토 총리의 비밀회담에서 외무심의관에 의한 통역이 오해를 낳고 미·일 관계 악화에 이르렀다는 사례가 있다.

외교라는 국가의 명운이 달린 현장에서의 통·번역은 소홀히 할 수 없기 때문에 통·번역학과 국제관계론의 식견을 융합한 검토가 중요하고 번역자나 통역자에게서의 발신도 필요하다. 세계 지도자의 통역을 역임한 통역자의 회고담으로 단편적인 기록은[140] 남아 있지만 그것만으로는 충분하지 않으므로 향후 국제관계에서 언어와 커뮤니케이션의 문제로 외교에서의 통역과 번역 연구가 진행되기를 기대한다.

---

[138] 예를 들어 와덴쇼(Wadensjö)나 메이슨(Mason) 등에 의한 대화 통역 연구이다.
Mason, I. (Ed.)(2001). Triadic Exchanges: Studies in Dialogue Interpreting. Manchester, UK & North ampton MA: St. Jerome; Wadensjö, C.(1998). Interpreting as Interaction. London and New York: Addi son Wesley Longman.

[139] Roland, R.(1999). Interpreters as Diplomats: A Diplomatic History of the Role of Interpreters in World Politics. University of Ottawa Press.

[140] 예를 들어 러시아 고위 통역관이 1987년에서 1990년 사이의 중추적인 시기를 다룬 미하일 고르바초프(Mikhail Gorbachev)와 함께 일하고, 레이건(Reagan), 대처(Thatcher), 부시(Bush) 등과 나눈 대화의 일부를 기록한 코칠로프(Korchilov)의 일기가 그것이다.
Korchilov, I.(1997). Translating History: Thirty Years on the Front Lines of Diplomacy with a Top Russian Interpreter. New York: Lisa Drew/Scribner.

5. 인지과학 ①: 의미 해석과 번역 처리

1) 인지과학에서 본 번역과 통역

인간은 통역이나 번역을 하는 것이 왜 가능한가? 그것을 푸는 단서를 주는 것이 인지과학이라는 분야이다. 인지란 인간이 어떤 환경에 있는 대상을 지각하고 그것이 무엇인가를 판단하여 해석하는 과정이나 행위를 말하고, 이것을 분석하는 것이 인지과학이라는 분야이다. 특히 언어에 초점을 둔 분야가 진전하고 있으며, 인간이 언어와 마주 보면서 어떻게 의미를 해석하는지에 대한 구조도 상당히 해명되어 왔다.

여기서 거론하는 것은 (1) '의미 파악'과 (2) '번역처리'의 두 가지다. (1)은 인간이 언어를 조작할 때 어떻게 의미를 마음속에 품는지, (2)는 원문이 어떤 과정으로 처리되는지에 관련된다. 번역과 통역도 언어와 그 의미를 취하기 때문에 인지과학의 식견이 중요해진다.

2) 통·번역에서의 의미 해석

통역과 번역의 의미와 그 과정을 어떻게 생각하는지에 대해서 통번역 연구에서는 1960년대에 대표적인 두 학설이 등장하였다. 하나는 통역연구의 '의미의 이론(theory of sense)'이고, 다른 하나는 번역연구의 '번역의 3단계 시스템'이다. '의미의 이론'도 '번역의 3단계 시스템'도 인지과학이 아니지만 후에 인지과학이 다루게 된 주제를 통·번역 연구에 앞서 도입하고 있었다고 할 수 있다.

'번역의 3단계 시스템'은 (1) 기점 텍스트의 표층구조는 '분석'에 따라 심층구조의 기본적 요소에 환원되어 (2) 그것이 번역 과정에서 목표 언어의 기본적 요소에 '전이'된다. 그리고 마지막으로 (3) 의미와 문체의 측면에서 '재구성'되어 목표 텍스트의 표층구조가 형성된다는 방법론이다. 번역 연구자인 나이다(Nida, E.)가 생성문법에 영향을 받아서 창출한 방법이다.

통역의 '의미의 이론'은 통역 과정을 '단어만 고집하게 되면 메시지를 잘못 파악한다'는 통역자의 경험을 바탕으로 설명하려고 한다. 이 이론에서는 통역자는 '들은 말을 즉시 버리고 의미만 추출한다'는 단계를 핵심이라고 보는데 그것을 '탈언어화(deverbalization)'라는 용어를 사용해서 설명하고 있다. 이 이론은 '수직적 번역'이지만 의미(sense)의 내용을 실증적으로 분석하지 않는다고 비판을 받았다.[141] 그러나 인지의미론(cognitive semantics)[142]과 잘 접합할 수 있다면 통역과 번역 연구에 응용할 수 있을 것이다.[143]

그러면 이 이론에서의 '의미(sense)'의 내용은 어떤 것인가? 말(발화)의 의미는 배

---

[141] 水野的(1997)는 기존 연구에서 거론된 '의미의 이론'에 대한 다양한 비판을 정리하고 있다.
水野的(1997). 『意味の理論』批判と通訳モデル. 『通訳理論研究』, 13.

[142] '인지의미론'이란 인지언어학의 내부 분야이고 언어의 의미를 중심으로 고찰, 분석한다. 특히 의미의 문제를 인간의 일반적인 인지와의 관계 속에서 파악하려는 연구 분야이다.

[143] 레더러(Lederer 1994/2003)가 인지의미론을 번역에 응용하였는데, 그는 셀레스코비치(Seleskovitch)와 함께 '의미의 이론'을 주장한 학자이다. 그런 점에서 '의미의 이론'은 최초부터 인지적인 관심이 이론의 근저에 있었다고 할 수 있다.
인지의미론을 포함한 인지언어학적 통·번역 연구는 아직 많이 이루어지지 않지만 앞으로 통·번역 연구로의 응용이 기대될 분야이다.
Lederer, M.(1994/2003). Translation: The Interpretive Model. translated by N. Larché, Manchester: St. Jerome.

경 지식·세계에 관한 지식·문맥에 관한 지식 등을 참조하면서 그 발화가 나타나는 대상과 내용, 그 발화자의 태도·의도·표정 등을 총합적으로 파악하는 것으로 이해하고 구성한다. 구체적인 예를 들어 보자. 우리는 'a new mother'을 어떻게 번역할까? '새로운 어머니'로 번역하면 아버지와 재혼한 새어머니(繼母)의 의미이기도 하고 갓 어머니가 된 여성이기도 한다. 상황에 맞게 단어 의미의 해석이 변화하는 것을 알 수 있다. 그러면 'The concept seemed new to him.'는 어떨까? 'new = 새롭다'로 암기하고 있으면 잘 번역되지 않을지도 모른다. 실제 번역 예로 '그에게는 그 말이 너무나 당돌하였다.'란 번역문이 있다. 상황이나 문맥에 맞춰 번역자가 해석한 의미를 번역문에 반영시키고 있는 것이다. 지막으로 『일갈매기 조나단』의 한 구절, 'New sights, new thoughts, new questions.'을 어떻게 번역할까? 이쓰키 히로유키(五木寛之)는 '신기한 광경이었다. 생각지도 못한 생각이 마음을 어지럽혀 새로운 의문이 솟아올랐다'고 번역하였다.

3) 번역 과정(번역 처리)

이번에는 '번역' 과정에 대해서 생각해 보려고 한다. 번역 과정으로서는 (a) '수평적 접근(horizontal approach)'과 (b) '수직적 접근(vertical approach)'의 두 가지가 제안되어 있다.[144] (a) '수평적 접근 번역'이란 다양한 타입의 기점 언어의 언어 구조(단어·구·절)를 그것에 대응되는 목표 언어로 직접적으로 바꿔 쓰는 언어 변환이다. (b) '수직적 접근 번역'이란 기점 텍스트를 문맥이나 지식, 화자의 의도도 포함해서 충분히 이해하고 이해된 의미를 목표 텍스트로 생산한다는 언어 변환이다. 위에서 말한 '의미의 이론'은 바로 이것에 해당한다.

하지만 어느 방법을 선택하는가는 입력(원문)이 가지는 성질이나 통역자 또는 번역자의 지식과 능력에 의존한다.[145] 예를 들어 '번역' 방법은 '번역' 능력의 발전 단계에 따라 달라진다고 여겨진다.

(1) 외국어를 학습하는 단계에서는 외국어와 모어를 직접으로 연결시켜 'new = 새롭다'라고 이해하여 그대로 '새롭다'로 번역한다. 이것은 '수평적 번역'이다.

(2) 단계가 나아가면 'new'는 '이전과 달리 새로운'이란 폭넓은 의미가 있다고 파악해서 문맥에 따라서 자유롭게 '미사용', '지금까지 없었다', '풋내기' 등의 번역어를 적용할 수 있는 단계가 된다. 이것은 의미를 이해해서 '수직적 번역'을 한 것이다.

(3) 그리고 번역 연습이나 실무 경험을 많이 쌓으면 'new = 다르다, 신기하다' 등 전형적인 번역어 이외의 번역어가 떠오르게 된다. 이것은 번역 과정이 자동화한 단계이며 '수평적 번역'으로 처리된 것으로 볼 수 있다.[146]

[144] de Groot, A. M. B.(1997). The Cognitive Study of Translation and Interpretation: Three Approaches. In J. Danks et al. (Eds.). Cognitive processes in Translation and Interpreting. Thousand Oaks: Sage Publications. pp.25-56.

[145] Padilla, P., Bajo, M. T, Padilla, F.(1999). Proposal for a Cognitive Theory of Translation and Interpreting. A Methodology for Future Empirical Research. The Interpreters' Newsletter, No.9: 61-78.

[146] 이 외로 존슨 레어드(Johnson-Laird, 1983)의 멘탈모델(mental model), 반 다이크와 킨치(van Dijk & Kintsch, 1983)의 '상황모델(situation model) 등, 인지과학의 식견을 통·번역에 응용한 연구도 있다. Johnson-Laird, P. N.(1983). Mental models: Toward a cognitive science of language, inference, and consciousness. Harvard University Press.
van Dijk, T. A. & Kintsch, W.(1983). Strategies of discourse comprehension. New York: Academic Press.

6. 인지과학 ②: 기억·작동 기억

1) 인지부하(認知負荷)와 통·번역[147]

동시통역은 원 발언을 일반적으로 한 번밖에 하지 않아서 곧 사라지기 때문에 통역자는 바로 통역을 해야 한다. '노력 모델'에 따르면 그 통역 과정에서는 '청취와 분석' '통역 생산' '기억'으로 구성되어 있으며, 그것들이 대부분 동시에 이루어지기 때문에 통역자는 마치 줄타기를 하고 있는 듯한 긴장 상태에 놓여 있다고 한다. 그 때문에 기점언어의 청취도 하고 의미도 이해하는데도 통역을 실패하는 일이 적지 않다. 그 문제를 풀 열쇠가 되는 하나는 어떻게 기점언어를 '기억'해 두는가 하는 것과 관련된다. 통역에서 기억의 문제는 통·번역 연구에 대한 관심의 하나로 되어 왔다.

2) 작동 기억과 동시통역

동시통역은 통역자가 원 발언을 듣고서 통역 작업을 시작할 때까지 약간 시차(EVS = ear-voice span)가 생긴다. 영어에서 일본어로 통역할 때, 이 시차가 10초 정도가 되기도 한다.[148] 이것은 통역자가 원 발언을 기억 유지(retention)하고 있는 시간이라고 할 수 있다.

우리의 일상생활에서 단기 기억(short-term memory)[149]은 '리허설(몇 번이나 계속해서 마음속에서 반복되는 과정)'을 행하는 것으로 기억을 유지할 수 있다. 예를 들어 전화번호 등을 기억해 놓을 때 반복해서 그 번호를 계속해서 중얼거리는 것이 있을 것이다. 그러나 이 동안은 기억을 유지할 수 있지만 반복하는 것을 그만두면 잊어버리기 마련이다. 동시통역자는 늘 목표언어를 발화하고 있는 상태이기 때문에 이 리허설이란 전략을 사용할 수 없다. 이것을 조음 억제(articulatory suppression)라고 한다.

이와 같이 악조건 하에 있는 동시통역자의 기억 문제는 심각하다. 제한된 시간 내에 통역할 수 없다면 통역자는 원 발언의 기억을 유지하는 데 실패하고 심지어 통역에 실패하기 때문이다. 아래와 같은 구체적인 사례를 들어 살피려고 한다.

---

[147] 인지부하(cognitive load)란 인간의 작동 기억 용량의 한계를 말하며, 기점언어를 해석 또한 이해하는 작업에 영향을 끼치는 것이다. 인지부하는 크게 정신적 부하(내재적 부하와 외재적 부하) 유형과 학습 노력(본유적 부하) 유형으로 분류된다(이현정 2005: 81, 成田ー 2015:297).-역자주

[148] 원 발언을 듣고 나서 통역을 시작할 때까지의 시차는 문법이나 어휘, 어순 등 공통부분이 많은 한-일통역이나 영-불통역은 들린 대로 통역할 수 있어서 2, 3초 후에는 통역 결과물을 산출할 수 있다. 하지만 영-한통역, 영-일통역과 같은 두 언어 사이에 거리가 있는 경우, 통역을 시작할 때까지 4, 5초부터 10초 정도 걸린다. 또 통역의 시차는 언어 처리의 방향성과도 관련이 있다. 영한, 영일통역보다 한영, 일영통역이 시차는 더 크다. 이것은 한국어와 일본어의 문장 구조와 관련이 있다. 하나의 예로 서술어의 위치가 그것이다. 한국어와 일본어는 서술어가 문말에 와서 문장을 이루기 때문에 끝까지 다 들어야 되어서 시간을 둘 수밖에 없다. 따라서 시차가 크게 나타나는 것이다. (成田ー 2015:295-296). -역자주

> **동시통역의 사례**
>
> However, there are strong reasons to believe that today's economic powers, the United States,
>   그러나   오늘날의 경제 대국
>
> Japan, and the uniting Europe, can, in fact, work out cooperative management arrangements.
> 미국, 일본, 그리고 유럽   등의 협조 관계, 협조적인 방안을 수행할 수 있다고 생각합니다.

원 발언(영어)과 통역(한국어)을 나란히 적고 있는데 한국어의 위치가 통역된 타이밍을 나타낸다. 주목해야 하는 것은 원 발언에 밑줄을 친 [there are strong reasons to believe]가 올바르게 통역되지 않는다는 점이다(대응 부분은 한국어 밑줄 친 곳). 영한 간의 통사구조 문제에 의해서 이 표현을 즉시 통역할 전략을 못 찾고 통역자는 [...that...] 이하를 듣고 ―밑줄 부분의 표현을 기억으로 유지하면서― 통역하려고 시도하지만 결국 실패해 버린다.

이러한 사례를 설명하려면 작동 기억(working memory: 정보 유지뿐만 아니라 처리까지 행하는 기억)에 관련된 연구가 유용하다. 작동 기억은 (1) 장기 기억(long-term memory)[150]의 활성화된 부분과 (2) 주의의 초점으로 구성되어 세 가지 제약이 있다고 한다.[151] 주의의 초점에는 무관계한 항목(청크 chunk)은 대개 네 가지 항목밖에 들어갈 수 없다는 용량 제한, 활성화된 기억 영역은 10초부터 20초로 소실하는 시간제한, 그리고 활성화된 기억은 시간 제한 내에 초점에 들어가야 하는 속도 제한이라는 제약이다. 이 때문 통역자가 통역어를 검색하는 데 시간이 걸리거나 기점 언어(의 일부)를 이해하는 데 시간이 필요로 하거나 하면 통역이 완료되지 않은 정보가 기억 내에 누적돼서 정보의 일부가 탈락하거나 하고 보통이라면 쉽게 통역할 수 있는 부분에서 실패하기도 한다.

상술한 예에서 밑줄 부분의 구(句)는 작업 기억 내에 통역되지 않은 채로 축적되고 그것에 이어지는 기점 언어를 통역할 때 처리하는 데 용량 제한을 넘어 버린 탓에 대응 부분 통역에 실패했다고 생각된다. 만약에 통역자가 밑줄 부분 [there are strong reasons to believe]를 아직 기억에 남겨 둘 수 있고 이후에 이어지는 원 발언의 어느 부분에서 그것을 통역하는 경우도 활성화된 기억의 시간제한 내(10초부터 20초 이내)에 통역하지 않으면 안 되는 것이다.

---

[149] 작업 기억 모델 연구로 Baddeley, A.(1993). "Working Memory or Working Attention?." In A. D. Baddeley and L. Weiskrantz (Eds.). Attention: Selection, Awareness, and Control: A Tribute to Donald Broadbent. Oxford: Oxford University Press: Baddeley, A.(2000). "Working Memory: The Interface between Memory and Congnition." In M. Gazzaniga (Ed.). Cognitive Neuroscience: A Reader. Oxford, UK: Blackwell, pp. 292-304; Cowan, N.(1995). Attention and Memory: An Integrated Framework. New York: Oxford University Press 등이 있다.

[150] 과거에 있어 경험한 일이나 습득한 지식, 생활양식 등이 단기 기억을 걸쳐 기억된 것을 말하는 장기 기억은 정보가 기억체계에 일단 적어 넣으면 반영구적으로 거기에 머무르기 때문에 정적 기억(静的記憶)이라고도 한다(小那覇洋子 2014:4).
―역자주

[151] 미즈노(水野)는 Cowan(1995)의 작동기억 모델에 의거해서 설명하고 있다.
Mizuno, A.(2005). Process Model for Simultaneous Interpreting and Working Memory. Meta, L(2): 739-752.

3) 번역에서의 번역 단위와 작동 기억의 용량 제한

문자 언어의 번역일 경우에는 동시통역과 같이 그 현장에서 즉시 번역 행위가 실패하거나 파탄하거나 하는 것은 없다고 여겨져 왔다. 하지만 최근의 번역 과정 연구에서는 번역자의 컴퓨터 키보드 조작 기억, 시선 추적(아이트래킹 eye tracking) -동공의 움직임과 동공 확장 추적- 등의 기술을 사용해서 관찰할 수 있게 되어 자세한 번역 과정에서는 번역도 작동 기억의 용량 제약에 따라 이루어져 있다는 것을 알게 되었다. 구체적으로는 번역자는 원문 이해, 잠정번역(暫定翻譯), 잠정번역 수정(모니터링 monitoring) 조작(操作)을 순차적으로 단시간 사이에 반복해서 행하며 일정한 '번역 단위'마다 조금씩 목표 언어로 번역해 간다고 한다. 이때 '번역 단위'는 작동 기억의 용량 제한과 관계된다.

이렇듯이 작동 기억에 관련된 인지적 연구는 통역뿐만 아니라 번역자의 번역 과정을 해명할 수 있는 하나의 연구 접근법으로 중요한 역할을 한다.

맺음말

　번역을 연구하는 번역학, 통역을 연구하는 통역학을 알기 쉽게 해석한 교재를 작성하고 싶다는 것은 새로운 학문 분야를 연구하는 우리가 오랫동안 안고 있었던 소원이었다. 서양에서는 통·번역학에 관련된 교재가 벌써 간행되어 있다. 한편 일본에서도 번역기술에 초점을 둔 교재는 몇 권 출간되어 있지만 대학에서 사용할 만한 교재, 이론을 알기 쉽게 설명한 입문서 등의 필요성에 대해서는 번역 과목 및 통역 과목을 담당하고 있는 교수자 모두가 통감하고 있었던 일이다.

　그러한 때에 미네르바 문고(ミネルヴァ書房) 河野荣穂 씨에게서 '알기 쉬운 시리즈'에 통·번역학을 추가하면 어떨까 하는 제안을 받은 것은 대단히 감사한 일이었다. 그 제안을 실현하려고 모인 사람은 모두가 일본통역번역학회 회원이며 릿교(立教)대학 대학원 이(異) 문화 커뮤니케이션 연구학과의 통·번역 영역 관계자들이다.

　편자인 鳥飼玖美子는 이(異) 문화 커뮤니케이션 연구과를 창설한 초대 위원장이며 현재도 특임교수로서 연구와 교육에 종사하고 있다.

　다케다가 요코(武田珂代子)는 오랫동안 미국 몬터레이 국제대학원 일본어 통·번역코스를 통솔하고 2011년 9월부터는 릿교대학 대학원 이 문화 커뮤니케이션 연구과 교수로서 통·번역 영역을 담당하고 있다.

　쓰보이 무쓰코(坪井睦子)는 언어인류학 접근법에 의한 번역연구를 전문으로 이(異) 문화 커뮤니케이션 연구과에서 박사학위를 취득하고 2012년부터 이 문화 커뮤니케이션 연구과 특임준교수로 종사하고 있다.

　편자를 보좌한 사이토 미노(齊藤美野)는 메이지(明治) 시대의 번역을 전문으로 연구하고 2011년에 이 문화 커뮤니케이션 연구과에서 박사학위를 수여받아 현제는 쓰다주쿠(津田塾)대학과 도카이(東海)대학에서 시간 강사로서 번역학 등을 담당하고 있다.

　야마다 마사루(山田優)는 기계번역이나 번역메모리를 사용한 번역에 관한 연구로 2012년 이(異) 문화 커뮤니케이션 연구과에서 박사학위를 취득하였다. 현제도 실무번역을 하면서 아오야마가쿠인(青山学院)대학과 고베조가쿠인(神戸女学院)대학 등에서 시간 강사로 종사하고 있다.

　요시다 리카(吉田理加)는 현역 법정통역자 및 무사시노(武蔵野)대학 시간 강사로 종사하면서 언어인류학 접근법에 의한 통역연구를 하고 있다. 2014년 박사학위를 취득할 예정이다.

　가와하라 기요시(河原清志)는 긴조가쿠인(金城学院)대학 조교수로 교육에 종사하면서 이

(異) 문화 커뮤니케이션 연구과에서 박사학위논문을 위한 번역연구를 계속하고 있다.

히라쓰카 유카리(平塚ゆかり)는 현역 중국어 통역자 및 다이토분카(大東文化)대학 시간강사이며, 이(異) 문화 커뮤니케이션 연구과에서 중국어 통역자의 규범 의식에 대한 박사학위논문을 집필하고 있다.

이들 집필에 관여한 8명은 통·번역의 실무자와 교육자, 또는 실무실천 경험이 있는 연구자이며, 각자가 전문으로 하는 분야의 집필을 분담하였다. 본서에 어떤 항목을 설정할지는 집필자들이 의견을 서로 내놓고 논의를 거듭해서 신중하게 검토하였다.

또한 일본통역번역학회 사무국장이며 아오야마가쿠인대학 교수, 전(前) 릿쿄대학 대학원 이(異) 문화 커뮤니케이션 연구과 특임교수인 水野的 선생님께 인지과학 분야의 통·번역 연구에 대한 상세한 조언을 받았다. 깊이 감사를 드린다. 이렇게 한 권으로 정리된 책을 보면 통역학과 번역학의 확대에 놀랄 만한 것이다. 물론 지면의 사정으로 일일 다 기술하지 못한 항목도 있으며, 연구가 나날이 발전하며 추진되고 있는 것을 고려하면 이것으로 모든 것을 망라하고 있다고는 말할 수가 없다.

그러나 이 책 한 권을 숙독한다면 통·번역학의 전체 모습은 확실히 이해할 수 있을 것이다. 더욱 알고 싶은 경우에는 책의 글 오른쪽이나 왼쪽에 적어 놓은 문헌과 권말로 소개한 '추천 문헌'을 참조하면 보다 깊은 지식을 얻을 수 있다.

세계화 시대는 국제 공통어로서의 영어가 중요하다고 한다. 하지만 실제로는 세계 각 나라에서 사회는 다언어화(多言語化)되고 있다. 모어를 사용한다는 기본적인 인권을 지키기 위해서 통역과 번역은 필수적이다. 인류가 지속가능한 미래에 이(異) 문화 커뮤니케이션은 불가피한 것이며, 그 안에서 통역과 번역이 차지하는 위치는 커질 수밖에 없다. 그것을 위해서 본서가 공헌할 수 있다면 우리가 기대한 것 이상의 기쁨이 될 것이다.

마지막으로 의미 있는 기획을 실현해 주신 미네르바 문고, 기획을 입안하여 세세한 부분까지 면밀히 생각해 주신 편집부 河野榮穗 씨에게 진심으로 감사의 말씀을 드린다.

2013年 10月

編者 鳥飼玖美子

편저 도리카이 구미코

추천 문헌

【일본어 문헌】

安西徹雄 (1983)『英語の発想 ──翻訳の現場から』講談社

安西徹雄・井上健・小林章夫編 (2005)『翻訳を学ぶ人のために』世界思想社

アッシュクロフト, B.・グリフィス, G.・ティフィン, H./木村茂雄訳 (1989/1998)『ポストコロニアルの文学』青土社

東照二 (2009)『社会言語学入門(改訂版)』研究社

ベイカー, M.・サルダーニャ, G./藤壽文子監修編訳/伊原紀子・田辺希久子訳 (2013)『翻訳研究のキーワード』研究社

Bergerot伊藤宏美 (2005)「西欧会議通訳小史」『通訳研究』第5号, 255-260頁

ベルジュロ伊藤宏美・鶴田知佳子・内藤稔 (2009)『よくわかる逐次通訳』東京外国語大学出版会

ベルマン, A./藤田省一訳 (2008)『他者という試練 ──ロマン主義ドイツの文化と翻訳』みすず書房 BS放送通訳グループ (1998)『放送通訳の世界』アルク新書

クリフォード, J.・マーカス, J./春日直樹・足羽与志子・橋本和也・多和田裕司・西川麦子・和邇悦子訳 (1986/1999)『文化を書く』紀伊國屋書店

クック, G./斎藤兆史・北和文訳 (2012)『英語教育と「訳」の効用』研究社

クローニン, M./風呂本武敏編訳 (2010)『新翻訳事始め ──翻訳とグローバリゼーション』大阪教育図書

イーグルトン, T.・ジェイムソン, F.・サイード, E. W./増渕正史・安藤勝夫・大友義勝訳 (1990/1996)『民族主義・植民地主義と文学』法政大学出版局

榎本淳一 (2005)「遣唐使と通訳」平川南・沖森卓也・栄原永遠男・山中章編『文字と古代日本2 文字による交流』吉川弘文館, 232-248頁

藤壽文子 (2007)『翻訳行為と異文化間コミュニケーション ──機能主義的翻訳理論の諸相』松籟社 深谷昌弘・田中茂範 (1996)『コトバの<意味づけ論>』紀伊國屋書店

ガイバ, F./武田巧代子訳 (2013)『ニュルンベルク裁判の通訳』みすず書房

ジル, D./田辺希久子・中村昌弘・松縄順子訳 (2012)『通訳翻訳訓練』みすず書房

ガンパーズ, J./井上逸平・出原健一・花崎美紀・荒木瑞夫・多々良直弘訳 (2004)『認知と相互行為の社会言語学 ─ス・ストラテジー』松柏社

芳賀徹編 (2000)『翻訳と日本文化』山川出版社

平子義雄 (1999)『翻訳の原理』大修館書店

平野健一郎 (2000)『国際文化論』東京大学出版会

平塚ゆかり (2010)「現代日中通訳者の『信達雅』──インタビュー分析を通して」『異文化コミュニケーション論集』第8号, 45-55頁

飯田奈美子 (2011)「在住外国人および医療観光目的の訪日外国人に対する医療通訳の現状と課題」『立命館大学人間科学研究』23, 47-58頁

池上嘉彦 (1978)『意味の世界』NHKブックス

_____ (2000) 『日本語論」への招待』 講談社

今村彩子・渋川和憲 (2012) 『音のない3.11~被災地にろう者もいた』 Studio Aya(カラー/23分/日本語・日本語字幕
・英語字幕・韓国語字幕・ポルトガル語字幕)

伊村元道 (2003) 『日本の英語教育200年』 大修館書店

伊佐雅子監修 (2002) 『多文化社会と異文化コミュニケーション』 三修社

板垣政樹・大野由美・小坂貴志 (1999) 『ソフトウェアローカリゼーション実践ハンドブック ──海外ソフトウェ
ア開発の現場から』 ソフト・リサーチ・センター

伊藤陽一編 (2005) 『ニュースの国際流通と市民意識』 慶應義塾大学出版会

岩波書店編集部編 (2006) 『翻訳家の仕事』 岩波書店

ヤーコブソン, R./川本茂雄監修/田村すずこ・村崎恭子・長嶋善郎・中野直子訳 (1973) 「翻訳の言語学的側面について」
『一般言語学』 みすず書房, 56-64頁

加藤哲平 (2013)「キケローからヒエロニュムスへ─西洋古代の翻訳論における意訳と逐語訳」『翻訳研究への招
第9号, 29-46頁

木村直樹 (2012) 『<通訳>たちの幕末維新』 吉川弘文館

小泉保編 (2001) 『入門語用論研究 ──理論と応用』 研究社

小松達也 (2005) 『通訳の技術』 研究社

近藤正臣 (2009) 『通訳者のしごと』 岩波書店

近藤正臣・船山仲也・鳥飼玖美子・鶴田知佳子・相澤啓一・染谷泰正 (2000)「日本における通訳研究の現状と課題」
『通訳研究』 創刊号, 19-41頁

『ことばと社会』編集委員会編 (2004) 『ことばと社会別冊1 ヨーロッパの多言語主義はどこまできたか』 三元社

小山亘 (2012) 『コミュニケーション論のまなざし』 三元社

子安宣邦 (2003) 『漢字論 ──不可避の他者』 岩波書店

リー, デイヴィッド/宮浦国江訳 (2006) 『実例で学ぶ認知言語学』 大修館書店

レヴィンソン, S.-C./安井稔・奥田夏子訳 (1990) 『英語語用論』 研究社出版

丸山真男・加藤周一 (1998) 『翻訳と日本の近代』 岩波書店

真島一郎編 (2005) 『だれが世界を翻訳するのか ──アジア・アフリカの未来から』 人文書院

松縄順子監修 (2007) 『ニュルンベルク裁判と同時通訳』 エンタイトル出版

メイ, J./小山亘訳 (2005) 『批判的社会語用論入門 ──社会と文化の言語』 三元社

三ツ木道夫 (2011) 『翻訳の思想史 ──近現代ドイツの翻訳論研究』 晃洋書房

三ツ木道夫編訳 (2008) 『思想としての翻訳 ──ゲーテからベンヤミン, ブロッホまで』 白水社

宮平知博・渡辺日出雄・田添英一・神山淑朗・武田浩一 (2000) 『インターネット機械翻訳の世界』 毎日コミュニ
ケーションズ

水野的 (2006)「異文化コラボレーションと同時通訳」『第20回人工知能学会全国大会論集 2011年』 2013年5月1日
情報取得, http://www.jaist.ac.jp/jsai2006/program/pdf/100286.pdf

_____(2007)「近代日本の文学的多元システムと翻訳の位相 ──直訳の系譜」『翻訳研究への招待』 第1号, 3-43頁

_____(2012)「放送通訳講義 ──英日放送通訳の理論と実際」2013年5月1日情報取得, http://jaits.sakura.ne.jp/
BIL2012.pdf

水野真木子 (2005)「各種通訳倫理規定の内容と基本概念 ──会議,コミュニティー,法廷,医療通訳の倫理規定を比較

して」『通訳研究』第5号, 157-172頁

_____ (2008)『コミュニティー通訳入門 ——多言語社会を迎えて言葉の壁にどう向き合うか… 暮らしの中の通訳』大阪教育図書

水野真木子・鍵村和子 (2005)『Let's interpret 通訳実践トレーニング』大阪教育図書

森岡健二 (1999)『欧文訓読の研究 ——欧文脈の形成』明治書院

本橋哲也 (2002)『カルチュラル・スタディーズへの招待』大修館書店

マンデイ, J./鳥飼玖美子監訳 (2009)『翻訳学入門』みすず書房

村上春樹・柴田元幸 (2000)『翻訳夜話』文春新書

村松増美 (1978)『私も英語が話せなかった』サイマル出版会

長沼美香子 (2011)「翻訳論 ——原典と解題 堺利彦『飜譯に就いて』」『翻訳研究への招待』第5号, 45-61頁

_____ (2011)「翻訳論 ——原典と解題(二)『解釋と飛譯』」『翻訳研究への招待』第6号, 105-110頁

永瀬隆 (1986)『「戦場にかける橋」のウソと真実』岩波ブックレット

永田小絵 (1997)「『信,達,雅』をめぐる中国近代の翻訳論」日本通訳学会」「通訳理論研究」論『編集委員会『通訳理論研究』論集』日本通訳学会, 313-326頁

灘光洋子 (2008)「医療通訳者の立場, 役割, 動機について ——インタビュー調査をもとに」『通訳翻訳研究』第8号, 73-95

日本観光通訳協会「英文 Guide Text」

_____「通訳ガイド必携 I・II」

西山千 (1970)『通訳術』実業の日本社

_____ (1979)『通訳術と私』プレジデント社

大黒俊二 (2010)『声と文字』岩波書店

オヘイガン統子 (2011)「日本のテレビゲームの創造翻訳(トランスクリエーション) ゲーム翻訳と日本におけるトランスレーション・スタディーズの一方向性」佐藤=ロスベアグ・ナナ編『トランスレーション・スタディーズ』みすず書房, 179-197頁

大石裕・岩田温・藤田真文 (2000)『現代ニュース論』有斐閣

大久保友博 (2012)「近代英国翻訳論 ——解題と訳文 ジョン・ドライデン前三篇」『翻訳研究への招待』第7号, 107-124

オング, W. J./桜井直文・林正寛・糟谷啓介訳 (1991)『声の文化と文字の文化』藤原書店

ポェヒハッカー, F./鳥飼玖美子監訳 (2008)『通訳学入門』みすず書房

ピンカートン曄子・篠田顕子 (2005)『実践英語スピーチ通訳 ——式辞あいさつからビジネス場面まで』大修館書店

ピム, A./武田珂代子訳 (2010)『翻訳理論の探求』みすず書房

立教SFR翻訳研究プロジェクト (2013)『翻訳「革命」期における翻訳者養成』2013年5月1日情報取得, http://apple-eye.com/rikkyo/report.pdf

ロメイン, S./土田滋・高橋留美訳 (1997)『社会のなかの言語 ——現代社会言語学入門』三省堂

ローソン, クリス・伊集院幸子 (2010)『プロが教える現場の英語通訳ガイドスキル』三修社

齊藤美野 (2012)『近代日本の翻訳文化と日本語 翻訳王・森田思軒の功績』ミネルヴァ書房

齋藤兆史 (2007)『翻訳の作法』東京大学出版会

関根康弘 (2012)「法令用翻訳メモリデータベースシステムの開発」『翻訳研究への招待』第7号, 79-88頁

セレスコヴィッチ, D./ベルジュロ伊藤宏美訳 (2009)『会議通訳者 ──国際会議における通訳』研究社

椎名佳代・平高史也 (2006)『異文化間ビジネスコミュニケーションにおける通訳者の役割 ──日本語・英語の場合』慶應義塾大学大学院政策・メディア研究科, 2013年10月24日情報取得. http://coe21-policy.sfc.keio.ac.jp/ja/wp/WP86.pdf

新熊清 (2008)『翻訳文学のあゆみ イソップからシェイクスピアまで』世界思想社

柴田元幸 (2006)『翻訳教室 ──東大文学部翻訳演習完全収録』新書館

篠原有子 (2012)「映画字幕は視聴者の期待にどう応えるか」『通訳翻訳研究』第12号, 209-228頁

篠原有子 (2013)「映画『おくりびと』の英語字幕における異文化要素(日本的有標性)の翻訳方略に関する考察」『翻訳研究への招待』第9号, 81-97頁

杉田欣二 (2006)『商談の中国語 ──貿易と投資』アスク

スペンサー=オーティー, H./浅羽亮一監訳 (2004)『異文化理解の語用論』研究社

鈴木寿一・門田修平編著 (2012)『英語音読指導ハンドブック』大修館書店

多文化関係学会編 (2011)『多文化社会 日本の課題 ──多文化関係学からのアプローチ』明石書店

高田裕子・毛燕 (2008)『日中・中日通訳トレーニングブック』大修館書店

武田巧代子 (2008)『東京裁判における通訳』みすず書房

_____ (2012)「日本における通訳者養成に関する一考察」『通訳翻訳研究』第12号, 105-117頁

武田珂代子・ラッセル秀子 (2012)「修士論文としての翻訳 ──その意義と方法」『翻訳研究への招待』第8号, 23-38頁

瀧本眞人 (2006)「AUSIT倫理規定と通訳者の行動 ──ビジネス分野におけるダイアログ通訳の場合」『通訳研究』第6号, 143-154頁

トドロフ, T./及川徹・大谷尚文・菊池良夫訳 (1986)『他者の記号学 ──アメリカ大陸の征服』法政大学出版局

鳥飼玖美子 (1998)『歴史をかえた誤訳』新潮文庫

_____ (2007)『通訳者と戦後日米外交』みすず書房

_____ (2013)『戦後史の中の英語と私』みすず書房

鳥飼玖美子監修 (2003)『はじめてのシャドーイング』学習研究社

鳥飼玖美子・鶴田知佳子 (2008)「国際翻訳家連盟(FIT)第18回世界大会報告」『通訳翻訳研究』第8号, 315-320頁

遠山美都雄 (1998)「日本古代の訳語と通事」『歴史評論』574, 58-65頁

坪井睦子 (2013)『ボスニア紛争報道 ──メディアの表象と翻訳行為』みすず書房

津田守編著/日本通訳翻訳学会監修 (2008)『法務通訳翻訳という仕事』大阪大学出版会

若林ジュディ/高田アミック裕子訳 (2011)「日本におけるトランスレーション・スタディーズの位置づけ ──より広い視点から」佐藤=ロスベアグ・ナナ編『トランスレーション・スタディーズ』みすず書房, 271-289頁

渡辺修・長尾ひろみ・水野真木子 (2004)『司法通訳 ──Q&Aで学ぶ通訳現場』松柏社

渡辺富栄 (1998/2004)「東京裁判の通訳研究 ──東条英機証言を通じて」『通訳理論研究論集』日本通訳学会, 279-287頁

山田優 (2011)「作動記憶と訳出プロセス」『翻訳研究への招待』第6号, 1-14頁

山本真弓編 (2010)『文化と政治の翻訳学 ──異文化研究と翻訳の可能性』明石書店

山岡洋一 (2001)『翻訳とは何か ──職業としての翻訳』日外アソシエーツ

山崎豊子 (1986)『二つの祖国』新潮社

柳父章 (2004) 『近代日本語の思想』 法政大学出版局
柳父章·水野的·長沼美香子編 (2010) 『日本の翻訳論 ——アンソロジーと解題』 法政大学出版局
吉村昭(1993) 『ふぉん·しいほるとの娘』 新潮文庫
_____(2004) 『海の祭礼』 文春文庫
湯沢質幸(2010) 『古代日本人と外国語』 勉誠出版

【영어 문헌】

Angelelli, C. V. (2004). Medical Interpreting and Cross-Cultural Communication. Cambridge University Press.

Baker, M. (1992/2011). In Other Words (2nd ed.). London: Routledge.

_____ (1993). Corpus Linguistics and Translation Studies: Implications and Applications. In M. Baker et al. (Eds.). Text and Technology: In Honor of John Sinclair. Amsterdam/Philadelphia: John Benjamins. pp.223-250.

_____ (2006). Translation and Conflict: A Narrative Account. London: Routledge.

Bassnett, S. & Lefevere, A. (Eds.) (1990). Translation, History and Culture. London: Pinter. Bassnett, S. & Trivedi, H. (Eds.) (1999). Post-Colonial Translation: Theory and Practice. London and New York: Routledge.

Berk-Seligson, S. (1990). The Bilingual Courtroom. University of Chicago Press.

Bielsa, E. & Bassnett, S. (2009). Translation in Global News. London: Routledge.

Bielsa, E. & Hughes, C. (Eds.) (2009). Globalisation, Political Violence and Translation. Houndmills: Palgrave Macmillan.

Bourdieu, P. (1990). The Logic of Practice. Stanford University Press.

Bowker, L. (2002). Computer-Aided Translation Technology: A Practical Introduction. University of Ottawa Press.

Branchadell, A. (2011). Minority Languages and Translation. In Y. Gambier & L. von Doorslaer (Eds.). Handbook of Translation Studies, Vol.2. Amsterdam/Philadelphia: John Benjamins. pp. 71-82.

Chesterman, A. (2004). Beyond the Particular. In A. Mauranen & P. Kujamäki (Eds.). Translation Universals: Do They Exist?. Amsterdam/Philadelphia: John Benjamins. pp. 33-49.

Cronin, M. (2003). Translation and Globalization. London: Routledge.

Cronin, M.(2010). The Translation Crowd. Revista Tradumatica, N.8 ([Online] http://www.fti.uab.es/tradumatica/revista/num8/articles/04/04art.htm)

Cronin, M. (2012). Translation in the Digital Age. London: Routledge.

Danks, J., Shreve, G., Fountain, S. & McBeath, M. (Eds.) (1997). Cognitive Processes in Translation and Interpreting. London: Sage Publications.

Espasa, E. (2004). Myths about Documentary Translation. In P. Orero (Ed.). Topics in Audiovisual Translation. Amsterdam/Philadelphia: John Benjamins. pp.183-197.

Esselink, B. (2000). A Practical Guide to Localization. Amsterdam/Philadelphia: John Benjamins.

Even-Zohar, I. (1978/2004). The Position of Translated Literature Within the Literary Polysystem. In L. Venuti (Ed.). The Translation Studies Reader (2nd ed.). London: Routledge. pp.199–204.

Flotow, L. von (1997). Gender and Translation: Translating in the "Era of Feminism". Manchester: St. Jerome. Publishing Franco, E. P. C. (1998). Documentary Film Translation: A Specific Practice?. In AChesterman, N. G. S. Salvador

& Y. Gambier (Eds.). Translation in Context: Selected Contributions from the EST Congress, Granada 1998. Amsterdam/Philadelphia: John Benjamins. pp.233-242.

Gambier, Y. & Gottlieb, H. (Eds.) (2001). (Multi) Media Translation. Amsterdam/Philadelphia: John Benjamins.

Goffman, E. (1981). Forms of Talk. University of Pennsylvania Press.

Gouadec, D. (2007). Translation as a Profession. Amsterdam/Philadelphia: John Benjamins. Hansen, G. et al. (2008). Efforts and Models in Interpreting and Translation Research. Amsterdam/Phiradelphia: John Benjamins.

Hall. E. T. (1959). The Silent Language. New York, NY: Doubleday.

_____ (1976). Beyond Culture, Anchor Press.

Harvey, K. (1998/2004). Translating Camp Talk: Gay Identities and Cultural Transfer. In L.Venuti (Ed.). The Translation Studies Reader (2nd ed.). London: Routledge. pp. 402–422.

Hasegawa, Y. (2012). The Routledge Course in Japanese Translation. London: Routledge. Holmes, J. S. (1988/2001). The Name and Nature of Translation Studies. In L. Venuti (Ed.). The Translation Studies Reader. London: Routledge. pp. 180-192.

Hutchins, J. (1995). Machine Translation: A Brief History. In E. Koerner & R. Asher (Eds.). Concise History of the Language Sciences: From Sumerians to the Cognitivists. Cambridge University Press. pp. 431-445.

Karttunen, F. (1994). Between Worlds: Interpreters, Guides, and Survivors. New Jersey: Rutgers University Press.

Koehn, P. (2010). Statistical Machine Translation. Cambridge University Press.

Lefevere, A. (1992). Translating Literature: Practice and Theory in a Comparative Literature Context. New York: The Modern Language Association of America.

Mason, I. (2001). Triadic Exchanges: Studies in Dialogue Interpreting. Manchester: St. Jerome. Matamala, A. (2009). Main Challenges in the Translation of Documentaries. In J. Díaz-Cintas (Ed.). New Trends in Audiovisual Translation. Bristol: Multilingual Matters. pp. 109-120.

Mizuno, A. (2005). Process Model for Simultaneous Interpreting and Working Memory. Meta, L(2): 739-752.

Munday, J. (2001/2012). Introducing translation studies: theories and applications (3rd ed.). New York: Routledge.

Nida, E. (1964/2004). Principles of Correspondence. In L. Venuti (Ed.). The Translation Studies Reader (2nd ed.). London: Routledge. pp.153-167.

O'Hagan, M. (Ed.) (2012). Translating as a Social Activity: Community Translation 2.0(Linguistica Antverpiensia NS Themes in). ASP.

Reiss, K. (1971/2000). Translation Criticism-The Potentials & Limitations: Categories and Criteria for Translation Quality Assessment. (Rhodes, E. F., Trans.) Manchester: St. Jerome Publishing.

Roland, R. A. (1999). Interpreters as Diplomats: A Diplomatic History of the Role of Interpreters in World Politics. University of Ottawa Press.

Salama-Carr, M. (Ed.) (2007). Translating and Interpreting Conflict. Amsterdam: Editions Rodopi B. V. Shiyab, S. M., Rose, M. G., House, J., & Duval, J. (Eds.) (2010). Globalization and Aspects of Translation. Cambridge School Publishing.

Shlesinger, M. & Pöchhacker, F. (Eds.) (2011). Aptitude for Interpreting. Amsterdam/Philadelphia: John Benjamins.

Simon, S. (1996). Gender in Translation: Cultural Identity and the Politics of Transmission. London and New York: Routledge.

Spivak, G. (1993/2004). The Politics of Translation. In L.Venuti (Ed.) (2004). The Translation Studies Reader. London and New York: Routledge. pp.369-388.

Street, B. V. (1995). Social Literacies: Critical Approaches to Literacy in Development, Ethnography and Education. London: Longman.

Takeda, K. (2010). What Interpreting Teachers Can Learn from Students. Translation and Interpreting, 2(1): 39-47.

Torikai, K. (2009). Voices of the Invisible Presence: Diplomatic Interpreters in Post-World War II Japan. Amsterdam/Philadelphia: John Benjamins.

Torikai, K. (2011). Conference Interpreters and Their Perception of Culture: From the Narratives of Japanese Pioneers. In R. Sela-Sheffy & M. Shlesinger (Eds.). Identity and Status in the Translational Professions. Amsterdam/Philadelphia: John Benjamins. pp.189–207.

Torikai, K. (2011). Interpreting and Translation in a Japanese Social and Historical Context. The International Journal of the Sociology of Language: Geographic Displacement and Linguistic Consequences: The Case of Translators and Interpreters, 207, 2011(pp.89-106). De Gruyter Mouton.

Toury, G. (1995/2012). Descriptive Translation Studies and Beyond. Amsterdam/Phiradelphia: John Benjamins.

Tymoczko, M. & Gentzler, E. (2002). Translation and Power. University of Massachusetts Press.

Venuti, L. (1998). The Scandals of Translation: Towards an Ethics of Difference. London: Routledge.

_____(2008). The Translator's Invisibility: A History of Translation (2nd ed.). London: Routledge.

_____ (Ed.) (2012). The Translation Studies Reader. London: Routledge.

Vermeer, H. (1989/2004). Skopos and Commission in Translational Action. In L. Venuti(Ed.). The Translation Studies Reader (2nd ed.). London: Routledge. pp.227–238.

【한국어 문헌】

고도흥·이현숙 옮김(2012). 언어의 뇌과학: 뇌는 어떻게 말을 만들어내는가 . 한국문화사.

구현정(2009). 대화의 기법 . 경진.

김남희(2009). 순차통역에서 노트테이킹과 조정노력 기능의 역할 -독·한 순차통역의 경우를 중심으로-.통번역학연구. 12(2): 51-78.

金世中(1995). 번역의 역사를 통한 이론과 기법. 論文集 . 29:19-69.

김영만(1999). 한국어 교수 학습 개선 방향. 이중언어 . 16(1): 119-129.

김영옥·김종대·임우영 옮김(2011). 번역이론 입문 . Radegundis, S. (2001), Übersetzungstheorien. 한국외국어대학교 출판부.

김한식·김나정 옮김(2007). 번역의 원리: 異문화를 어떻게 번역할 것인가 . 平子義雄(1999), 飜譯の原理 :異文化をどう譯すか. 한국외국어대학교 출판부.

김효준(2000). 번역의 역사와 이론 -독일의 전통을 중심으로-. 번역학연구 . 1(1): 33-57.

박여성(2013). 기능주의 번역의 이론과 실제 . 한국학술정보.

안인경·정혜연·이정현 옮김(2010). 일반 통번역 이론 기초: 스포코스 이론 . Reiss, K. & Vermeer, H. J. (1991), Grundlegung einer allgemeinen Translationstheorie. 한국외국어대학교 출판부.

윤선원(2015). 시와 번역 – 창조적인 번역의 의의. 현대영미시연구 . 21(1): 137-155.
이성범(2001). 추론의 화용론 . 한국문화사.
이현정(2005). 멀티미디어 학습 환경에서 학습자 특성별 인지부하 효과. 교육공학연구. 21(2): 79-102.
이희재 옮김(2008). 번역사 오디세이 . 辻由美(1993), 翻訳史のプロムナード. 끌레다.
전성기(2001). 번역의 오늘: 해석이론 . Lederer, M.(1994), La traduction aujourd'hui, 고려대학교 출판부.
장영준 옮김(2012). (인류학자가 쓴) 언어학 강의 . Rowe, B. M. & Levine, D. P. (2005), A Concise Introduction to linguistics. 시그마프레스.
정용석·김정오·박창호(2013). 조음억제행동이 작업기억체계의 수행에 미치는 영향. 인 지 및 생물. 25(4): 483-516.
정연일·남원준 옮김(2006). 번역학 입문:이론과 적용 . Munday, J. (2001), Introducing translation studies :theories & applications. 한국외국어대학교 출판부.
정호정(2008). (제대로 된) 통역·번역의 이해 . 한국문화사.
한국번역학회 옮김(2009), (라우트리지) 번역학 백과사전 . Baker, M(1998), Routledge Encyclopedia of Translation Studies. 한신문화사.

【중국어 문헌】

陈福康(2000/2008). 中国翻译理论史稿 . 上海外语教育出版社
劉靖之(1989/2004). 翻譯論集 (修正版 . 書林出版社有限公司.
黎难秋(2002). 中国口译史 . 青岛出版社..
马祖毅等(2006). 中国翻译通史 . 湖北教育出版社.
王鉄鈞(2006). 中國佛典翻譯史稿 . 中央編譯出版社.
朱志瑜·朱曉晨(2006). 中国佛籍譯論選輯評注 . 清華大學出版社.

【웹 문헌】

通訳翻訳研究 日本通訳翻訳学会 (http://jaits.jpn.org/home/archive.html)
翻訳研究への招待 日本通訳翻訳学会 (http://honyakukenkyu.sakura.ne.jp/)
みんなの自動翻訳 (https://mt-auto-minhon-mlt.ucri.jgn-x.jp/)

찾아보기

[주제]

ㄱ

공공 서비스	102, 105
관광	27, 89
교육	87, 118
구어	18, 67
국제노동기구(ILO)	53
국제 연맹	53
국제 연합(UN)	44, 188
국제관계론	200
국제번역가연맹(FIT)	108
국제 통신사	110
국제화(internationalization)	91
국제회의통역자협회(AIIC)	56
권력	165, 168
규범(norms)	68, 158
기계번역	134, 150
기능주의	149
기술적 번역연구(DTS)	158

ㄴ

노력 모델	190
노트테이킹	54, 75
뉘른베르크 재판	55
뉴스 번역	110

ㄷ

다문화 공생	173
다언어 공생	25
다언어 사회	73
다언어주의	26, 172
다원 시스템 이론(polysystem theory)	156
다큐멘터리 번역	116
대화의 협조 원칙	199
대화 통역	76
더빙	106
도해(圖解)	139
동시통역	42, 190
등가	144

ㄹ

릴레이 통역(relay interpreting)	40, 74

ㅁ

매뉴얼	65, 154
매스 미디어	113
맥락(context)	156, 194
문어	18

문자언어	18
문체	102, 136
문학 번역	98
문화 연구	158, 168
미디어 번역	113
민족지(ethnography)	170

ㅂ

발화행위 이론	198
방송 통역	83
번안	137
번역 메모리	94
번역의 법칙	161
번역의 삼단계 시스템	202
번역적 행위	153
번역투(translationese)	160
법무 번역	102
법정 번역	102
변이(shift)	147
보이스오버	106
보편적 특성	160
분쟁 시의 통역	192
불가시성(invisibility)	164
불전 번역	60
비즈니스 통역	81

ㅅ

사법 통역	85, 186
사전 편집(pre edit)	96
사회언어학	196
사회학	200
사회 감수(post edit)	96
산업 번역	100
섀도잉(shadowing)	131
성서 번역	57
세계무역기구(WTO)	26
세계화(globalization)	24
수화 통역	76
순차 통역	190
술어학 학자/전문 용어 학자	155
스코포스(Skopos)	149, 161
시역(視譯 sight translation)	74, 185
시청각 번역	106
식민지	166
신달아(信達雅)	176
실무 번역	100
실증연구	189

ㅇ

아비투스(habitus)	200
언어 변이	196
언어인류학	194

역동적 등가(dynamic equivalence)	58
역량(competence)	121, 123
영화 자막	106
외교 통역	43
위스퍼링(whispering)	75
유럽 연합(EU)	25, 172
윤리 규정	69
음성언어	77, 85
의료 통역	70, 87
의미의 이론(theory of sense)	188
의사소통 접근법	129
이(異) 문화 커뮤니케이션	18
이국화(foreignization)	60, 148
이데올로기	168
이론 연구	135
인류학	194
인지과학	202, 204

ㅈ

자국화(domestication)	148, 162
자막 번역	83
자원봉사	89, 104
작업기억(working memory)	189, 205
저널리즘	110
전략	147, 165
정체성(identity)	192
젠더	174
종주국	166
즉시성	18, 70
직능단체	69

ㅊ

참여 프레임워크(participation framework)	200

ㅋ

커뮤니티 번역	87
커뮤니티 통역	46
퀴어 이론(queer theory)	174

ㅌ

탈식민주의 번역 이론	173
탈식민주의(postcolonialism)	166
테크놀로지/과학기술	91
텍스트 타입	140, 151
통역 부스	74
투명성	72
특허 번역	103

ㅍ

파리 강화 회의	53
팬섭/팬자막(fansub)	104

프리랜스	81
피벗 언어(pivot language)	92

ㅎ

한문	36
행정 번역	102
현지화(localization)	91, 155
형식적 등가(formal equivalence)	146
화용론	198
회의 통역	78
훈련	42, 121

ㄷ

도안(道安)	61
드라이덴(Dryden, J.)	136

ㄹ

라보프(Labov, W.)	196
라이스(Reiβ, K.)	151
로젠바이크(Rosenzweig. F.)	58
루쉰(鲁迅)	177, 181
루터(Luther, M.)	57
르페브르(Lefevere, A.)	169
린위탕(林語堂)	177

ㅁ

말린체(Malinche)	48
먼디(Munday, J.)	140
모리타 시켄(森田思軒)	178
모저-머서(Moser-Mercer, B.)	124
무라카미 하루키(村上春樹)	181

ㅂ

바바(Bhabha, H. K.)	171
베누티(Venuti, L.)	164, 181
벤야민(Benjamin, W.)	163
부르디외(Bourcieu, P.)	200
부버(Buber. M)	58

[인명]

ㄱ

고프먼(Goffman, E.)	200
괴테(Goethe, J. W. v.)	162
그라이스(Grice, P.)	199
기든즈(Giddens, A.)	24

ㄴ

나쓰메 소세키(夏目漱石)	143, 181
나이다(Nida. E.)	161, 202
니란자나(Niranjana, T.)	166, 173

ㅅ

사카자웨어(Sacajawea)	49
셀레스코비치(Seleskovitch, D.)	188
소쉬르(Saussure, F. d.)	198
소여(Sawyer. D.)	123
슐라이어마허(Schleiermacher, F.)	65, 162
스피박(Spivak, G. C.)	175
시부야 토모코(澁谷智子)	172
쓰보우치 쇼요(坪内逍遥)	178

ㅇ

안세고(安世高)	60
애쉬크로프트(Ashcroft, B.)	167
야나부 아키라(柳父章)	180
야콥슨(Jakobson, R.)	20, 194
옹(Ong, W. J.)	22
요네하라 마리(米原万里)	181
이븐-조하르(Even-Zohar, I.)	156
이와노 호메이(岩野泡鳴)	179
이월연 Li Yueran (李越然)	52

ㅈ

지셴린(季羨林)	177
지앙춘황(姜椿芳)	52
질(Gile, D.)	122

ㅊ

| 천시잉(陳西瀅) | 177 |
| 취추바이(瞿秋白) | 177 |

ㅋ

캣포드(Catford,J. C.)	147
크로닌(Cronin, M.)	172
키케로(Cicero, M. T.)	136
킬러리(Kiraly, D.)	122

ㅌ

투리(Toury, G.)	139, 158
티냐노프(Тынянов)	156
티틀러(Tytler, A. F.)	137

ㅍ

페르메어(Vermeer, H.)	149
푸레이(傅雷)	177
핌(Pym, A.)	149

ㅎ

홀츠-맨테리(Holz-Mänttäri, J.)	153
홈즈(Holmes, J. S.)	134, 139
후타바테이 시메이(二葉亭四迷)	143

저자 소개

(성명/소속(2013년 시점)/업적/집필담당소개/통·번역학을 배우는 독자에게)

가와하라 기요시(河原淸志)

긴조가쿠인대학문학부 조교수

『メディア英語研究への招待』(共編著, 金星堂, 2013)

『미디어영어연구에의 초대』

제3부 III-3(공저) VI-1(공저) VII-5(공저) VII-7(공저)

제3부 VI-3(공저) IX-1(공저) X-5(공저) X-7(공저)

제4부 XI-4~6 XII-5

> 우리가 지니는 의미 공간 속에 번역·통역 행위가 어떻게, 어느 정도 관여되어 있는지 생각해 봅시다.

사이토 미노(齊藤美野)

준텐도대학 국제교양학부 강사

『近代日本の翻訳文化と日本語: 翻訳王・森田思軒の功績』(ミネルヴァ書房, 2012)

『근대일본의 번역문화와 일본어: 번역왕·모리타 시켄(森田思軒)의 공적』

『日本の翻訳論: アンソロジーと解題』(共著, 法政大学出版局, 2010)

『일본의 번역론: 앤솔러지와 해제』

번역·통역을 배우기 전에 알아야 할 기본적 용어

제1부 도입 2, 제2부 I-4 III-1, 제3부 VIII-1 IV-4(공저)

제4부 XI-2 XI-8 XI-10 XI-13~14 XI-21 XI-22(공저) XI-23

> 우리의 일상생활은 번역·통역과 연결되어 있을까요? 주의를 기울여 보면 많은 관계를 찾을 수 있을 것입니다.

다케다 가요코(武田珂代子)

릿쿄대학대학원 이문화커뮤니케이션연구과 이문화커뮤니케이션학부 교수

『ニュルンベルク裁判の通訳』(Gaiba, F.(著), 単訳·解説, みすず書房, 2013)
『뉘른베르크재판의 통역』
『翻訳理論の探求』(Pim, A.(著), 単訳, みすず書房, 2010)
『번역이론의 탐구』
『東京裁判における通訳』(単著, みすず書房, 2008)
『동경재판에서의 통역』
제1부 5, 제2부 I-5, II-3~4, 제3부 IV-3, VIII-5~6, X-1~4
제4부 도입 XI-1 XI-3 XI-7 XI-11 XII-1~4

> 일상생활에 존재하는 번역·통역 사상에 주목해 봅시다. 현대 사회의 여러 가지 모습에 있어 번역자·통역자의 중요한 역할이 보일 것입니다.

쓰보이 무쓰코(坪井睦子)

릿쿄대학대학원 이문화커뮤니케이션연구과 특임조교수

『ボスニア紛争報道: メディアの表象と翻訳行為』(単著, みすず書房, 2013)
『보스니아분쟁보도: 미디어의 표상과 번역행위』
「グローバル化とメディア翻訳: 社会記号論系言語人類学の切り開く新たな地平」, 『翻訳研究への招待』 第7号, 2012.
「세계화와 미디어번역: 사회기호론계 언어인류학이 여는 새로운 지평」
제1부 3 4, 제2부 I-3, 제3부 IX-1(공저) IX-2 IX-4,
제4부 XI-15~19 XIII-1~2(공저)

> 서로 다른 언어와 문화를 연결하는 번역·통역이라는 언어 실천의 다층성과 현대 사회에서의 역할에 대한 가능성을 함께 탐구해 볼까요?

도리카이 구미코(鳥飼玖美子)

편저자 소개 참조

머리말, 제1부 1, 제2부 도입 I-2 (공저) I-6~8 II-1,
제3부 도입 V-2 V-6 IX-3 X-5 (공저) X-6 X-7 (공저)
제4부 XI-9 (공저) XI-22 (공저) XIII-4, 맺음말

> 세계화 사회는 다언어 사회입니다. 그러한 사회에서 이 문화(異文化) 이해를 통한 평화와 다문화 공생을 통한 지속 가능한 미래를 이루게 하는 것은 통역과 번역이라는 것을 이해해 주셨으면 좋겠습니다.

히라쓰카 유카리(平塚ゆかり)

준텐도대학국제교양학부 강사

「オーラルヒストリー・インタビューから見る日中通訳者の規範形成」, 『通訳翻訳研究』第12号, 2012.
「오럴히스토리 인터뷰로 본 일중 통역자의 규범형성」
「現代日中通訳者の『信達雅』: インタビュー分析を通して」, 『立教・異文化コミュニケーション論集』 第8号, 2010.
「현대일중통역자의 '신달아': 인터뷰 분석을 통해서」

제2부 I-2 (공저) II-2, 제3부 IV-2 IV-4 (공저) V-1 VI-1~2 VI-3 (공저)
V-5, 제4부 XI-20

> 중국의 통역·번역론은 흥미로운 논고가 많습니다. 통역·번역학이라는 시점에서 이웃 나라 중국을 같이 바라볼까요?

야마다 마사루(山田優)

간사이대학외국어학부 외국어교육학연구과 조교수

"Revising text: An Empirical Investigation Of Revision and the Effects Of Integrating a TM and MT System into the Translation Process" (박사학위취득논문, 2012).

제3부 Ⅳ-1 Ⅶ-1~3 Ⅷ-2~4, 제4부 Ⅺ-9(공저) Ⅺ-12 ⅩⅢ-5

> 번역·통역도 과학기술의 진화와 함께 '하이테크'가 되어 있는 것을 날마다 통감합니다.

요시다 리카(吉田理加)

준텐도대학 국제교양학부 강사, 스페인어 회의·법정 통역자

「法廷談話実践と法廷通訳: 語用とメタ語用の織り成すテクスト」, 『社会言語科学』 第13巻 2号, 2011.
「법정담화실천과 법정통역: 어용과 메타어용이 만든 텍스트」

「法廷相互行為を通訳する: 法廷通訳人の役割再考」, 『通訳研究』 第7号, 2007.
「법정상호행위를 통역하다: 법정통역인의 역할재고」

제3부 Ⅸ-4, 제4부 ⅩⅢ-1~2(공저) ⅩⅢ-3

> 평소 실천하고 있는 '통역'이라는 행위가 단순한 언어의 바꿔 놓는 작업이 아닌 것을 알기 쉬운 말로 설명하기 위해서 통역이론을 배우고 있습니다.

편저자 소개

도리카이 구미코(鳥飼玖美子)
릿교대학대학원 이문화커뮤니케이션연구과 특임교수
국립국어연구소 객원교수

저서 『戦後史の中の英語と私』(みすず書房, 2013)
   『전쟁 후 역사에서의 영어와 나』
   Voices of the Presence: Diplomatic Interpreters in Post-World War II Japan(2009, John Benjamins)
   『通訳者と戦後日米外交』(みすず書房, 2007)
   『통역자와 전후 일미외교』
   『歴史をかえた誤訳』(新潮文庫, 1998/2004)
   『역사를 바꾼 오역』

번역서 『翻訳学入門』(監訳, みすず書房, 2009)
   『번역학입문』
   [Munday, J. Introducing Translation Studies (2008, Routledge)]
   『通訳学入門』(監訳, みすず書房, 2008)
   『번역학입문』
   [Pöchhacker, F. Introducing interpreting studies (2004, Routledge)]